In unzähligen Märchen aus aller Welt wird von der Liebe erzählt. Und fast alle laufen nach dem gleichen Muster ab: Eine junge schöne Frau gerät in Not, ein junger schöner Prinz hilft ihr aus der Patsche, und zu guter Letzt heiratet er sie.
Neben diesen gibt es jedoch einige Märchen, die uns wirklich etwas von der Liebe zu erzählen haben: was es heißt, zu lieben und geliebt zu werden, was die Liebe mit uns macht, wie sie uns verwandelt, wie sie das Schönste in uns hervorbringt.
Hier sind sie versammelt: betörend schöne Märchen von klugen, selbstbewußten und tatkräftigen Frauen, die um ihre Liebe kämpfen und sich nicht mit dem ihnen zugedachten Schicksal abfinden; zauberhafte Märchen, die uns erzählen, wie man Schwierigkeiten in der Beziehung zum Guten wendet, Zeiten der Not überwindet und gemeinsam glücklich alt wird – Märchen zum Verlieben eben.

insel taschenbuch 4600

Die schönsten Liebesmärchen der Welt

Die schönsten **Liebesmärchen** der Welt

Ausgewählt von Clara Paul

Insel Verlag

Erste Auflage 2017
insel taschenbuch 4600
Originalausgabe

Quellennachweise zu dieser Ausgabe am Schluss des Bandes

Vertrieb durch den Suhrkamp Taschenbuch Verlag
Umschlagabbildung: Hans Traxler, Frankfurt am Main
Satz: Satz-Offizin Hümmer GmbH, Waldbüttelbrunn
Druck: CPI – Ebner & Spiegel, Ulm
Printed in Germany
ISBN 978-3-458-36300-2

Inhalt

Die kluge Königin 11
Die Hirtin, die Zarin wurde 24
Die kluge Braut 27
Der Brunnen der Liebe 30
Caterina die Kluge 34
Die Schöne und das Tier, *Jeanne-Marie Le Prince de Beaumont* 43
Der Wasserschneckensohn 60
Jorinde und Joringel, *Brüder Grimm* 65
Das Märchen von Hyazinth und Rosenblütchen, *Novalis* 68
Rapunzel, *Brüder Grimm* 73
Línus, der Königssohn 78
Filo d'Oro und Filomena 83
Amor und Psyche, *Apuleius* 93
Die Geschichte von Zunnār ibn Zunnār und der Tochter des Königs von Irak 143
Die Geschichte von den Heimsuchungen der Liebenden, *Nizami* 151
Das Märchen von der jungen Gräfin 167
Der Wahrsager 172
Der lahme Büffel 175
Die zweigeteilte Braut 191
Der Zauberbrunnen 204
Wie das Mädchen zum Mann wurde 207
Meine Frau, die Sirene 222
Sina 228

Quellenverzeichnis 235

Die schönsten Liebesmärchen der Welt

»Ich verbrenne! Ich verbrenne! Durch die Liebe zu dir ist mein Leben bald zu Ende. Ich war roh und bin jetzt reif geworden. Ich verbrenne, du junger Derwisch, erbarme dich meines Zustandes!«

Die zweigeteilte Braut

Die kluge Königin

Es war einmal ein junger Königssohn, der so über alle Maßen schön war, daß nie jemand seinesgleichen gesehen hatte. Das wußte er. Und darüber war er froh.

Und alle Leute sagten, daß er ebenso klug wie schön sei, so daß sich keiner an Klugheit mit ihm messen könne. Das glaubte er. Und darauf war er stolz.

Da tat er das Gelübde und schwur einen teuren Eid darauf, daß er niemals ein Mädchen zur Frau nehmen wolle, das nicht mindestens ebenso schön und nahezu ebenso klug wie er selbst wäre. Aber falls er ein solches fände, dann sollte sie auch seine Frau werden.

Es gab viele schöne Mädchen im Lande, aber sie gehörten eben nicht zu den klügsten. Es waren auch manche ganz gescheite junge Mädchen da, aber die gehörten nicht zu den schönsten. Soviel ist gewiß, daß der Königssohn keine fand, die ihm annähernd schön und klug war. Er war übrigens in dem Alter, daß sowohl er selbst wie sein Vater, der König, und ihr getreues Volk der Ansicht waren, er müsse heiraten. Aber nach dem Gelübde, das er abgelegt hatte, war da kein Mädchen im Lande, um die er seiner Meinung nach anhalten konnte.

Da wollte er auf Reisen, hinaus in andere Königreiche, gehen. Aber er wollte unbekannt und ohne Gefolge reisen. Er wollte schon selbst auf sich aufpassen, und da sollte auch keiner sein, der aus der Schule plaudern oder ihm in die Karten gucken könnte.

Er reiste also weit und breit umher, von einem Land in das andere. Aber es ergeht ihm draußen wie daheim: Kein Mädchen ist ihm schön oder klug genug, und noch viel weniger beides zugleich. Und so kann er ja um keine von ihnen anhalten.

Da ritt er eines Tages allein durch einen Wald. Er reitet und reitet, aber der Wald nimmt kein Ende. Es wird Mittag, und es wird Abend, aber immer noch ist er nicht aus dem Wald heraus, und ein Ende ist nicht abzusehen. Er hat sich völlig verirrt und weiß nicht mehr, wo er ist oder wohin der Weg führt oder, wo er für die Nacht Unterkunft finden kann, um sich und sein Pferd auszuruhen und zu erfrischen. Beide sind erschöpft.

Endlich sieht er einen dünnen blauen Rauch über den grünen Bäumen aufsteigen. Er reitet darauf zu und kommt an ein kleines, ärmliches Haus. Hier müssen doch Menschen sein, sagt er sehr erfreut. Er steigt vom Pferd und klopft an. Ein alter, einfacher Mann macht ihm auf, und eine alte, einfache Frau erschien ebenfalls. Sie schienen sehr verwundert zu sein, als sie den schmucken, vornehmen, jungen Reiter erblicken. Der Königssohn begrüßt sie mit einem Guten Abend und sagt ihnen wahrheitsgetreu, daß er sich verirrt habe und den ganzen Tag im Wald umhergeritten sei, ohne zu einem Haus oder einer Herberge gekommen zu sein. Und er bittet sie, ihm für die Nacht Unterkunft zu gewähren. Zuerst sagten sie allerdings, daß sie nicht die Leute seien, einen so vornehmen Herrn, wie er es sei, aufzunehmen, und man merkte ganz gut, daß sie ihn sehr gern wieder los sein wollten. Als er aber sagte, daß weder er noch sein Pferd es länger aushalten könnten, daß sie deshalb Ruhe und ein Nachtquartier brauchten, blieb ihnen nichts anderes übrig, als Ja zu sagen; er müsse dann eben mit dem vorliebnehmen, was er vorfinde.

Zuerst sorgte er nun für sein gutes Pferd. Einen Stall gab es nicht. Aber da war ein kleiner Schuppen für ihre einzige Kuh. Und die ging jetzt draußen auf der Weide; denn es war Sommerzeit. Und so konnte er sein Pferd dort hineinbringen, ihm Wasser geben und ein Bund Heu. Da war es sehr froh. Er selbst ging darauf in die Stube. In dem Hause gab es nur die eine, und die war klein und niedrig. Er setzte sich auf die Holzbank und begann mit den Leuten zu plaudern. Ob sie hier so ganz allein in dem wilden Wald wohnten? Ja, das täten sie, sagten sie, es seien keine anderen Menschen hier im Haus und keine anderen Häuser im Umkreis vieler Meilen. Sie lebten hier, wie es eben ginge, und schlügen sich durch mit einer Ziege und einer Kuh. Er bekommt also sein Abendessen, so gut wie es das Haus vermochte, nämlich ein Stück trocknes Brot und eine Schale Milch. Und dann holen die alten Leute ein Bund Stroh und breiten es in der Stube auf dem Fußboden aus. Darauf wollten sie selbst liegen; denn der fremde Herr sollte in ihrem Bett schlafen. Sie hatten nur das eine. Das wollte der Prinz jedoch nicht annehmen: Sie sollten ihr Bett behalten, und er wolle auf dem Fußboden auf dem Strohbündel liegen.

Es wurde also alles so gemacht, wie er es haben wollte, und alle drei gingen zur Ruhe. Das war nun allerdings ein anderes Lager, als er es gewohnt war. Da er aber so richtig müde war, schlief er bald ein und träumte von all den schönen Mädchen, die nicht klug genug, und all den klugen Mädchen, die nicht schön genug waren. Und er schlief süß, bis der Tag zu dämmern begann. Aber dann wachte er auf, und steif in den Gliedern war er von dem harten Lager ja. Und wie er sich auch drehte und wendete, einschlafen konnte er nicht mehr.

Da hörte er, wie sich über seinem Kopf, oben auf dem Boden, etwas bewegte. Da konnten ja Ratten und Mäuse oder auch eine Katze sein. Ja, es war sicherlich eine Katze, die da oben herumsprang. Aber bald darauf hörte er von da oben einen schnurrenden Ton wie von einem Spinnrad. Aber eine Katze konnte doch nicht spinnen. Und gleich darauf hörte er Gesang. Der kam weder von der Katze noch den Vögeln da drau-

ßen, sondern es war eine liebliche Frauenstimme, die im Takt mit dem schnurrenden Spinnrad sang. Einen so wunderschönen Gesang hatte er noch niemals gehört. Er sprang sofort von dem Lager auf, rieb sich die Augen und spitzte die Ohren. Und im selben Augenblick wachen die beiden alten Leute auf und kommen aus den Federn.
Da fragt der Königssohn sie sofort, wen sie da oben auf dem Boden versteckt halten und bereits in der frühen Morgenstunde zu spinnen und dazu zu singen beginne. Nun war es da oben wieder still geworden, und sie versichern dasselbe, was sie schon gestern gesagt hatten, nämlich, daß da keine anderen Menschen als sie selber im Hause seien.
»Nein«, sagt der Prinz, »es hat keinen Zweck, daß ihr mir das länger weiszumachen sucht. Ich glaube fest daran, was ich mit meinen eigenen Ohren gehört habe. Und jetzt könnt ihr mir ebensogut die volle Wahrheit sagen; denn ich werde schon dahinterkommen.«
Da mußte der Mann schließlich gestehen, es sei tatsächlich noch ein Mensch hier im Hause, und das sei ihre Tochter, die ihre Kammer da oben habe. Aber sie hätten solche Angst, daß jemand sie sehen könnte und vielleicht Lust auf sie bekäme und sie ihnen fortnehme. Und sie könnten sie doch gar nicht missen, so alt und gebrechlich wie sie waren. Sie verdiente für sie ja auch ein paar Schillinge mit Spinnen und Weben. Und wer sollte sie sonst pflegen, wenn sie nun bald nicht mehr selbst für sich sorgen könnten?
»Ja, da ich sie nun einmal gehört habe, möchte ich sie auch sehen«, sagte der Königssohn. »Ich bin doch kein Menschenfresser, also könnt ihr mich doch wohl das Mädchen sehen lassen.« Da mußten die Alten sie ja herunterrufen. Und herunter kam sie gesprungen, das junge Blut, in ihren ärmlichen Kleidern. Sie wußte ja nicht, daß sie Besuch hatten; denn sie hatte

fest geschlafen, als der Königssohn spät am Abend gekommen war.
Als sie den schönen jungen Mann sah, wurde sie puterrot. Und dem Prinzen verschlug's auch die Sprache, als er sie zu Gesicht bekam; denn nie zuvor hatte er etwas halb so Schönes wie sie gesehen. Ihm wurde ganz sonderbar dabei zumute. So weit er gewandert war, hatte er keine gesehen, die sich an Schönheit mit ihr messen konnte. Die Tochter dieses armen Mannes war weit schöner als irgendeine von all den Prinzessinnen und Fräulein, die er in der Fremde oder daheim gesehen hatte. Er konnte sich gar nichts Schöneres denken. Aber er konnte doch nie daran denken, ein solches Bettlerkind zur Frau zu nehmen.
Er wandte daher seine Augen wieder von ihr ab und beeilte sich, sein Pferd zu satteln und fortzukommen. Und er wollte sie gar nicht mehr ansehen. Aber als er sich in den Sattel geschwungen hatte, und den Alten, denen er ein großes Goldstück für das Nachtlager gegeben, und die jetzt einen Kratzfuß nach dem anderen vor ihm machten, Lebewohl zunickte, konnte er doch nicht umhin, nach der Seite zu schielen, wo sie stand und ihn mit ihren großen Augen anblickte. Und dann konnte er es nicht unterlassen, seinen Hut zu ziehen und sie zum Abschied zu grüßen. Und ebensowenig konnte er sich eines Gefühls erwehren, als säße ihm das Herz im Halse, als sie mit niedergeschlagenen Augen errötend ihren Kopf zum Gruße neigte. Die großen Augen aber schlug sie wieder auf, und die folgten ihm, als er von dannen sprengte, bis er außer Sicht war. Sie sahen ihm nicht nur nach, sondern standen noch lange da, nachdem Haus und Wald schon weit hinter ihm lagen. Aber unterwegs, während er so dahinritt, sagte er zu sich selbst: ›Ja, gewiß ist sie lieblich und mehr als schön genug für mich, aber ich gelobte ja auch, daß die, wel-

che ich haben wollte, klug sein müßte, fast ebenso klug, wie ich es bin, und das ist sie natürlich nicht.‹

Er merkte sich jedoch gut, wo die Waldhütte lag, und bald war er auch auf bekannten Wegen; denn der große Wald lag an der Grenze seines eigenen Heimatlandes. Er ritt nun geradewegs zum Königsschloß seines Vaters und sagte, er habe noch keine gefunden, die ihm ebenbürtig sei. Das tat dem alten König natürlich sehr leid; denn er war so überzeugt von der großen Klugheit seines Sohnes, daß er glaubte, es müsse schon so gewesen sein, wie er es erzählte. Aber er wollte ihn doch so gern bei seinen Lebzeiten versorgt sehen. Und wenn sich der Sohn nun eine Braut wählen würde, war er im voraus davon überzeugt, daß es die richtige sein würde.

Jetzt war der Königssohn wieder zu Hause, und es ging ihm ja in jeder Beziehung gut. Aber er fand keine Ruhe. Das gute Essen schmeckte ihm nicht, und der süße Schlaf wollte sich gar nicht in seinem weichen Bett einstellen. Seine Gedanken gingen ständig in den großen Wald zu dem lieblichen Mädchen. An sie dachte er früh und spät, mochte er es wollen oder nicht.

Schließlich sagte er zu sich selber: ›Das muß ein Ende haben.‹ Er dachte an sein Gelübde, daß die Schönste und Klügste seine Braut werden sollte, und um frei von seinen Gedanken an sie zu werden, wollte er sich überzeugen, daß das Kind des armen Mannes, wenn auch schön genug, doch lange nicht klug genug für ihn sei. Er schrieb also einen Brief an sie und legte zwei Docken [lose zusammengedrehte Bündel] Seide mit ein und schrieb, sie möge ihm daraus einen Bettbehang weben.

Er schickte den Brief mit einem königlichen Reitknecht ab, und der sollte sofort Antwort zurückbringen. Der Reitknecht kam noch am selben Abend zurück und hatte einen Brief von dem Mädchen in der Waldhütte mit. Darin lagen zwei kleine

Holzstifte, und in dem Brief stand geschrieben, daß, wenn er ihr aus den Stiften einen Webstuhl anfertigen würde, werde sie schon den Bettbehang weben, den er bestellt habe.

Jetzt konnte der Königssohn es sich nicht mehr einreden, daß das Mädchen nicht genauso klug wie er war. Und da mußte er ja halten, was er gelobt und geschworen hatte. Und das war ja eigentlich auch das, wozu er am meisten Lust hatte. So ritt er denn mit seinem ganzen königlichen Gefolge zu der Hütte im Wald, und er sagte den Alten und dem Mädchen, daß er sie zu seiner Braut erwählen möchte, wenn sie selbst es wolle. Und sie wollte es auch.

Aber jetzt bekam er doch Angst, daß sie die Klügste von ihnen beiden war, und das ging ja nicht, falls jemand das merken sollte. Deshalb stellte er die Bedingung, daß, wenn er einmal König und sie also seine Königin werden würde, sie sich niemals in die Staatsangelegenheiten einmischen dürfe, die nur ihn und nicht sie angingen. Täte sie das, so hätte er das Recht, sie zu verstoßen und sie wieder nach Hause zu ihren Eltern zu schicken.

Auf diese Bedingung ging sie ein. Aber sie hatte auch ihre Bedingung zu stellen. Und die war, daß, wenn er ihrer überdrüssig würde und sie nicht länger behalten wollte und sie deshalb nach Hause schickte, sie das Recht haben müsse, das mitzunehmen, was ihr am liebsten sei. Das erschien ihm recht und billig, und er ging sofort darauf ein.

Die alten Leute waren zwar sehr betrübt, daß sie jetzt ihre Tochter verlieren sollten, aber sie konnten ihrem Glück doch nicht im Wege stehen, und so gaben sie auch ihre Einwilligung. Die Braut wurde nun mit Seide und Scharlach geschmückt, mit Gold und Edelsteinen, und sie erhielt Kutschen und Hofdamen und allen sonstigen Staat, und dann wurde die Hochzeit mit Glanz und Freude gefeiert.

Es verging jetzt eine lange Zeit, während welcher die jungen Leute in inniger Liebe und äußerer Herrlichkeit miteinander lebten. Und es konnte gar nicht besser sein. Alle Leute meinten, daß die Gattin des Königssohns sowohl schön wie klug und gut genug sei – und das Letzte war das Beste. Bald nach der Hochzeit starb der alte König, und der Sohn wurde an seiner Stelle König. Er regiert das Land und sitzt zu Gericht, und alles geht gut und erfreulich. Die Königin mischt sich nie in seine und des Reiches Angelegenheiten, sondern verwaltet ihr eigenes großes Haus und wird von allen geehrt und geliebt.

Da trifft es sich eines Tages, daß in des Königs Hauptstadt Markttag ist und viele Bauern mit Korn und anderen Sachen zum Markt kommen. Und als sie am Abend dann wieder nach Hause fahren, haben einige von ihnen in der Stadt über den Durst getrunken, können aber beim ersten Krug, an dem sie vorbeikommen, nicht weiterfahren: Sie müssen hinein und wieder einen zur Brust nehmen. Sie blieben eine gute Weile drinnen in der Schenkstube, ihre Pferde und Wagen standen währenddessen draußen im Stall der Schenke. Einer dieser Bauern war mit einer trächtigen Stute gefahren, und während sie zechen, wirft sie im Stall ein Fohlen. Als nun die Bauern herauskommen, und jeder sein Fuhrwerk zu finden sucht, ist das kleine, neugeborene Füllen auf die Beine gekommen. Aber es blickt ganz verstört in diese neue, unruhige Welt und ist in eine Ecke des Stalls gelaufen, wo der Schankwirt seine Pferde, ein paar Grauschimmel, zu stehen hat. Der Bauer mit der trächtigen Stute sieht sofort, daß sie gefohlt hat, und er sieht auch das Fohlen, und da er nicht betrunkener war, als daß er wohl begreifen konnte, daß es ihm gehöre, wollte er es auf seinen Wagen legen und mit nach Hause nehmen. Aber der Schankwirt sagt nein, das Fohlen wäre seins: Man sehe ja, es halte sich

zu seinen Pferden. Da begann nun ein wüstes Gezänk wegen dieser Sache. Die meisten der betrunkenen Bauern hielten zu dem Schankwirt. Und das Ende davon war, daß der Bauer mit der Stute ohne das Fohlen nach Hause fahren mußte, und der Schankwirt es behält.
Damit konnte sich der Bauer nicht zufriedengeben, und es kam zum Prozeß. Doch sowohl das erste Gericht als auch das zweite Gericht sprachen das Fohlen dem Schankwirt zu. Und der Bauer, der der rechtmäßige Eigentümer des Fohlens war, mußte die Zeche bezahlen, so daß er dadurch allmählich alles aufs Spiel setzte, was er besaß. Aber er wollte trotzdem seine Sache nicht verloren geben. Er ließ die Sache vor das höchste Gericht kommen, und dort war es der König selbst, der das Urteil sprechen sollte. Er war ja wohl sehr klug. Aber er war doch nicht klüger, als daß er wie die anderen entschied: daß nämlich das Fohlen dem gehöre, bei dessen Pferden es gefunden worden sei. Und das war ja der Schankwirt.
Jetzt sollte der Bauer also wegen des Fohlens, das doch rechtmäßig seins war, Haus und Hof verlieren. Damit konnte er sich nicht abfinden. Und in seiner großen Not verfiel er auf das letzte Mittel: sich an die Königin zu wenden, die ja so klug und gut war. Er erklärte ihr den ganzen Zusammenhang der Fohlengeschichte, und sie sah ein, daß er recht hatte.
Da sagte sie zu ihm: »Ja, mein lieber Mann, ich kann das Urteil des Königs zwar nicht ändern, aber ich will dir doch einen Rat geben, der dir vielleicht von Nutzen sein kann. Nimm morgen um die Mittagszeit ein Fischernetz und geh damit vor die Stadt, wo die hohen Dünen von Flugsand sind. Dort spann dein Netz aus, wie man sonst Netze zum Trocknen ausspannt. Und dann nimm eine Stange und schlage damit in den Sand vor dem Netz, indem du davor hin und her gehst, so wie man Fische draußen auf der See ins Netz treibt. Wenn

dann der König dort vorbeikommt – er fährt nämlich jeden Tag den Weg –, wird er dich sicher fragen, ob du nicht richtig klug bist oder ob du glaubst, du könntest oben im Flugsand Fische fangen. Und dann mußt du antworten, das sei nicht unvernünftiger, als daß der graue Schimmel des Schankwirts, der nicht trächtig gewesen und nicht einmal eine Stute sei, ein Fohlen bekommen könnte. Aber das mußt du mir versprechen«, sagte die Königin, »daß du niemand erfahren läßt, wer dir den Rat gegeben hat; denn sonst werde ich unglücklich.«
Ja, der Bauer bedankte sich viele Male und versprach zu schweigen.
Am nächsten Tag zur Mittagszeit macht es der Bauer, wie ihm gesagt worden war. Und bald darauf kommt der König tatsächlich auf dem Weg, längs jener Dünen, angefahren. Als er den Bauern umhergehen und mit seiner Stange in den Sand vor dem Fischnetz schlagen sah, ließ er anhalten und sagte zu ihm: »Was treibst du da?«
»Ich fische«, sagt der Bauer.
»Bist du verrückt?« fragt der König, »glaubst du, da sind Fische im Flugsand?«
»Ja«, erwidert der Bauer, »das ist doch nicht unvernünftiger, als daß der graue Schimmel des Schankwirts, der nicht trächtig gewesen und nicht einmal eine Stute ist, ein Fohlen bekommen konnte.«
Jetzt verstand der König sofort, worauf er anspielte. Ihm wurde klar, daß er in der Sache wohl ungerecht geurteilt hatte. Aber er wollte doch wissen, wer den Bauern diese List gelehrt habe. Und da er ihm den Tod androhte, wenn er nicht gestehe, wer ihm den Rat gegeben, bekam der Bauer solche Angst, daß er alles offenbarte: nämlich, daß es die Königin gewesen sei, der er diesen Einfall zu verdanken habe.
Da läßt der König sofort den Wagen wenden und fährt zum

Schloß zurück. Und er sprühte nur so vor Zorn. Er geht sofort zur Königin hinein und sagt, sie habe sich jetzt gegen das Abkommen vergangen, das vor der Hochzeit getroffen worden sei, und habe sich unterstanden, sich in die Angelegenheiten seines Reiches einzumischen. Jetzt müsse sie auch die Strafe erleiden, die damals verabredet worden sei. Sie müsse sofort zu ihren Eltern zurückgeschickt werden. Sie möge sich bereitmachen, noch in dieser Stunde abzureisen. Aber sie dürfe sich auch des ihr zugestandenen Rechts bedienen: Sie könne von den schönen Dingen, die sie um sich habe, mitnehmen, was ihr das liebste sei.

Die Königin antwortete sehr sanft und demütig, er habe recht und sie unrecht, er müsse bestimmen, und sie gehorchen. Sie würde in einem Augenblick damit fertig sein, das zusammenzupacken, was sie mit des Königs gnädiger Erlaubnis mitzunehmen gedenke. Gleich darauf kam sie wieder herein, und da hatte sie eine Flasche Wein und zwei Gläser bei sich, und dann sagte sie: Der König werde ihr doch wohl die Güte erweisen, mit ihr zum Abschied ein Glas zu trinken. Es sei doch nie zuvor ein böses Wort zwischen ihnen gefallen, und das solle auch jetzt nicht geschehen.

Diese Bitte konnte ihr der König nicht abschlagen. Sie schenkte ein, und sie tranken miteinander. Aber er merkte nicht, daß ihm die Königin aus einer anderen kleinen Flasche, die sie bei sich hatte, ein paar Tropfen in sein Glas schüttete. Und sobald er sein Glas geleert hatte, fiel er in einen tiefen Schlaf.

Da holt die Königin einen großen Schließkorb, in den sie ihre besten Sachen, die sie mitnehmen wollte, hätte packen sollen. Und in diesen legt sie den König, deckt ihn gut zu, macht ein Schloß davor und ruft nach den Dienern. Sie sollen ihren Korb hinaustragen und auf den Wagen laden, der angespannt sei und auf sie warte. Sie setzt sich in den Wagen, und dann fahren sie hinaus in den Wald zu der alten Hütte. Dort müssen die Diener den Korb vom Wagen nehmen und ihn hinauf in ihre Kammer tragen. Danach schickt sie den Wagen wieder zurück zum Schloß. Sodann hebt sie ihren schlafenden König und Gemahl aus dem Korb und legt ihn auf ihr Bett. Darauf zog sie sich ihre alten, ärmlichen Kleider an, in denen er sie zum erstenmal gesehen hatte und setzte sich an das kleine Fenster gegenüber dem Bett und setzte – wie in alten Tagen – das Spinnrad in Gang.

Es war gegen Abend, als der König nach dem Schlaftrunk, den er getrunken, ausgeschlafen hatte. Er wacht auf und sieht sich um, fährt hoch und fragt, wo er ist, und wie es zugegangen, daß er sich hier befindet.

»Ja«, sagt sie, »du bist jetzt bei mir, und das ist so geschehen, daß ich dich mit mir genommen habe, zu mir nach Hause, wie es ja nach unserer Abmachung mein Recht war; denn du bist das, was ich in der Welt am liebsten habe, und das durfte ich ja mitnehmen.«

»Jetzt merke ich, daß du viel klüger bist als ich«, sagte der König. »Und wenn du mich jetzt nach dem Schloß zurückbegleiten und bei mir bleiben willst, werde ich niemals mehr in einer Sache entscheiden, ehe ich dich um Rat gefragt habe.«

So wurde denn nach Pferden und Wagen zum Schloß gesandt, und der König und die Königin hielten aufs neue ihren Einzug im Schloß. Und die alten Eltern nahmen sie mit, wie es die Königin verlangte, und sie blieben, solange sie lebten, bei ihnen. Und der König und die Königin lebten weiter miteinander in inniger Liebe und äußerer Herrlichkeit. Und der Bauer, dem mit dem Fohlen und Urteil Unrecht geschehen war, wurde vom König mit einem Herrenhof und allem Drum und Dran beschenkt. Und der König fällte seitdem niemals mehr ein Urteil, ohne nicht vorher den Rat der Königin eingeholt zu haben. Und alle ehrten und liebten sie beide wegen ihrer Gerechtigkeit und Güte und waren stolz darauf, einen solchen König und eine solche Königin zu haben.

Aus Dänemark

Die Hirtin, die Zarin wurde

Einmal erließ der Zar folgende Order: »Wer einen Stein zu schlachten vermag, so daß Blut aus ihm fließt, den mache ich zum Zaren meines Reiches!« Von überallher kamen starke Männer, keiner aber konnte den Stein schlachten, und alle fragten sich verwundert, wer denn dies schaffen könne.

In einem Dorf lebte ein sehr tapferes Mädel, das die Schafe hütete. Als sie von dem Befehl des Zaren hörte, ging sie als Mann verkleidet zu ihm und sagte: »Zar, ich werde den Stein schlachten!«

Es hatte sich sofort herumgesprochen, daß jemand es auf sich nahm, den Stein zu schlachten, und es sammelten sich unzählige Menschen, die sehen wollten, wie dieses Wunder geschehen würde. An dem Tag, an dem der Stein geschlachtet werden sollte, begab sich der Zar gemeinsam mit allen Mächtigen des Landes zu der Stelle außerhalb der Stadt, die für dieses Schauspiel bestimmt worden war. Die Hirtin holte ein Schlachtmesser heraus und wandte sich an den Zaren mit folgenden Worten: »Du möchtest, Zar, daß ich den Stein schlachte? Dann gib ihm zuerst eine Seele, und wenn ich ihn dann nicht schlachte, kannst du mir den Kopf abschlagen!«

Der Zar war erstaunt über diese Antwort und sagte: »Du bist der Klügste in meinem Reich, und ich werde dich zum ersten Mann des Reiches machen. Wenn du auch das, was ich dir jetzt sage, zu tun vermagst, will ich dich als meinen Sohn annehmen.«

Das Mädel sprach: »Sag, was du begehrst, und wenn es zu machen ist, werde ich es auch versuchen.« Und der Zar sprach: »Geh in dein Dorf zurück und kehre nach drei Tagen wieder um. Wenn du herkommst, sollst du reiten und gleichzeitig nicht reiten, und du sollst mir ein Geschenk mitbringen und gleichzeitig keins mitbringen. Wir werden alle, groß und klein, aus der Stadt kommen, um dich zu empfangen, und du sollst es so anstellen, daß die Leute dich empfangen und gleichzeitig nicht empfangen.«

Die Hirtin kehrte heim in ihr Dorf und trug den Bauern auf, ihr einige Hasen und zwei Tauben lebend zu fangen. Die Bauern fingen die Hasen und Tauben ein. Am dritten Tag, als sie zum Zaren gehen sollte, steckte das Mädel jeden Hasen in einen gesonderten Sack und gab sie den Bauern zum Tragen. »Laßt sie los, wenn ich es euch sage!« ordnete sie an. Sie selbst nahm die zwei Tauben, stieg auf eine Ziege und machte sich auf den Weg zum Zaren, nachdem sie einige Leute vorausgeschickt hatte, um anzukündigen, daß sie nun komme.

Als der Zar von ihrer Ankunft erfuhr, begab er sich mit den Höflingen und einer unzähligen Gefolgschaft vor die Stadt. Als die Hirtin sich dem Ort, wo der Zar und das Volk auf sie warteten, näherte, befahl sie ihren Leuten, die Hasen aus den Säkken freizulassen. Kaum waren die Hasen dicht vor den Menschen herausgesprungen, als sich alle darauf stürzten und sie fangen wollten. Die Hirtin indes bewegte sich abwechselnd zu Fuß, indem sie die Ziege zwischen den Beinen behielt, und reitend, indem sie sich auf die Ziege setzte und die Beine in die Luft hob. Sie hielt vor dem Zaren an und holte aus ihrem Busen die zwei Tauben und reichte sie ihm. Als der Zar die Hand ausstreckte, um sie entgegenzunehmen, ließ sie die Tauben los, und sie flogen fort …

Dann sagte die Hirtin zum Zaren: »Nun, Zar, die Leute haben mich empfangen und gleichzeitig auch nicht, ich habe dir ein Geschenk mitgebracht und zugleich auch nicht, ich bin geritten und gleichzeitig zu Fuß gelaufen!« Der Zar antwortete: »Von heute an wirst du mein Sohn sein.« Da beugte sich die

Hirtin zum Zaren und flüsterte ihm ins Ohr: »Ich bin kein Junge, sondern ein Mädel!« Der Zar freute sich noch mehr, denn er war nicht verheiratet, und nahm sie sofort zur Frau. Und so wurde die Hirtin dank ihrem Verstand und ihrer Pfiffigkeit Zarin.

Aus Bulgarien

Die kluge Braut

Zwei junge Männer hielten um die Hand einer Jungfrau an – der eine war arm, der andere reich. Der arme Jüngling sah hübscher aus, der Sohn von Tschorbadshija war der häßlichere. Da der Jungfrau der arme Jüngling gefiel, meinte sie: »Ich werde den armen Mann heiraten, und wenn wir Glück haben, so werden wir auch Geld verdienen und reich werden.« Und sie heiratete den Armen.

Nach der Hochzeit ging das Brautpaar auf die Weiden hinaus und sammelte von den Sträuchern und Dornen die Schafwolle, die von den vorbeigegangenen Schafen dort hängengeblieben war. So sammelten sie und sammelten, bis sie genügend Wolle zusammenhatten, um sich einen kleinen Teppich zu weben. Der Mann nahm ihn und brachte ihn auf den Markt zum Verkauf. Der Herrensohn aber lief die ganze Zeit über hinter ihm her, um zu sehen, wie er es wohl anstellen würde. Als dieser den Teppich auf dem Markt ausbreitete, kam ein Mann, sah ihn sich an und sagte: »Nimm diese Kuh und gib mir den Teppich.«

Der Mann gab ihm den Teppich, nahm die Kuh und kehrte nach Hause zurück. Unterwegs begegnete er einem Menschen, der zwei Hacken trug, die er auf dem Markt verkaufen wollte.

»Nimm die beiden Hacken, gib mir das Kühlein«, sagte der Mann. Jener nahm die Hacken, gab die Kuh hin und machte sich wieder auf den Weg. Kurz darauf begegnete er einem Mann, der Sicheln zum Markt trug.

»Hör zu, Junge, laß uns tauschen«, sagte dieser. »Hier, nimm zwei Sicheln und gib mir dafür die beiden Hacken.«

Sie machten den Tausch, und jeder ging seines Wegs. Nach einiger Zeit begegnete der Mann einem, der Strohhüte feilbot

und gleichfalls zu ihm sagte: »Hei, Junge, laß uns tauschen – gib mir die Sicheln, ich werde dir zwei Strohhüte dafür geben.«
Und sie tauschten. Der junge Mann nahm den einen Hut in die Hand, den anderen setzte er auf den Kopf. Da kam ein starker Wind auf und wehte beide Hüte fort. Der Mann hielt an und überlegte, was er jetzt tun sollte. Der Sohn des Reichen, der ihm ständig nachschlich, holte ihn ein und sagte: »Deine Braut wird dich fortschicken, wenn du mit leeren Händen nach Hause kommst.«
»Sie wird es nicht tun«, sagte der Arme, »sie ist nicht auf den Kopf gefallen.«
»Doch, doch, sie wird dich rauswerfen«, sagte der Reiche. »Genau das wird sie tun – dich rausschmeißen, ich weiß es. Wenn du mir nicht glaubst, dann will ich mit dir wetten: Schickt sie dich fort, so nehme ich sie dir weg, wenn nicht, dann gebe ich dir einen Beutel voll Goldmünzen, den hier, der auf dem Sattel liegt.«
Sie schlossen die Wette ab. Der Reiche verbarg den Armen in einer Kiste, lud ihn auf das Pferd und ging zu dem Haus des anderen. Er rief die Braut heraus und sprach folgende Worte: »Ist dein Mann schon zurück?«
»Er ist noch nicht da«, antwortete sie.
»Er hat den schönen Teppich für eine Kuh verkauft.«
»Schön, daß er eine Kuh gekauft hat. Ich möchte sehr, daß auch wir eine Kuh haben«, erwiderte die Braut.
»Er hat aber die Kuh gegen zwei Hacken getauscht.«
»O wie schlau mein Mann ist! Er weiß, daß wir Hacken dringend brauchen für unsere Arbeit. Es ist gut, daß er die genommen hat.«
»Er hat aber für die Hacken Sicheln eingetauscht.«
»Gut, daß er die Hacken für Sicheln gegeben hat. Eigentlich

brauchen wir Sicheln jetzt dringender, denn zur Erntezeit können wir woanders arbeiten gehen.«

»Aber dein Mann hat die Sicheln gegen zwei Strohhüte getauscht.«

»Gut, daß er das getan hat. Jetzt ist es Sommer, die Sonne prallt herab, die Hüte werden uns ein wenig schützen, der eine Hut ist für mich, der andere für ihn, und wir werden uns wohl fühlen in der Hitze.«

»Ein starker Wind kam auf und hat sie fortgeblasen, und deswegen bringt er gar nichts mit.«

»Ich will ja nichts, wenn nur mein Mann wohlauf nach Hause kommt«, sagte die Braut. »Ist er bei mir, brauche ich nichts weiter.«

Als ihr Mann diese Worte vernahm, rief er, man solle ihn vom Pferd runter holen und aus der Kiste befreien; er freute sich sehr über die Klugheit seiner Frau. Dem Reichen blieb nichts anderes übrig, als ihm den Beutel mit den Goldmünzen zu geben und zu gehen. Und der arme Bursche und sein kluges Weib lebten fortan in Wohlstand und waren glücklich.

Aus Bulgarien

Der Brunnen der Liebe

Es lebte einst ein König, der hatte eine Tochter, mit der er in seinem Palast lebte. Wie gewöhnlich saß sie nachmittags am Fenster ihres Gemachs und schaute den Vorübergehenden zu. Dabei betrachtete sie aufmerksam die Gesichter der Männer, wobei sie jeden Mann nur danach beurteilte, was sie in dessen Gesicht abgelesen hatte. Die Prinzessin war zudem überzeugt, daß sich hinter jedem erfolgreichen Mann ein weibliches Wesen verberge, das der eigentliche Grund für dessen Glück sei, wie sich hinter jedem Versager ebenfalls ein Weib verbergen müsse, das Schuld an dessen Mißgeschick habe. Der Vater wußte vom Zeitvertreib seiner Tochter, den er zutiefst mißbilligte.
Eines schönen Tages erblickte das Mädchen von seinem Fenster aus einen armen Mann in geflickten Kleidern. Es schickte seine Dienerin nach dem armen Teufel, damit sie ihn in die Kammer führe. Nachdem er eingetreten war, erkundigte sich die Prinzessin nach seinem Befinden.
Der König erfuhr von dem befremdlichen Besuch bei seiner Tochter und befahl in seinem Zorn, beide auf der Stelle zu Mann und Frau zu erklären. Dann wies er sie aus dem Palast. Da gingen sie und ihr Gemahl zu einer verlassenen Gruft am Rande der Stadt und verbrachten dort ihre erste gemeinsame Nacht. Am anderen Morgen schickte die Prinzessin ihren Mann fort, damit er arbeiten gehe. Er schuftete den ganzen Tag, konnte aber am Abend nur mit einem dürftigen Abendbrot heimkehren. Sie aß die grobe Mahlzeit und redete ihrem Mann Mut für den kommenden Tag zu. Der Mann litt nicht wenig darunter, daß er der Grund dafür war, daß seine Frau aus dem Palast verstoßen worden war und mit ihm sein hartes Leben teilen mußte.

Eines Tages übermannte ihn sein Schmerz, der ihn Arbeit und Heimkehr vergessen ließ. Er kam zu einem Brunnen auf freiem Feld, an dem Leute Wasser schöpften. Dort blieb er stehen und schaute ihnen zu, wobei er ihre Gespräche hörte. »Jeder, der in diesen Brunnen steigt, kehrt nicht ans Tageslicht zurück«, sprach einer. Da entschloß sich der Mann, in den Brunnen zu gehen. ›Entweder ich sterbe‹, ging es ihm durch den Kopf, ›und ich werde von meinem Schmerz befreit, unter dem ich leide, weil ich der Grund für die Erniedrigung der Prinzessin war, von der sie dann ebenfalls befreit ist und in den Palast zurückkehren kann, oder der Abstieg wird für beide eine glückliche Wendung bedeuten.‹

Wie der Mann Fuß um Fuß in die Tiefe setzte, erregte nahe des Grundes ein Lichtschein seine Aufmerksamkeit, der aus einem Spalt zu ihm drang. Als er hindurchschaute, bot sich ihm ein herrlicher Anblick. Er sah einen weiten Garten, wo eine Vielzahl von Bäumen voller Früchte standen. Seinen Boden bedeckte ein duftiger Teppich aus den verschiedensten Kräutern und Blumen. Nun kroch er durch das Loch und lief durch den Garten. Unter einem dichtbelaubten Baum blieb er stehen, denn er sah in diesem Augenblick, wie ein Jüngling die Äste herabstieg, dem zwei unvergleichlich schöne Mädchen folgten, das eine war weißhäutig, das andere schwarz.

»Welches der Mädchen ist schöner?« wollte der Bursche sogleich wissen. »Das Liebste, für das dein Herz in Flammen steht, ist immer das schönste«, versetzte der Mann schlagfertig. Dem Jüngling gefiel die Antwort. Bisher hatte er jeden, der in den Brunnen gestiegen und durch das Loch in den Garten eingedrungen war, getötet, der ihm auf seine Frage entgegnet hatte, daß ihm entweder das weiße oder das schwarze Mädchen besser gefiel. Auf diese Weise war bisher niemand wieder aus dem Brunnen zurückgekehrt. Der Herr über den Garten belohnte nunmehr den Mann und schenkte ihm sieben Granatäpfel. Jener nahm sie dankbar an und stieg nach oben. Der Mann kehrte zu seiner Frau zurück, die noch immer in der Gruft hauste, denn sie war überzeugt, daß er wiederkommen würde. Nachdem er ihr erzählt hatte, was ihm widerfahren war, reichte er ihr die großen Granatäpfel. Sie erkannte sogleich, daß die sieben Früchte kostbare Edelsteine waren.

Gleich am anderen Tag begab sich der Mann zu einem reichen Juwelier und verkaufte einen der wertvollen Granatäpfel. Von dem Erlös kaufte er ein Haus, das einem reichen Kaufmann zur Ehre gereicht hätte. Darüber hinaus erwarb er noch einen geräumigen Laden, in dem er mit Erfolg einen Handel zu betreiben begann. Fortan trug seine Frau die Tracht der Kaufmannsfrauen und er die der Kaufleute. Zu guter Letzt kaufte die Prinzessin ein beträchtliches Stück Boden gegenüber dem Palast ihres Vaters. Dort ließ sie einen eigenen Palast errichten, der dem des Königs ebenbürtig war, und stattete ihn auf das Kostbarste aus und unterhielt eine Schar von Dienern. Sodann unterwies sie ihren Gemahl in den Sitten und Gepflogenheiten des Hofes und begann, große Feste für die Händler und Beamten zu geben, bis sie schließlich sogar den König und sein Gefolge zu sich lud. Voller Freude nahm sie deshalb die Einladung an, mit der der Herrscher die ihre erwiderte. Der König lobte den geladenen Kaufmann in den höchsten Tönen.

Als dessen Frau den König um das Einverständnis bat, daß er sich mit den beiden Eheleuten zurückziehe, erteilte er gnädig sein Einverständnis. In einem prächtigen Saal erkundigte sich die verschleierte Kaufmannsfrau beim König nach dessen Tochter, die den armen Mann heiraten mußte und anschließend aus dem Palast verstoßen wurde. »Ich weiß nichts von beiden, und sie interessieren mich auch nicht. Sie hat die Ehre und den Ruf meines Hofes verletzt«, antwortete der Monarch. »Erkennst du mich?« fragte die Frau nun geradeheraus, die zaghaft ihren Schleier lüftete. »Meine Tochter,«, rief der König und stürzte auf sie zu. Er nahm sie in seine Arme, herzte und küßte sie, und Tränen der Freude benetzten seine und ihre Wangen. Auch den Schwiegersohn zog der König an seine Brust und küßte ihn. Er segnete ihre Ehe und lud ihretwegen zu einem wogenden Freudenfest.

Aus Syrien

Caterina die Kluge

Hier wird erzählt, meine Damen und Herren, es war einmal ein Großkaufmann in Palermo. Und dieser Großkaufmann hatte eine Tochter, die, seit sie entwöhnt war, eine so große Klugheit an den Tag legte, daß sie zu allem, was im Hause geschah, ihr Wörtchen zu sagen hatte. Als der Vater erkannte, welches Talent seine Tochter hatte, nannte er sie Caterina die Kluge. Im Lernen aller Arten von Sprachen, im Lesen aller Arten von Büchern tat es ihr niemand gleich.

Als sie sechzehn Jahre alt war, starb ihre Mutter. Caterinas Schmerz war so groß, daß sie sich in ihr Zimmer einschloß und nicht mehr herauskommen wollte. Sie aß darin, sie schlief darin, es gab für sie keinen Spaziergang mehr, kein Theater noch sonst irgendein Vergnügen.

Der Vater, der seine einzige Tochter über alles liebte, hielt es für angebracht, einen Rat abzuhalten. Er rief den ganzen Stadtadel zusammen (denn obwohl er nur ein Kaufmann war, stand er mit den besten Familien auf gutem Fuße) und sagte: »Meine Herrschaften, Ihr wißt, daß ich eine Tochter habe, die ich wie meinen Augapfel liebe. Aber seit dem Tod ihrer Mutter bleibt sie im Hause wie eine Katze und will nicht einmal die Nasenspitze hinausstrecken.«

Der Rat antwortete: »Eure Tochter ist in der ganzen Welt für ihre große Klugheit berühmt. Richtet ihr doch eine Schule ein, vielleicht kann sie, indem sie andere zum Lernen anhält, ihre trüben Gedanken vergessen.«

»Die Idee gefällt mir«, sagte der Vater und rief seine Tochter. »Höre, meine Tochter, da du keinerlei Zerstreuung willst, habe ich daran gedacht, dir eine Schule einzurichten, in der du die Leiterin sein sollst. Würde dir das gefallen?«

Caterina war sofort einverstanden. Sie leitete selbst die Bauarbeiten, und bald war die Schule eingerichtet. Draußen wurde ein Schild angebracht, auf dem geschrieben stand: *Wer bei Caterina der Klugen lernen will, trete ein. Der Unterricht ist frei.*
Sofort kamen Schüler in großer Zahl, Knaben und Mädchen, und Caterina setzte sie allesamt unterschiedslos nebeneinander. Jemand sagte: »Aber der da ist der Sohn eines Köhlers!« Und sie: »Das macht nichts, der Sohn eines Köhlers kann neben der Tochter des Fürsten sitzen. Wer zuerst kommt, mahlt zuerst.« Dann begann sie den Unterricht. Caterina die Kluge hatte eine lange, vorne mit Nägeln gespickte Peitsche. Sie unterrichtete alle gleich, aber wer seine Lektion nicht lernen wollte, bekam eine übergezogen. Der Ruhm dieser Schule drang bis zum Königspalast, und so wollte auch der Kronprinz hingehen. Er zog seine Galauniform an, trat ein, fand einen Platz, und Caterina ließ ihn sich setzen. Als er an die Reihe kam, stellte sie ihm eine Frage. Er wußte keine Antwort, und peng! gab sie ihm eine Ohrfeige, daß ihm Hören und Sehen verging.
Rot vor Wut sprang der Kronprinz auf, eilte zurück in den Palast und ging zu seinem Vater. »Gewährt mir die Gunst, Majestät: Ich möchte heiraten! Ich will Caterina die Kluge zur Frau!«
Der König ließ Caterinas Vater rufen, der sofort kam. »Zu Diensten, Majestät.«
»Steht auf! Mein Sohn hat sich in Eure Tochter vernarrt. Was sollen wir tun? Verheiraten wir sie miteinander.«
»Wie Ihr wollt, Majestät. Aber ich bin ein Kaufmann, und Euer Sohn ist von königlichem Geblüt.«
»Das macht nichts, er ist es ja, der sie will.«
Der Kaufmann kam nach Hause zurück. »Caterina, der Kronprinz will dich zur Frau. Was sagst du dazu?«
»Ich nehme ihn.«

Es fehlte ihr nicht an der Wolle für die Matratzen, auch nicht an Truhen und Kommoden: In einer Woche war alles Nötige vorbereitet. Der Prinz stellte ihr ein Gefolge von zwölf Brautjungfern zusammen. Die königliche Kapelle wurde geöffnet, und sie wurden getraut.

Nach der Trauung sagte die Königin zu den Brautjungfern, sie sollten die Braut ausziehen und zu Bett bringen. Aber der Prinz widersprach: »Wir brauchen keine Helfer zum Aus- und Anziehen, auch keine Wachen draußen vor der Tür.« Als er mit seiner Braut allein war, sagte er: »Caterina, erinnerst du dich an die Ohrfeige, die du mir gegeben hast? Tut sie dir leid?«

»Leid? Wenn du willst, kannst du noch eine haben!«

»Wie? Du hast nicht bereut?«

»Nicht im Traum.«

»Und du willst auch nicht bereuen?«

»Wo denkst du hin?«

»Ach, so ist das! Nun, ich werd's dir schon zeigen!« Und er begann ein Seil vorzubereiten, um sie durch eine Luke im Boden in ein Verlies hinunterzulassen. Als das Seil bereit war, sagte er: »Caterina, entweder du bereust, oder ich lasse dich in das Verlies hinunter!«

»Da werde ich's frischer haben«, antwortete sie.

Der Prinz band ihr das Seil um den Leib und ließ sie in das Verlies hinunter, wo sie nichts anderes vorfand als einen Tisch, einen Stuhl, einen Krug Wasser und ein Stück Brot.

Am anderen Morgen kamen seine Eltern, um, wie es Brauch ist, der Neuvermählten den Morgengruß zu entbieten.

»Ihr könnt nicht hereinkommen«, sagte der Prinz zu ihnen. »Caterina fühlt sich nicht wohl.«

Dann ging er die Luke öffnen. »Wie hast du die Nacht verbracht?«

»Angenehm frisch«, antwortete Caterina.
»Denkst du an die Ohrfeige, die du mir gegeben hast?«
»Ich denke an die, die ich dir noch geben muß.«
Zwei Tage vergingen, und der Hunger begann sie sehr zu plagen. Da sie nichts anderes zu tun wußte, zog sie eine Fischgräte aus ihrem Korsett und begann ein Loch in die Wand zu graben. Sie grub und grub, und nach vierundzwanzig Stunden sah sie endlich ein schwaches Licht und lebte auf. Sie machte das Loch etwas größer und hielt das Auge daran. Auf der anderen Seite sah sie den Schreiber ihres Vaters vorbeigehen. »Don Tommaso! Don Tommaso!« Don Tommaso begriff nicht, was das für eine Stimme sein konnte, die da aus der Wand kam. »Ich bin es: Caterina die Kluge. Sagt meinem Vater, daß ich ihn sofort sprechen will.«
Don Tommaso kam mit Caterinas Vater zurück und zeigte ihm das Loch in der Wand. »Lieber Vater, dies ist mein Los, ich bin hier in einem Verlies. Laßt einen unterirdischen Gang von unserem Haus bis hierher graben, mit einem Stützbalken und einer Laterne alle zwanzig Schritte, und dann überlaßt alles weitere mir.«
Der Kaufmann versprach es und sorgte dafür, daß sie in der Zwischenzeit durch das Loch gebratene Hähnchen und Hühnchen und andere nahrhafte Speisen bekam.
Dreimal täglich machte der Prinz die Luke auf und fragte: »Caterina, bereust du die Ohrfeige, die du mir gegeben hast?«
»Wieso sollte ich? Denk lieber an die Ohrfeige, die du noch kriegen wirst.«
Unterdessen arbeiteten die Bauleute an dem unterirdischen Gang mit einem Stützbalken und einer Laterne alle zwanzig Schritte. Als er fertig war, ging Caterina jedesmal, wenn der Prinz seine übliche Frage gestellt und die Luke wieder geschlossen hatte, hinüber ins Haus ihres Vaters.

Nach ein paar Tagen hatte der Prinz allmählich genug von dieser Geschichte. Er machte die Luke auf. »Caterina, ich fahre nach Neapel. Hast du mir nichts zu sagen?«
»Viel Spaß, amüsier dich gut, und schreib mir mal.«
»Also ich gehe dann jetzt.«
»Wie? Bist du immer noch da?«
Da ging der Prinz fort.
Kaum hatte er die Luke geschlossen, lief Caterina zu ihrem Vater hinüber. »Papa, diesmal müßt Ihr mir helfen. Ich brauche eine auslaufbereite Brigg, eine Haushälterin, Dienstboten, Galakleider – alles, um es nach Neapel zu schicken. Dort sollen sie mir einen Palast gegenüber dem Königspalast mieten und auf mich warten.«
Der Kaufmann schickte die Brigg los. Unterdessen ließ der Prinz eine Kriegsfregatte herrichten und fuhr ebenfalls los. Als Caterina ihn vom Balkon ihres Vaters aus abfahren sah, ging sie an Bord einer zweiten Brigg und war vor ihm in Neapel – man weiß ja, die kleinen Schiffe sind schneller als die großen.
In Neapel erschien Caterina auf dem Balkon ihres Palastes jeden Tag in einem schöneren Kleid. Der Prinz sah sie, rief überrascht: »Wie sehr sie Caterina der Klugen gleicht!« und entbrannte in Liebe zu ihr. Er schickte einen Gesandten hinüber, der ihr ausrichtete: »Gnädige Frau, der Prinz würde Euch gerne einen Besuch abstatten, wenn es Euch genehm ist.«
»Ich bitte darum!« erwiderte sie.
Der Prinz kam in Galauniform, sie begrüßten sich mit umständlichen Zeremonien, dann setzten sie sich und begannen ein Gespräch. »Und Ihr seid noch unverheiratet, gnädige Frau?«
»Noch unverheiratet. Und Ihr?«

»Ich ebenfalls. Muß ich Euch das noch sagen? Ihr habt große Ähnlichkeit mit einem Mädchen, das mir in Palermo sehr gut gefallen hat. Ich hätte Euch gerne zur Frau.«

»Das freut mich sehr, mein Prinz.« Und nach acht Tagen heirateten sie.

Neun Monate später gebar Caterina ein Kind, einen prächtigen Knaben. »Prinzessin«, fragte sie der Prinz, »welchen Namen wollen wir ihm geben?«

»Napoli«, sagte sie. Und so tauften sie ihn Napoli.

Zwei Jahre vergingen. Da wollte der Prinz auf Reisen gehen. Der Prinzessin gefiel das gar nicht, aber er wollte unbedingt fort. Zum Abschied übergab er ihr ein Papier, auf dem geschrieben stand, daß ihr Sohn sein Erstgeborener war und dereinst König werden sollte. Dann brach er nach Genua auf.

Kaum war er fort, schrieb Caterina ihrem Vater, er solle sofort eine Brigg, beladen mit Möbeln, mit einer Haushälterin, Dienstboten und allem übrigen nach Genua schicken, wo sie einen Palast gegenüber dem Palast des Königs von Genua mieten und auf sie warten sollten. Der Kaufmann belud eine Brigg und schickte sie nach Genua.

Auch Caterina nahm eine Brigg und fuhr nach Genua, wo sie vor dem Prinzen eintraf. Sie richtete sich in ihrem Palast ein, und als der Prinz die schöne junge Frau mit der königlichen Frisur, den Juwelen und Reichtümern sah, rief er: »Wie sehr sie Caterina der Klugen gleicht und wie sehr auch meiner Frau in Neapel!« und schickte ihr einen Gesandten hinüber. Sie erklärte sich bereit, ihn zu empfangen.

Wieder begannen sie ein Gespräch. »Seid Ihr noch unverheiratet?« fragte der Prinz.

»Witwe«, antwortete Caterina. »Und Ihr?«

»Ebenfalls Witwer. Mit einem Sohn. Aber ich muß Euch sagen, Ihr gleicht wie ein Ei dem anderen einer Dame, die ich in Palermo gekannt habe, und ebenso auch einer Dame, die ich in Neapel gekannt habe.«

»Nun, Ihr wißt doch, wie die Leute sagen: Auf der Welt sind wir sieben, die sich gleichen.«[1]

Um es kurz zu machen, nach acht Tagen waren sie Mann und Frau.

Neun Monate später gebar Caterina erneut einen Knaben, der noch schöner als der erste war. Der Prinz war überglücklich.

»Prinzessin, welchen Namen geben wir ihm?«

»Genova!« Und so tauften sie ihn Genova.

Wieder vergingen zwei Jahre, und den Prinzen trieb es erneut auf Reisen.

»Du gehst fort und läßt mich hier mit dem Kind allein?« sagte Caterina.

»Ich gebe dir schriftlich«, beruhigte sie der Prinz, »daß dies mein Sohn und Nachfolger ist.« Während er seine Abreise nach Venedig vorbereitete, schrieb Caterina ihrem Vater nach Palermo wegen einer weiteren Brigg mit Dienstboten, Haushälterin, Möbeln, schönen Kleidern und allem. Die Brigg fuhr nach Venedig. Der Prinz fuhr auf seiner Fregatte los, die Prinzessin folgte ihm auf einer Brigg und war vor ihm in Venedig.

»Heiliger Himmel!« rief der Prinz, als er die schöne Dame am Fenster sah. »Auch diese da gleicht in allem meiner Frau in Genua, die in allem meiner Frau in Neapel glich, die wiederum in allem Caterina der Klugen glich! Aber wie kann das sein? Caterina ist in Palermo im Verlies eingesperrt, die Frau in Neapel ist in Neapel, die in Genua ist in Genua, und diese hier ist in Venedig …« Er schickte den Gesandten hinüber und ging die Dame besuchen.

1 *Alu munnu setti nn'avemu a 'ssmigghiari (Al mondo siamo in sette ad assomigliarci):* sizilianische Redewendung, um einen traditionellen Sachverhalt zu bezeichnen.

»Aber wisset, gnädige Frau, Ihr ähnelt so vielen Damen, die ich kenne: einer in Palermo, einer in Neapel, einer in Genua …«

»Ach ja? Sieben müssen es doch sein, die sich in der Welt gleichen …«

Und so setzten sie ihr gewohntes Gespräch fort: »Seid Ihr noch unverheiratet?« – »Nein, ich bin Witwe. Und Ihr?« »Ebenfalls Witwer … Mit zwei Söhnen …« Und nach acht Tagen heirateten sie.

Diesmal gebar Caterina ein Mädchen, schön wie die Sonne und der Mond. »Welchen Namen geben wir ihr?« fragte der Prinz.

»Venezia.« Und so wurde sie Venezia getauft.

Wieder vergingen zwei Jahre. »Hört, Prinzessin, ich muß nach Palermo zurück. Aber ich lasse Euch ein Papier, in dem geschrieben steht, daß dieses Kind meine Tochter und von königlichem Geblüte ist.«

Er brach auf, aber Caterina war vor ihm in Palermo. Dort eilte sie zum Haus ihres Vaters, schlüpfte durch den unterirdischen Gang und kehrte in das Verlies zurück. Sobald der Prinz eingetroffen war, ging er die Luke öffnen. »Caterina, wie geht's dir?«

»Mir? Gut.«

»Bereust du die Ohrfeige, die du mir gegeben hast?«

»Denkst du an die Ohrfeige, die du noch zu kriegen hast?«

»Bereue, Caterina! Wenn nicht, heirate ich wieder.«

»Nur zu, wer hindert dich daran?«

»Aber wenn du bereust, wirst du wieder meine Frau.«

»Nein.«

Da erklärte der Prinz, daß seine Frau gestorben sei und er sich wieder vermählen wolle. Er schrieb allen Königen, sie sollten ihm Bilder von ihren Töchtern schicken. Die Bilder kamen, und das schönste war das der Tochter des Königs von England. Der Prinz ließ ihr ausrichten, sie möge mit ihrer Mutter kommen, um die Hochzeit zu schließen.

Die ganze englische Königsfamilie kam nach Palermo, und am nächsten Tag war die Hochzeit. Was tat derweil Caterina? Sie ließ drei königliche Gewänder für ihre drei Kinder Napoli, Genova und Venezia machen. Sich selbst zog sie als die Königin an, die sie war, nahm den als Kronprinz angezogenen Napoli und die als Prinz und Prinzessin angezogenen Genova und Venezia an die Hand und fuhr in einer Luxuskarosse zum Palast.

Es kam der Hochzeitszug des Prinzen und der Tochter des Königs von England, und Caterina sagte zu ihren Kindern: »Napoli, Genova und Venezia, geht eurem Vater die Hand küssen!« Und die Kinder liefen hin, um dem Prinzen die Hand zu küssen.

Als der Prinz sie vor sich sah, blieb ihm nichts anderes übrig, als sich geschlagen zu geben. »Dies ist tatsächlich die Ohrfeige, die du mir verpassen mußtest!« rief er und umarmte seine Kinder. Die Prinzessin von England stand baff. Sie drehte sich um und ging davon.

Caterina erklärte ihrem Mann das Geheimnis der drei sich gleichenden Damen, und der Prinz hörte gar nicht mehr auf, sie um Vergebung zu bitten.

So lebten sie glücklich in ihren Tagen,
Und wir sitzen hier mit knurrendem Magen.

Aus Italien

Jeanne-Marie Le Prince de Beaumont

Die Schöne und das Tier

Es war einmal ein Kaufmann, ein schwerreicher Mann. Er hatte sechs Kinder, drei Knaben und drei Mädchen. Als verständiger Vater sparte er nicht an ihrer Erziehung und gab ihnen Hauslehrer für die verschiedensten Fächer und Fertigkeiten. Seine Töchter waren sehr schön, die jüngste vornehmlich; sie wurde allenthalben bewundert, von früh auf hatte man sie nur die kleine Schöne genannt. Der Name war ihr geblieben und erweckte den Neid ihrer Schwestern. Die Jüngste war aber nicht nur schöner, sondern auch freundlicher als die Schwestern. Die beiden älteren bildeten sich auf ihren Reichtum viel ein, sie spielten die Damen, wollten die anderen Kaufmannstöchter nicht bei sich empfangen, sondern nur mit Edelleuten verkehren. Tagtäglich besuchten sie Tanzereien und Theateraufführungen; sie ergingen sich auf der Promenade und spotteten über ihre jüngste Schwester, weil sie die meiste Zeit damit verbrachte, gute Bücher zu lesen. Da der Reichtum der Mädchen allgemein bekannt war, machten mehrere wohlhabende Kaufleute ihnen Heiratsanträge. Die beiden älteren antworteten jedoch, sie dächten nicht daran, sich zu verheiraten, es sei denn mit einem Herzog oder allermindestens einem Grafen. Die Schöne (denn ich sagte euch ja, daß dies der Name der Jüngsten war), die Schöne also dankte ihren Freiern recht artig, sagte ihnen aber, sie sei noch zu jung und wolle ihrem Vater noch ein paar Jahre Gesellschaft leisten.

Plötzlich verlor der Kaufmann all sein Hab und Gut, und es blieb ihm nichts als ein kleines, fern der Stadt gelegenes Landhaus. Weinend teilte er seinen Kindern mit, daß sie künftig in diesem Häuschen wohnen und, um leben zu können, wie Bauern arbeiten müßten. Seine beiden älteren Töchter entgegneten hierauf, sie wollten die Stadt nicht verlassen, sie hätten zahlreiche Verehrer, die sich nur zu glücklich schätzen würden, sie auch ohne Mitgift zu heiraten. Die guten Fräulein täuschten sich jedoch; ihre Anbeter schenkten ihnen keinen Blick mehr, seitdem sie arm waren. Da wegen ihres Hochmuts sie niemand hatte leiden mögen, hieß es jetzt: »Sie verdienen kein Mitgefühl; es geschieht ihnen ganz recht, daß ihr Stolz gedemütigt wird; sollen sie doch von nun an vor Ziegen und Schafen die Damen spielen.« Gleichzeitig aber sagte jedermann: »Um die Schöne tut es uns wirklich leid, so ein braves Mädchen, immer gut zu den Armen und so sanft und lauter.« Einige Edelleute wollten sie sogar heiraten, obwohl sie keinen Heller mehr hatte. Sie sagte aber, sie bringe es nicht übers Herz, ihren armen Vater im Unglück allein zu lassen, und wolle mit ihm aufs Land ziehen, um ihn zu trösten und ihm bei der Arbeit zu helfen. Zuerst war die arme Schöne über den Verlust ihrer Güter sehr niedergeschlagen, dann aber sagte sie sich: »Was nützt alles Weinen, meinen Besitz erhalte ich dadurch nicht zurück! Ich will lieber versuchen, ohne Geld glücklich zu sein.«

Nachdem die Familie aufs Land gezogen war, machten sich der Kaufmann und seine Söhne daran, die Äcker zu bestellen. Die Schöne stand um vier in der Frühe auf, säuberte rasch das Haus und kochte allen das Frühstück. Anfänglich fiel es ihr schwer, denn sie war es nicht gewohnt, wie eine Magd zu arbeiten. Doch nach zwei Monaten hatte sie sich gekräftigt, die Ermüdung machte sie kerngesund. Wenn sie mit dem Tagewerk fertig war, las sie oder spielte auf dem Clavichord oder sang beim Spinnen. Ihre Schwestern dagegen langweilten sich zu Tode, sie blieben bis um zehn Uhr in den Betten, gingen den ganzen Tag spazieren und unterhielten sich damit, ihren feinen Kleidern und ihren Bekannten nachzutrauern. »Unsere Jüngste hat eine niedrige Seele«, sagten sie untereinander, »und sie ist so dumm, daß sie mit diesem Hundeleben wahrhaftig noch zufrieden ist.« Der Kaufmann dachte anders als seine Töchter. Er wußte, daß die Schöne besser als ihre Schwestern in der Gesellschaft zu bestehen und zu glänzen verstand. Er bewunderte die Seelenstärke des jungen Mädchens, vor allem seine Geduld. Denn nicht genug damit, daß sie ihr die ganze Hausarbeit überließen, beschimpften die beiden älteren sie bei jeder Gelegenheit.

Ein Jahr lebte die Familie in der Einsamkeit, als der Kaufmann ein Schreiben erhielt, in dem ihm mitgeteilt wurde, ein Schiff mit seinen Waren, das er verloren geglaubt hatte, sei glücklich im Hafen eingelaufen. Über diese Nachricht verloren die beiden ältesten fast den Verstand; sie glaubten, sie könnten nun endlich das langweilige Landleben verlassen. Als ihr Vater reisefertig war, baten sie ihn, er möchte ihnen Kleider, Pelzkragen, Hauben und alle möglichen Kinkerlitzchen mitbringen. Die Schöne bat um nichts, denn sie dachte bei sich, all der Erlös aus den Waren würde nicht ausreichen, um zu kaufen, was die Schwestern begehrten. »Und du, wünschst du dir nicht, daß ich dir etwas mitbringe?« fragte der Vater sie. »Da Ihr so gütig seid, an mich zu denken«, antwortete sie, »bitte ich Euch, mir eine Rose mitzubringen, denn wir haben hier keine.« In Wirklichkeit war der Schönen die Rose nicht wichtig, aber sie wollte vermeiden, durch ihr Verhalten ihre Schwestern bloßzustellen. Die beiden hätten sonst gesagt, sie wolle sich vor ihnen auszeichnen, nur deshalb wünsche sie sich nichts.

Der gute Kaufmann ritt davon. Doch als er angekommen war, fingen die Leute wegen der Ladung einen Rechtsstreit an. Und nach vielen nutzlosen Anstrengungen machte er sich ebenso arm wie zuvor auf den Rückweg. Bis zum Haus waren nur noch dreißig Meilen zurückzulegen, und er freute sich schon auf das Wiedersehen mit seinen Kindern. Doch da verirrte er sich in dem großen Wald, den er durchqueren mußte. Dichter Schnee fiel, der Wind blies so heftig, daß er ihn zweimal vom Pferd warf, und da die Nacht einbrach, fürchtete er, vor Hunger oder vor Kälte umzukommen oder von den Wölfen, die ihn heulend umkreisten, zerrissen zu werden. Plötzlich fiel sein Blick auf eine lange, von Bäumen gesäumte Straße. An ihrem Ende gewahrte er ein großes Licht; es schien jedoch weit entfernt zu sein. Er ging darauf zu und sah nun, daß das Licht von einem riesigen erleuchteten Palast kam. Der Kaufmann dankte Gott für die Hilfe, die er ihm gesandt hatte, und suchte so schnell wie möglich hinzugelangen. Zu seinem Staunen aber war in den Höfen kein Mensch. Sein Pferd, das hinter ihm hergetrottet war, ging geradeswegs in einen großen offenstehenden Stall, und weil es dort Heu und Hafer fand, machte sich das arme ausgehungerte Tier sofort darüber her. Der Kaufmann band es im Stall an, schritt zum Haus, traf aber auch darinnen keine Seele. In einem Saal prasselte ein Kaminfeuer, und eine Tafel stand da mit Fleischspeisen und nur einem Gedeck. Da Regen und Schnee ihn bis auf die Haut durchnäßt hatten, ging er zum Feuer, um sich zu trocknen. Der Herr des Hauses oder seine Bediensteten werden mir wohl verzeihen, daß ich mir diese Freiheiten nahm, sagte er sich, und sicherlich werde ich sie gleich zu Gesicht bekommen. Er wartete eine Zeitlang, aber als die Uhr elf schlug und sich noch immer niemand zeigte, konnte er seinen Hunger nicht mehr bezähmen. Er nahm ein gebratenes Hähnchen, aß es hastig und unter Zittern und trank auch einige Becher Wein. Dadurch kühner geworden, verließ er den Saal und durchquerte mehrere große, prachtvoll eingerichtete Gemächer. Am Ende ihrer Flucht gelangte er in ein Zimmer, in dem ein schönes Bett stand. Und da Mitternacht geschlagen hatte und er sehr müde war, schloß er die Tür hinter sich und schlüpfte unter die Decke.

Es war schon zehn Uhr, als er am nächsten Morgen aufstand. Zu seiner Überraschung fand er einen schmucken Anzug anstelle seiner alten Kleider, die ganz verschmutzt und zerrissen gewesen waren. »Ganz gewiß«, sagte er sich, »gehört dieser Palast einer guten Fee, die sich meiner elenden Lage erbarmt hat.« Er schaute aus dem Fenster und sah keinen Schnee mehr, sondern blühende Laubengänge und Blumenbeete, die das Auge entzückten. Er ging in den großen Saal zurück, in dem er am Vorabend gegessen hatte. Auf einem Tischchen stand heiße Schokolade. »Ich danke Euch, gnädige Frau Fee«, sagte er laut, »dafür, daß Ihr die Güte hattet, auch an mein Frühstück zu denken.« Nachdem er die Schokolade getrunken hatte, trat der gute Mann hinaus, um sein Pferd zu holen, und als er an einer Rosenhecke vorbeiging, erinnerte er sich an die Bitte der Schönen und brach einen Zweig mit mehreren Blüten ab. Im selben Augenblick hörte er ein mächtiges Getöse und sah ein Ungetüm auf sich zukommen, so fürchterlich anzuschauen, daß ihm fast die Sinne schwanden. »Undankbarer Mensch«, sprach das Ungetüm mit schrecklicher Stimme, »ich habe Euch in meinem Schloß aufgenommen und Euch so das Leben gerettet, und Ihr vergeltet mir meine Mühe, indem Ihr mir meine Rosen raubt, die mir das Liebste auf Erden sind. Ihr müßt Euren Frevel mit dem Tode sühnen, ich gebe Euch eine Viertelstunde für ein letztes Gebet.« Der Kaufmann warf sich auf die Knie, faltete die Hände und bat das Ungeheuer: »Mein gnädigster Herr, verzeiht mir; ich ahnte nicht, daß ich Euch kränken würde, als ich diese Rose pflückte, um einer meiner Töchter einen Wunsch zu erfüllen.« – »Ich heiße nicht ›gnädigster Herr‹«, entgegnete das Ungeheuer, »ich heiße das Tier. Ich mag keine Ehrenbezeigungen hören; ich will, daß man sagt, was man denkt. Glaubt also nicht, Ihr könntet mich durch Schmeichelreden besänftigen. Aber Ihr sagt, daß Ihr Töchter habt; ich will Euch verzeihen, unter der Bedingung, daß eine von ihnen freiwillig kommt, um an Eurer Statt zu sterben. Keine Widerrede! Geht, aber schwört mir zuvor, daß Ihr in drei Monaten zurückkehren werdet, falls Eure Töchter sich weigern, für Euch zu sterben.« Der gute Mann hatte nicht die Absicht, dem scheußlichen Ungetüm eine seiner Töchter zu opfern. Aber er dachte, wenigstens bleibt mir die Freude, sie noch einmal zu umarmen. Er schwor deshalb zurückzukehren, und das Scheusal bedeutete ihm, er dürfe gehen, sobald er wolle. »Aber«, setzte es hinzu, »ich will Euch nicht mit leeren Händen entlassen. Geht in das Zimmer, in dem Ihr geschlafen habt. Dort werdet Ihr eine große leere Truhe finden. Ihr könnt hineinlegen, was Euch gefällt. Ich werde sie Euch nach Hause tragen lassen.« Mit diesen Worten entfernte sich das Ungeheuer. Der gute Mann aber sprach bei sich, wenn ich denn sterben muß, so habe ich doch den Trost, meine armen Kinder nicht brotlos zurückzulassen.

Er ging in das Zimmer, in dem er übernachtet hatte, fand dort einen Haufen Goldstücke und füllte damit die große Truhe, von der das Tier gesprochen hatte. Nachdem er sie geschlossen und sein Pferd aus dem Stall geholt hatte, ritt er aus dem Schloßhof so traurig, wie er ihn freudig betreten hatte. Sein Pferd schlug wie von selbst einen Waldweg ein, und nach wenigen Stunden gelangte der gute Mann zu seinem kleinen Haus. Seine Kinder liefen herbei und umringten ihn, doch statt sich bei ihrem Anblick über ihre Zärtlichkeiten zu freuen, fing der Kaufmann zu weinen an. Er gab der Schönen den Rosenzweig, den er ihr mitgebracht hatte, und sagte: »Nimm diese Rosen, Schöne, sie werden deinem unglücklichen Vater teuer zu stehen kommen!« Darauf erzählte er seinen Kindern, welch unseliges Abenteuer ihm zugestoßen war. Die beiden ältesten brachen in ein lautes Geschrei aus und beschuldigten die Schöne, die keine Träne vergoß. »Da sieht man, wohin der Stolz der kleinen Person führt!« sagten sie. »Was hat sie nicht um Putz gebeten wie wir? Aber nein, das Fräulein wollte etwas Besonderes haben. Und jetzt, da sie unserem Vater den Tod bringt, weint sie nicht einmal.« – »Das wäre auch sinnlos«, antwortete die Schöne. »Warum sollte ich um den Tod meines Vaters weinen; er wird ja nicht sterben. Da das Ungetüm mit einer seiner Töchter vorliebnehmen will, werde ich mich ihm ausliefern. Und ich schätze mich glücklich, denn durch meinen Tod kann ich meinen Vater retten und ihm meine Liebe beweisen.« – »Nein, Schwester«, widersprachen da ihre drei Brüder, »das lassen wir nicht zu. Wir wollen zu dem Ungeheuer gehen und unter seinen Prankenhieben sterben, wenn wir es nicht erledigen können.« – »Hofft dies nicht, meine Kinder«, sagte der Kaufmann, »die Macht dieses Tieres ist so groß, daß keine Aussicht besteht, es zu töten. Das liebevolle Herz meines Kindes rührt mich, aber nimmer werde ich sie der Gefahr aussetzen. Ich bin alt und habe ohnehin nicht mehr lange zu leben; ich verliere also nur ein paar Jahre, um die es mir nur euretwegen, meine lieben Kinder, leid ist.« – »Seid versichert, mein Vater«, entgegnete die Schöne, »daß Ihr nicht ohne mich zum Palast gehen werdet; Ihr könnt mich nicht hindern, Euch zu folgen. Obwohl ich noch jung bin, hänge ich doch nicht sehr am Leben. Und lieber laß ich mich von dem Ungeheuer verschlingen, als daß ich vor Kummer über Euren Verlust sterbe.« Alles Reden fruchtete nichts, die Schöne bestand darauf, sich zu dem Palast zu begeben, und ihre Schwestern freuten sich insgeheim, denn die Tugenden der Jüngsten erfüllten sie schon lange mit Neid. Der Gedanke, sein Kind zu verlieren, bewegte den Kaufmann so sehr, daß er die Truhe mit dem Gold ganz vergaß. Als er abends sein Zimmer verriegelte, um sich schlafen zu legen, sah er sie zu seinem Erstaunen am Fußende seines Bettes stehen. Er beschloß, seinen Kindern kein Wort davon zu verraten, daß er so reich geworden war. Denn seine Töchter hätten unverzüglich in die Stadt zurückkehren wollen; er aber wollte seine Tage auf dem Land beschließen. Der Schönen jedoch verriet er das Geheimnis; und sie berichtete ihm, daß während seiner Abwesenheit einige Herren gekommen und daß zwei darunter seien, die ihre Schwestern verehrten. Und sie bat den Vater, die Schwestern zu verheiraten, denn sie war so gut, daß sie die beiden älteren liebte und von ganzem Herzen verzieh, was sie ihr Arges getan hatten. Als die Schöne und der Vater sich zum Aufbruch rüsteten, rieben sich die beiden bösen Mädchen die Augen mit einer Zwiebel ein, damit sie tränten; die Brüder aber weinten in echter Trauer, und auch der Kaufmann weinte. Allein die Schöne weinte nicht; sie wollte den Schmerz der anderen nicht noch größer machen. Das Pferd schlug den Weg zum Palast ein, und gegen Abend sahen sie ihn wie beim ersten Mal hellerleuchtet vor sich liegen. Das Pferd fand allein in den Stall, und der gute Mann trat mit seiner Tochter in den großen Saal, wo eine reichbeladene Tafel bereitstand, doch diesmal waren zwei Gedecke aufgelegt. Der Kaufmann mochte nichts essen; die Schöne aber zwang sich, ruhig zu erscheinen, begab sich zu Tisch und bediente ihn. Bei sich aber dachte sie, das Ungetüm will mich gewiß erst mästen, bevor es mich frißt, da es mir so gute Dinge auftischen läßt. Als sie mit Essen fertig waren, hörten sie einen großen Lärm, und weinend nahm der Kaufmann Abschied von seiner Tochter, denn er wußte, daß das Untier sein Kommen ankündigte. Die Schöne bebte unwillkürlich, als sie die grauenvolle Gestalt erblickte; aber sie faßte sich, so gut sie konnte, und als das Ungeheuer sie fragte, ob sie aus freien Stücken gekommen sei, sagte sie zitternd ja. »Dann seid Ihr ein gutes Mädchen«, sagte das Tier, »und ich bin Euch sehr verbunden. Ihr, guter Mann, reist morgen früh ab, und laßt Euch geraten sein, nie zurückzukehren. Lebt wohl, Schöne.« »Lebt wohl, Tier«, sagte sie, und sogleich zog sich das Ungeheuer zurück. »Ach, mein Kind«, sagte der Kaufmann und küßte die Schöne, »ich bin halbtot vor Entsetzen. Glaube mir, ich bin es, der hierbleiben muß.« – »Nein, Vater«, sagte die Schöne mit Festigkeit, »Ihr werdet morgen früh abreisen und mich dem Schutz des Himmels überlassen; vielleicht wird er sich meiner erbarmen.« Sie begaben sich zur Ruhe und glaubten, sie würden die ganze Nacht keinen Schlaf finden können. Aber kaum lagen sie in ihren Betten, da fielen ihnen die Augen zu. Im Schlaf sah die Schöne eine Dame, die zu ihr sprach: »Ich freue mich über dein gutes Herz, Schöne. Daß du dein Leben für das deines Vaters opfern willst, diese gute Tat soll nicht ohne Lohn bleiben.« Als die Schöne aufgewacht war, erzählte sie den Traum ihrem Vater, und obgleich dies ihn ein wenig tröstete, lamentierte und weinte er doch gewaltig, als er sich von seiner Tochter trennen mußte.

Als er fort war, setzte sich die Schöne in den großen Saal und fing gleichfalls bitterlich an zu weinen. Da sie aber ein tapferes Mädchen war, überantwortete sie sich dem lieben Gott und beschloß, die wenigen Stunden, die ihr verblieben, nicht zu vertrauern. Denn sie glaubte fest, daß das Tier sie am Abend fressen würde. Sie beschloß, in der Zwischenzeit umherzugehen und das schöne Schloß zu besichtigen. Trotz aller Angst konnte sie nicht umhin, seine Pracht zu bewundern. Wie überrascht aber war sie, als sie an eine Tür gelangte mit der Aufschrift: Die Gemächer der Schönen. Rasch drückte sie die Klinke hinunter und war geblendet von der Herrlichkeit der

Einrichtung. Am meisten aber staunte sie über einen großen Schrank voller Bücher, über ein Spinett und mehrere Notenhefte. »Ich soll mich nicht langweilen«, sprach sie ganz leise vor sich hin und überlegte dann weiter: »Wenn ich nur einen Tag hierbleiben sollte, hätte man mir nicht solch einen Vorrat besorgt.« Bei diesem Gedanken schöpfte sie neuen Mut. Sie öffnete den Bücherschrank, und ihr Blick fiel auf ein Buch, auf dem in goldenen Lettern geschrieben stand:

Scheucht den Schmerz aus Eurer Brust,
Wünscht, befehlt nach Herzenslust.
Ihr seid jetzt und künftighin
Herrin hier und Königin.

»Ach«, seufzte sie, »ich wünschte mir nichts weiter, als meinen armen Vater wiederzusehen und zu wissen, was er jetzt tut.« Sie hatte die Worte nur innerlich gesprochen und dabei zufällig auf einen großen Wandspiegel geschaut. Zu ihrem Erstaunen sah sie darin ihr Haus und ihren Vater, der gerade mit kummervoller Miene in den Hof einritt. Ihre Schwestern liefen ihm entgegen, und trotz der Grimassen, die sie schnitten, um traurig zu erscheinen, war die Freude über den Verlust der Jüngsten in ihren Gesichtern doch deutlich. Einen Augenblick später war das Bild verschwunden. Die Schöne aber dachte unwillkürlich, daß das Tier doch recht zuvorkommend sei und sie wohl nichts von ihm zu fürchten habe. Mittags fand sie die Tafel gedeckt, und während des Essens ertönte ein schönes Konzert, obwohl keine Menschenseele zu sehen war. Als sie sich abends zu Tisch setzen wollte, vernahm sie das Geräusch des Tiers und begann zu beben. »Schöne«, sprach das Ungeheuer zu ihr, »ist es Euch gefällig, daß ich Euch beim Abendessen zusehe?« – »Ihr seid der Herr hier«, antwortete die Schöne zitternd. »Nein«, sagte das Tier, »die alleinige Herrin hier seid Ihr. Befehlt, daß ich gehe, wenn ich Euch lästig bin, und ich gehe auf der Stelle. Sagt, findet Ihr, daß ich sehr häßlich bin?« – »Es ist wahr«, sagte die Schöne, »denn ich kann Euch nicht belügen, aber ich glaube, Ihr seid sehr gut.« – »Ihr mögt recht haben«, sagte das Ungetüm, »aber ich bin nicht nur häßlich, ich bin auch dumm; ich weiß wohl, daß ich bloß ein Tier bin.« – »Man ist nicht dumm«, erwiderte die Schöne, »wenn man glaubt, man sei nicht klug. Ein Dummkopf käme nie auf den Gedanken.« – »Greift zu, Schöne«, sagte das Tier, »und versucht, Euch in Eurem Hause nicht zu langweilen. Denn alles hier gehört Euch. Ich wäre untröstlich, wenn es Euch hier an etwas fehlte.« – »Ihr seid sehr gütig«, sagte die Schöne. »Wenn ich an Euer gutes Herz denke, scheint Ihr mir gar nicht mehr so häßlich zu sein.« – »Sapristi, was Ihr nicht sagt«, antwortete das Tier, »ein gutes Herz habe ich ja wohl, aber ich bin doch ein Scheusal.« – »Es gibt manche Menschen, die sind ärgere Scheusale als Ihr«, sagte die Schöne, »und Ihr mit Eurer Gestalt seid mir lieber als jene, die hinter ihrer Menschengestalt ein falsches, verdorbenes, undankbares Herz verbergen.« – »Wenn ich geistreich wäre«, sagte darauf das Tier, »so würde ich Euch mit artigen Komplimenten danken, aber ich bin ein Dummkopf, und alles, was ich Euch sagen kann, ist, ich danke Euch sehr.«

Die Schöne aß mit gutem Appetit. Sie fürchtete sich fast gar nicht mehr vor dem Ungeheuer. Aber dann starb sie beinahe vor Entsetzen, als es unvermittelt fragte: »Schöne, wollt Ihr meine Frau werden?« Zuerst verschlug es ihr die Sprache, sie hatte Angst, durch eine Ablehnung den Zorn des Ungetüms zu erregen. Dennoch antwortete sie ihm zitternd: »Nein, Tier.« Das arme Ungeheuer seufzte schwer, und sein Gebrüll war so gewaltig, daß es im ganzen Palast klirrte. Aber die Schöne beruhigte sich bald wieder, denn nachdem es trübselig »dann lebt wohl, Schöne« gesagt hatte, trottete es aus dem Saal, wobei es sich nur von Zeit zu Zeit umdrehte, um sie noch einmal zu betrachten. Als die Schöne sich wieder allein sah, erfaßte sie tiefes Mitleid mit dem armen Tier. »Ach«, sagte sie, »wie schade doch, daß es so abscheulich aussieht, denn es ist so gut.«

Drei Monate lang führte die Schöne im Palast ein geruhsames Leben. Jeden Abend stattete das Tier ihr seinen Besuch ab, unterhielt sie während des Essens mit recht verständigen Worten, zeigte jedoch nie, was man in der feinen Welt ›Geist‹ nennt. Jeden Tag entdeckte die Schöne neue gute Eigenschaften an dem Ungeheuer. Da sie es häufig sah, wurde ihr seine Häßlichkeit zum gewohnten Anblick und statt seinen Besuch zu fürchten, schaute sie oft auf die Uhr, um zu sehen, ob es bald neun sei, die Stunde, zu der es unfehlbar kam. Nur eines machte der Schönen Kummer: daß das Tier, bevor es sich zurückzog, sie jedesmal fragte, ob sie seine Frau werden wolle, und zutiefst verletzt schien, wenn sie nein antwortete. Und so sagte sie ihm eines Abends: »Ihr kränkt mich, Tier, ich wollte, ich könnte Euch heiraten. Aber ich bin zu offen, um Euch im Glauben zu wiegen, es käme je dazu. Ich werde Euch immer eine gute Freundin sein, versucht, Euch damit zufriedenzugeben.« – »Das muß ich denn wohl, ich sehe es ja ein«, entgegnete das Tier. »Ich weiß, daß ich recht garstig bin, aber ich liebe Euch von Herzen und ich bin überglücklich, daß Ihr hierbleiben wollt. Versprecht mir, daß Ihr mich nie verlassen werdet.« Bei diesen Worten errötete die Schöne. Sie hatte im Spiegel gesehen, daß ihr Vater vor Kummer über ihren Verlust dahinsiechte, und sie wünschte ihn wiederzusehen. »Ich würde Euch gern versprechen, daß ich Euch nie endgültig verlassen werde; aber ich sehne mich so sehr danach, meinen Vater wiederzusehen, daß ich vor Leid sterben werde, wenn Ihr mir diese Freude verwehrt.« – »Lieber möchte ich selbst sterben, als

Euch Kummer bereiten«, sagte das Tier. »Ich lasse Euch zu Eurem Vater zurückkehren. Ihr werdet dortbleiben, und Euer armes Tier wird vor Kummer darüber sterben.« – »Nein«, widersprach die Schöne weinend, »Ihr seid mir zu lieb, als daß ich die Ursache Eures Tods sein wollte. Ich gelobe Euch, nach acht Tagen zurückzukommen. Ihr habt mir im Zauberspiegel gezeigt, daß meine Schwestern geheiratet haben und meine Brüder unter die Soldaten gegangen sind. Mein Vater ist ganz allein; erlaubt, daß ich eine Woche bei ihm bleibe.« – »Morgen früh werdet Ihr dort sein«, sagte das Tier, »aber denkt an Euer Versprechen. Wenn Ihr wiederkommen wollt, braucht Ihr nur abends beim Zubettgehen Euren Ring auf einen Tisch zu legen. Lebt wohl, Schöne!« Das Tier seufzte bei diesen Worten wie immer, und die Schöne legte sich schlafen, ganz traurig, es so bekümmert zu sehen. Als sie am nächsten Morgen erwachte, befand sie sich im Haus ihres Vaters. Sie läutete die Glocke, die neben ihrem Bett stand, die Magd trat ein und stieß bei ihrem Anblick einen lauten Schrei aus. Der Vater lief herbei und starb fast vor Freude, als er die liebe Tochter wiedersah; sie fielen einander in die Arme und herzten und küßten sich wohl eine Viertelstunde. Als sie sich ein wenig gefaßt hatten, fiel der Schönen ein, daß sie keine Kleider dabeihatte. Aber die Magd sagte, sie habe im Nebenzimmer gerade eine große Truhe entdeckt, bis oben voll mit goldbestickten und mit Diamanten verzierten Kleidern. Die Schöne dankte dem guten Tier für seine Aufmerksamkeiten, zog das unauffälligste der Prunkgewänder an und befahl der Magd, die anderen zusammenzupacken, sie wolle sie ihren Schwestern schenken. Doch kaum hatte sie diese Worte ausgesprochen, da verschwand die Truhe. »Das Tier möchte wohl, daß du all dies für dich selbst behältst«, sagte der Vater, und sogleich stand die Truhe mit den Kleidern wieder am alten Platz. Die Schöne zog sich an, und währenddessen benachrichtigte man ihre Schwestern, die mit ihren Ehemännern herbeieilten. Die Älteste hatte einen stattlichen Edelmann geheiratet, der aber so sehr in sein eigenes Aussehen verliebt war, daß er sich von morgens bis abends nur damit beschäftigte und für die Schönheit seiner Frau keinen Blick hatte. Die zweite hatte einen höchst geistvollen Mann geheiratet, der sich seiner Gaben aber nur bediente, um alle Welt und als erste seine Frau zu erbittern. Den Schwestern drehte der Ärger das Herz um, als sie die Schöne liebreizender denn je und wie eine Prinzessin angetan sahen. Sie mochte ihnen noch so freundlich begegnen, es änderte nichts. Und als sie ihnen erzählte, wie glücklich sie war, wurden die beiden nur noch eifersüchtiger. Die Neidischen gingen in den Garten hinunter, um sich dort auszuweinen und zu zetern: »Warum geht es der Gans besser als uns? Sind wir etwa nicht viel liebenswürdiger als sie?« – »Schwester«, sagte die Älteste, »ich habe einen Gedanken. Wir müssen versuchen, sie länger als acht Tage hier zu halten. Dann gerät ihr dummes Tier in Wut, weil sie nicht Wort gehalten hat, und wird sie vielleicht auffressen.« – »Du hast recht, Schwester«, sagte die andere, »aber um das zu erreichen, müssen wir ihr schöntun.« Und nachdem sie diesen Entschluß gefaßt hatten, kehrten sie ins Haus zurück und erwiesen ihrer Schwester so viele Zärtlichkeiten, daß die Schöne vor Freude weinte. Als die acht Tage verstrichen waren, rissen sich die Schwestern die Haare aus und stellten sich über die bevorstehende Abreise so verzweifelt, daß die Schöne versprach, noch acht Tage länger zu bleiben.

Sie machte sich jedoch Vorwürfe, ihrem armen Tier Kummer zu bereiten. Sie hatte es von Herzen gern und vermißte seine Gesellschaft. In der zehnten Nacht, die sie zu Hause verbrachte, hatte sie einen Traum. Sie träumte, sie sei im Schloßgarten und im Gras liege das Tier im Sterben und gebe ihr die Schuld an seinem Tode. Die Schöne fuhr aus dem Schlaf und vergoß heiße Tränen. »Wie schlecht bin ich doch«, sagte sie, »ein Tier, das mir so viel Gutes getan hat, zu betrüben. Was kann es dafür, daß es häßlich ist und wenig Geist hat? Es ist gütig, und das ist mehr wert als alles andere. Warum habe ich es nicht heiraten wollen? Mit ihm würde ich gewiß besser leben als meine Schwestern mit ihren Männern. Weder die Schönheit noch der Geist eines Mannes bürgen für das Glück einer Frau. Der Charakter, die Tugend, die Zuvorkommenheit bürgen dafür, und das Ungeheuer hat alle diese guten Eigenschaften. Ich empfinde zwar keine Liebe, aber Achtung, Freundschaft und Dankbarkeit. Wohlan denn, ich will ihm nicht wehe tun, mein ganzes Leben lang müßte ich mir sonst Vorwürfe machen.« Mit diesen Worten stand die Schöne auf, legte ihren Ring auf den Tisch und ging wieder zu Bett. Sie schlief sofort ein, und als sie am nächsten Morgen erwachte, sah sie zu ihrer Freude, daß sie wieder im Palast des Tieres war. Ihm zu gefallen, zog sie prächtige Kleider an und langweilte sich den ganzen Tag in Erwartung der neunten Abendstunde. Aber die Uhr schlug, und das Ungeheuer zeigte sich nicht. Da fürchtete die Schöne, seinen Tod verursacht zu haben. Sie hastete durch alle Säle des Schlosses und rief verzweifelt nach dem Tier. Als sie überall vergeblich gesucht hatte, erinnerte sie sich an die Bilder ihres Traumes und eilte in den Garten zu dem Wasserlauf, wo sie es im Schlaf gesehen hatte. Und dort lag das arme Tier bewußtlos im Grase ausgestreckt, so daß die Schöne nicht anders dachte, als daß es tot sei. Sie warf sich über es, ohne sich vor ihm zu entsetzen, und da sie spürte, daß sein Herz noch schlug, schöpfte sie Wasser aus dem Fluß und goß es ihm über den Kopf. Das Tier schlug die Augen auf und sprach: »Ihr habt Euer Versprechen nicht eingehalten. Aus Kummer über Euren

Verlust habe ich beschlossen, Hungers zu sterben, aber ich sterbe zufrieden, weil ich die Freude habe, Euch noch einmal zu sehen.« – »Nein, mein liebes Tier, Ihr dürft nicht sterben«, sagte die Schöne, »Ihr sollt leben und mein Gemahl sein; in diesem Augenblick gebe ich Euch meine Hand und schwöre, daß ich nur noch Euch gehören werde. Ich glaubte bisher, ich empfände nur Freundschaft für Euch, aber mein Schmerz zeigt mir, daß ich ohne Euch nicht leben kann.« Kaum hatte die Schöne diese Worte ausgesprochen, als sie das Schloß in hellem Glanz erstrahlen sah: Feuerwerk, Musik, alles deutete auf ein Fest. Doch sie achtete nicht darauf, sie wandte sich gleich wieder ihrem lieben Tier zu, um dessen Leben sie bangte. Doch welche Überraschung! Das Tier war verschwunden, und zu ihren Füßen erblickte sie einen Prinzen, schön wie Amor, der ihr dafür dankte, daß sie ihn aus seiner Verzauberung erlöst habe. Obwohl dieser Prinz ihre ganze Aufmerksamkeit wohl verdiente, fragte sie ihn, wo das Tier sei. »Seht es zu Euren Füßen«, sagte er. »Eine böse Fee hatte mich dazu verflucht, in ein Tier verwandelt zu bleiben, bis ein schönes Mädchen einwilligen würde, mich zu heiraten. Sie hatte mir auch verboten, Geist und Witz zu verraten. Ihr allein auf der ganzen Welt wart gütig genug, Euch von meiner Güte rühren zu lassen, nehmt zum Dank dafür meine Krone!« Aufs angenehmste überrascht, gab die Schöne dem schönen Prinzen die Hand, damit er aufstehe. Zusammen gingen sie zum Schloß, wo zur Freude der Schönen im großen Saal schon ihr Vater und ihre ganze Familie warteten. Die Dame, die ihr im Traum erschienen war, hatte sie hierherversetzt. »Schöne«, sprach diese Dame, die eine mächtige Fee war, zu ihr, »empfange nun die Belohnung für deine gute Wahl: Du hast die Tugend der Schönheit und dem Geist vorgezogen, du verdienst es, alle diese Eigenschaften in einer Person vereint zu finden. Du sollst über

ein großes Reich herrschen. Was aber euch betrifft, meine Damen«, sprach die Fee zu den beiden Schwestern der Schönen, »so kenne ich eure Herzen und all ihre Bosheit. Ihr sollt von nun an zwei Statuen sein, aber unter dem Stein, der euch umhüllt, euren Verstand bewahren. Vor dem Portal des Schlosses eurer Schwester sollt ihr künftig stehen, und keine andere Strafe verhänge ich über euch als die, eure Schwester glücklich zu sehen. Erst wenn ihr eure Fehler erkennt, dürft ihr in eure ursprüngliche Gestalt zurückkehren. Aber ich fürchte, ihr werdet immer versteinert bleiben. Stolz, Zorn, Genußsucht und Faulheit lassen sich überwinden, aber nur durch ein Wunder wandelt sich ein arges und mißgünstiges Herz.«
Im selben Augenblick bewegte die Fee ihren Zauberstab, und alle Anwesenden wurden in das Reich des Prinzen versetzt. Seine Untertanen jubelten, und er heiratete die Schöne, und sie lebten viele Jahre immerdar glücklich miteinander.

Aus Frankreich

Der Wasserschneckensohn

Es war einmal ein herzensgutes Ehepaar. An einem Sommertag arbeitete die Frau auf dem Reisfeld. Da es sehr heiß war, badete sie zwischendurch im Fluß. Dabei betete sie leise: »Lieber Wassergott, lieber Wassergott, schenk uns doch ein Kind, es kann auch so klein sein wie ein Frosch oder eine Wasserschnecke.«

Merkwürdigerweise begann ihr der Bauch weh zu tun, so daß sie nicht mehr weiterarbeiten konnte. Kaum hatte sie sich nach Hause geschleppt, legte sie sich auf ihr Schlaflager und stöhnte.

Zehn Tage lang lag sie so. Sie waren zu arm, um einen Arzt zu holen oder Medikamente zu kaufen, so daß der Mann in der Nachbarschaft eine Hebamme um Hilfe bat. ›Sie versteht schließlich auch etwas von einem Frauenkörper‹, sagte er sich.

Als die Hebamme die Frau untersuchte, stellte sie fest, daß die Frau schwanger war und bald gebären würde. Das arme Ehepaar war ganz überrascht und freute sich sehr. Bald darauf gebar die Frau in der Tat etwas ganz Winziges. Es war kein Kind, sondern eine Wasserschnecke. Die beiden bedankten sich dennoch beim Wassergott für das Geschenk und pflegten den Wasserschneckensohn liebevoll in einer Schüssel. Er aß viel, blieb aber klein und stumm.

Zehn Jahre waren seitdem vergangen. Der Vater lud Reissäcke auf den Wagen, um damit beim Chōja [reicher Grundbesitzer] seinen Pachtzins zu bezahlen. Unbewußt stöhnte der alte Mann bei der schweren Arbeit und klagte: »Ich Unglücklicher! Ich habe zwar vom Wassergott einen Sohn geschenkt bekommen, aber er bleibt eine Wasserschnecke und sagt kein einziges

Wort. Bis zum Ende meines Lebens muß ich so hart arbeiten.«

Plötzlich hörte er eine Stimme: »Vater, laß das, heute bringe ich für dich den Reis zum Chöja.«

Der Alte bekam einen Schreck und schaute sich um. »Hat da jemand gesprochen? Wer hat mich Vater genannt?«

»Ich bin es Vater, dein Wasserschneckensohn! Ich danke dir für alles, was du die vielen Jahre über für mich getan hast. Jetzt bin ich an der Reihe. Heute bringe ich die Reissäcke zum Chöja.«

Der Vater war überrascht und glücklich. Er rief seine Frau herbei und setzte den kleinen Wasserschneckensohn in die Mähne des Pferdes vor dem Wagen. Der Wasserschneckensohn sagte: »Es ist gut, seid beruhigt, ich mache das schon. Auf Wiedersehen, Vater und Mutter!«

Das Pferd machte sich auf den Weg, geleitet von der Stimme der Wasserschnecke, während die Eltern ihnen nachschauten. Das Pferd ging mit dem Wagen die Straße geradeaus und dann über eine Brücke. Der kleine Sohn sang nun ein schönes Lied, und das Pferd sah sehr vergnügt aus. An seinem Hals bimmelte ein Glöckchen den Rhythmus dazu. Die Leute auf der Straße wunderten sich: »Wer singt da ein so schönes Lied?«

Bald kam der Wagen zum Hof des Chöja. Diener eilten herbei und wollten die Säcke abladen. Sie wunderten sich aber, daß niemand das Pferd kutschiert hatte. Da hörten sie von irgendwoher eine Stimme: »Ich bin hier. Seht ihr nicht die Wasserschnecke in der Mähne des Pferdes? Das bin ich. Ladet die Säcke ab und setzt mich irgendwohin.«

Als sie tatsächlich eine Wasserschnecke in der Mähne des Pferdes fanden, liefen sie ins Haus und riefen dem Chöja zu: »Herr, Herr! Schau dir das an: Eine Wasserschnecke hat dir den Pachtzins gebracht!«

Nun kamen der Chöja, seine Frau und alle anderen aus dem Haus in den Hof und betrachteten die Wasserschnecke gründlich von allen Seiten. Sie sah wie eine richtige kleine Wasserschnecke aus, aber sie beherrschte die menschliche Sprache. Dem Chöja gefiel die Wasserschnecke so gut, daß er sie zum Essen einlud. Bei Tisch fraß sie alles mit gutem Appetit und unterhielt sich recht klug mit dem Chöja, was diesen sehr verwunderte. Gern wollte er die Wasserschnecke für immer bei sich haben und machte ihr einen Vorschlag: »Deine Familie und meine kennen sich schon seit langem. Schon dein Großvater war Pächter bei meinem Großvater.
Jetzt möchte ich dir eine meiner Töchter zur Frau geben.«
Der Wasserschneckensohn nahm den Vorschlag mit Freuden an und wollte seinen Eltern von diesem Glück berichten.
Die Eltern machten sich zu Hause schon Gedanken und baten den Wassergott, daß ihr Sohn unbeschadet zurückkehren möge. Da kam der Wasserschneckensohn froh und munter zurückgeritten und sagte zu ihnen: »Vater, Mutter, ich werde die Tochter des Chöja heiraten!«
Das war für die armen Eltern der zweite Schreck.
Der Chöja rief inzwischen seine Töchter zu sich und sagte zu ihnen: »Eine von euch möchte ich der Wasserschnecke zur Frau geben. Welche von euch ist damit einverstanden?« Der Älteren schwand sogleich die Farbe aus dem Gesicht. Erregt sagte sie: »Ich nicht! Die Wasserschnecke als Bräutigam? Niemals!« und verschwand.
Die Jüngere sah den Vater an und meinte: »Wenn du es versprochen hast, mußt du dein Wort halten, lieber Vater, ich nehme die Wasserschnecke.«
Sie ließ sieben Pferde mit ihrer Aussteuer beladen: sieben Schränke, sieben Truhen, prachtvolle Kleider für jede Jahres-

zeit und vieles mehr. So kam sie zu dem Wasserschneckenmann. Sieben Tage lang wurde die Hochzeit gefeiert.
Die Braut war nicht nur wunderschön, sondern auch sehr fleißig. Bei der Arbeit pflegte sie sich ihren Mann auf die Schulter oder auf den Gürtel zu setzen. Und so unterhielten sie sich fröhlich und lachten oft. Bald kam der Tag des Frühlingsfestes. Die Frau kämmte sich das Haar, zog ein schönes Kleid an und machte sich zum buddhistischen Tempel auf. Wie immer hatte sie ihren Mann auf den Gürtel gesetzt und unterhielt sich unterwegs fröhlich mit ihm. Die Leute sahen sie mit großen Augen an und flüsterten: »Sieh nur, eine so schöne Frau spricht auf der Straße mit sich selbst. Sie muß wohl verrückt sein.«
Als sie zum Tor des Tempels kam, sagte ihr Mann: »Ich darf heute nicht weiter mit dir gehen. Bitte laß mich hier. Ich warte auf dich.«
Die Frau folgte ihm und setzte ihn an den Rand der Straße. Als sie vor dem Tempel gebetet hatte und zurückkam, fand sie ihren Mann nicht mehr an seinem Platz. Mit klopfendem Herzen suchte sie vergeblich überall nach ihm. Neben der Straße lag ein Reisfeld, in dem einige Wasserschnecken lebten. Die Frau trat in den Schlamm, nahm eine Wasserschnecke nach der anderen heraus in der Hoffnung, ihren Mann zu finden. Ihr hübsches Gesicht und ihr schönes Kleid wurden immer schmutziger, und allmählich dämmerte es. Die Leute gingen nach Hause. »Was treibt die Verrückte da?« fragten sie sich. »Pst, sie ist ja noch so jung und hübsch. Wie schade!« So tuschelten sie von weitem.
Die junge Frau war schon ganz verzweifelt, weil sie glaubte, ein Käfer habe ihren Mann gefressen. Sie wollte auch sterben und watete durch den Schlamm des Reisfelds. »Warte!« rief da jemand und hielt sie fest.

Als sie sich umwandte, stand sie vor einem schönen jungen Mann. »Laß mich! Ich habe meinen Mann verloren, und ich will nicht mehr …«, schluchzte sie.
Der junge Mann erwiderte: »Dein Mann lebt und steht vor dir. Erkennst du mich nicht? Ich war die Wasserschnecke. Dank deiner Liebe bin ich zu einem Menschen geworden.«
Der jungen Frau erschien alles wie im Traum.
Als die beiden glücklich nach Hause kamen, waren Vater und Mutter beim Anblick der schmutzigen Schwiegertochter und des hübschen jungen Mannes zum dritten Mal zutiefst erschrocken. Alles wurde erklärt, und alle freuten sich. Das junge Paar arbeitete fröhlich und fleißig und wurde immer wohlhabender.
Später nannte man sie tsubu Chöja, die reichen Wasserschnecken.

Aus Japan

Brüder Grimm

Jorinde und Joringel

Es war einmal ein altes Schloß mitten in einem großen, dicken Wald, darinnen wohnte eine alte Frau ganz allein, das war eine Erzzauberin. Am Tage machte sie sich zur Katze oder zur Nachteule, des Abends aber wurde sie wieder ordentlich wie ein Mensch gestaltet. Sie konnte das Wild und die Vögel herbeilocken, und dann schlachtete sie's, kochte und briet es. Wenn jemand auf hundert Schritte dem Schloß nahe kam, so mußte er stille stehen und konnte sich nicht von der Stelle bewegen, bis sie ihn lossprach: Wenn aber eine keusche Jungfrau in diesen Kreis kam, so verwandelte sie dieselbe in einen Vogel und sperrte sie dann in einen Korb ein und trug den Korb in eine Kammer des Schlosses. Sie hatte wohl siebentausend solcher Körbe mit so raren Vögeln im Schlosse.

Nun war einmal eine Jungfrau, die hieß Jorinde; sie war schöner als alle andere Mädchen. Die und dann ein gar schöner Jüngling, namens Joringel, hatten sich zusammen versprochen. Sie waren in den Brauttagen, und sie hatten ihr größtes Vergnügen eins am andern. Damit sie nun einsmalen vertraut zusammen reden könnten, gingen sie in den Wald spazieren. »Hüte dich«, sagte Joringel, »daß du nicht so nahe ans Schloß kommst.« Es war ein schöner Abend, die Sonne schien zwischen den Stämmen der Bäume hell ins dunkle Grün des Waldes, und die Turteltaube sang kläglich auf den alten Maibuchen.

Jorinde weinte zuweilen, setzte sich hin im Sonnenschein und klagte; Joringel klagte auch. Sie waren so bestürzt, als wenn sie hätten sterben sollen: Sie sahen sich um, waren irre und wußten nicht, wohin sie nach Hause gehen sollten. Noch halb stand die Sonne über dem Berg, und halb war sie unter. Joringel sah durchs Gebüsch und sah die alte Mauer des Schlosses nah bei sich; er erschrak und wurde todbang. Jorinde sang:

»Mein Vöglein mit dem Ringlein rot
singt Leide, Leide, Leide:
Es singt dem Täubelein seinen Tod, singt Leide,
Lei – zucküth, zicküth, zicküth.«

Joringel sah nach Jorinde. Jorinde war in eine Nachtigall verwandelt, die sang:

»Zicküth, zicküth.«

Eine Nachteule mit glühenden Augen flog dreimal um sie herum und schrie dreimal:

»Schu, hu, hu, hu.«

Joringel konnte sich nicht regen: Er stand da wie ein Stein, konnte nicht weinen, nicht reden, nicht Hand noch Fuß regen. Nun war die Sonne unter: Die Eule flog in einen Strauch, und gleich darauf kam eine alte krumme Frau aus diesem hervor, gelb und mager: große, rote Augen, krumme Nase, die mit der Spitze ans Kinn reichte. Sie murmelte, fing die Nachtigall und trug sie auf der Hand fort. Joringel konnte nichts sagen, nicht von der Stelle kommen; die Nachtigall war fort. Endlich kam das Weib wieder und sagte mit dumpfer Stimme: »Grüß dich, Zachiel, wenn's Möndel ins Körbel scheint, bind los, Zachiel, zu guter Stund.« Da wurde Joringel los. Er fiel vor dem Weib auf die Knie und bat, sie möchte ihm seine Jorinde wiedergeben, aber sie sagte, er sollte sie nie wiederhaben, und ging fort. Er rief, er weinte, er jammerte, aber alles umsonst. »Uu, was soll mir geschehen?« Joringel ging fort und kam endlich in ein fremdes Dorf: Da hütete er die Schafe lange Zeit. Oft ging er rund um das Schloß herum, aber nicht zu nahe dabei. Endlich träumte er einmal des Nachts, er fände eine blutrote Blume, in deren Mitte eine schöne große Perle war. Die Blume brach er ab, ging damit zum Schlosse: Alles, was er mit der Blume berührte, ward von der Zauberei frei: Auch träumte er, er hätte seine Jorinde dadurch wiederbekommen. Des Morgens, als er erwachte, fing er an durch Berg und Tal zu suchen, ob er eine solche Blume fände: Er suchte bis an den neunten Tag, da fand er die blutrote Blume am Morgen früh. In der Mitte war ein großer Tautropfe, so groß wie die schönste Perle. Diese Blume trug er Tag und Nacht bis zum Schloß. Wie er auf hundert Schritt nahe bis zum Schloß kam, da ward er nicht fest, sondern ging fort bis ans Tor. Joringel freute sich hoch, berührte die Pforte mit der Blume, und sie sprang auf. Er ging hinein, durch den Hof, horchte, wo er die vielen Vögel vernähme: Endlich hörte er's. Er ging und fand den Saal, darauf war die Zauberin und fütterte die Vögel in den siebentausend Körben. Wie sie den Joringel sah, ward sie bös, sehr bös, schalt, spie Gift und Galle gegen ihn aus, aber sie konnte auf zwei Schritte nicht an ihn kommen. Er kehrte sich nicht an sie und ging, besah die Körbe mit den Vögeln; da waren aber viele hundert Nachtigallen, wie sollte er nun seine Jorinde wiederfinden? Indem er so zusah, merkte er, daß die Alte heimlich ein Körbchen mit einem Vogel wegnahm und damit nach der Türe ging. Flugs sprang er hinzu, berührte das Körbchen mit der Blume und auch das alte Weib: Nun konnte sie nichts mehr zaubern, und Jorinde stand da, hatte ihn um den Hals gefaßt, so schön, wie sie ehemals war. Da machte er auch alle die andern Vögel wieder zu Jungfrauen, und da ging er mit seiner Jorinde nach Hause, und sie lebten lange vergnügt zusammen.

Aus Deutschland

Novalis

Das Märchen von Hyazinth und Rosenblütchen

Vor langen Zeiten lebte weit gegen Abend ein blutjunger Mensch. Er war sehr gut, aber auch über die Maßen wunderlich. Er grämte sich unaufhörlich um nichts und wieder nichts, ging immer still für sich hin, setzte sich einsam, wenn die andern spielten und fröhlich waren, und hing seltsamen Dingen nach. Höhlen und Wälder waren sein liebster Aufenthalt, und dann sprach er immerfort mit Tieren und Vögeln, mit Bäumen und Felsen, natürlich kein vernünftiges Wort, lauter närrisches Zeug zum Totlachen. Er blieb aber immer mürrisch und ernsthaft, ungeachtet sich das Eichhörnchen, die Meerkatze, der Papagei und der Gimpel alle Mühe gaben, ihn zu zerstreuen, und ihn auf den richtigen Weg zu weisen. Die Gans erzählte Märchen, der Bach klimperte eine Ballade dazwischen, ein großer dicker Stein machte lächerliche Bockssprünge, die Rose schlich sich freundlich hinter ihm herum, kroch durch seine Locken, und der Efeu streichelte ihm die sorgenvolle Stirn. Allein der Mißmut und Ernst waren hartnäckig. Seine Eltern waren sehr betrübt, sie wußten nicht, was sie anfangen sollten. Er war gesund und aß, nie hatten sie ihn beleidigt, er war auch bis vor wenig Jahren fröhlich und lustig gewesen wie keiner, bei allen Spielen voran, von allen Mädchen gern gesehn. Er war recht bildschön, sah aus wie gemalt, tanzte wie ein Schatz. Unter den Mädchen war eins, ein köstliches, bildschönes Kind, sah aus wie Wachs, Haare wie goldne Seide, kirschrote Lippen, wie ein Püppchen gewachsen, brandrabenschwarze Augen. Wer sie sah, hätte mögen vergehn, so lieblich war sie. Damals war Rosenblüte, so hieß sie, dem bildschönen Hyazinth, so hieß er, von Herzen gut, und er hatte sie lieb zum Sterben. Die andern Kinder wußten's nicht. Ein Veilchen hatte es ihnen zuerst gesagt, die Hauskätzchen hatten es wohl gemerkt, die Häuser ihrer Eltern lagen nahe beisammen. Wenn nun Hyazinth die Nacht an seinem Fenster stand und Rosenblüte an ihrem, und die Kätzchen auf den Mäusefang da vorbeiliefen, da sahen sie die beiden stehn und lachten und kicherten oft so laut, daß sie es hörten und böse wurden. Das Veilchen hatte es der Erdbeere im Vertrauen gesagt, die sagte es ihrer Freundin der Stachelbeere, die ließ nun das Sticheln nicht, wenn Hyazinth gegangen kam: So erfuhr's denn bald der ganze Garten und der Wald, und wenn Hyazinth ausging, so rief's von allen Seiten: »Rosenblütchen ist mein Schätzchen!« Nun ärgerte sich Hyazinth und mußte doch auch wieder aus Herzensgrunde lachen, wenn das Eidechschen geschlüpft kam, sich auf einen warmen Stein setzte, mit dem Schwänzchen wedelte und sang:

Rosenblütchen, das gute Kind,
Ist geworden auf einmal blind,
Denkt, die Mutter sei Hyazinth,
Fällt ihm um den Hals geschwind;
Merkt sie aber das fremde Gesicht,
Denkt nur an, da erschrickt sie nicht,
Fährt, als merkte sie kein Wort,
Immer nur mit Küssen fort.

Ach! wie bald war die Herrlichkeit vorbei. Es kam ein Mann aus fremden Landen gegangen, der war erstaunlich weit gereist, hatte einen langen Bart, tiefe Augen, entsetzliche Augenbrauen, ein wunderliches Kleid mit vielen Falten und seltsamen Figuren hineingewebt. Er setzte sich vor das Haus, das Hyazinths Eltern gehörte. Nun war Hyazinth sehr neugierig und setzte sich zu ihm und holte ihm Brot und Wein. Da tat er seinen weißen Bart voneinander und erzählte bis tief in die Nacht, und Hyazinth wich und wankte nicht und wurde auch nicht müde zuzuhören. Soviel man nachher vernahm, so hat er viel von fremden Ländern, unbekannten Gegenden, von erstaunlich wunderbaren Sachen erzählt und ist drei Tage dageblieben, und mit Hyazinth in tiefe Schachten hinuntergekrochen. Rosenblütchen hat genug den alten Hexenmeister verwünscht, denn Hyazinth ist ganz versessen auf seine Gespräche gewesen und hat sich um nichts bekümmert; kaum daß er ein wenig Speise zu sich genommen. Endlich hat jener sich fortgemacht, doch dem Hyazinth ein Büchelchen dagelassen, das kein Mensch lesen konnte. Dieser hat ihm noch Früchte, Brot und Wein mitgegeben und ihn weit weg begleitet. Und dann ist er tiefsinnig zurückgekommen und hat einen ganz neuen Lebenswandel begonnen. Rosenblütchen hat recht zum Erbarmen um ihn getan, denn von der Zeit an hat er sich wenig aus ihr gemacht und ist immer für sich geblieben. Nun begab sich's, daß er einmal nach Hause kam und war wie neugeboren. Er fiel seinen Eltern um den Hals und weinte. »Ich muß fort in fremde Lande«, sagte er, »die alte wunderliche Frau im Walde hat mir erzählt, wie ich gesund werden müßte, das Buch hat sie ins Feuer geworfen und hat mich getrieben, zu euch zu gehn und euch um euren Segen zu bitten. Vielleicht komme ich bald, vielleicht nie wieder. Grüßt Rosenblütchen. Ich hätte sie gern gesprochen, ich weiß nicht, wie mir ist, es drängt mich fort; wenn ich an die alten Zeiten zurückdenken will, so kommen gleich mächtigere Gedanken dazwischen, die Ruhe ist fort, Herz und Liebe mit, ich muß sie suchen gehn. Ich wollt euch gern sagen, wohin, ich weiß selbst nicht, dahin wo die Mutter der Dinge wohnt, die verschleierte Jungfrau. Nach der ist mein Gemüt entzündet. Lebt wohl.« Er riß sich los und ging fort. Seine Eltern wehklagten und vergossen Tränen, Rosenblütchen blieb in ihrer Kammer und weinte bitterlich. Hyazinth lief nun, was er konnte, durch Täler und Wildnisse, über Berge und Ströme, dem geheimnisvollen Lande zu. Er fragte überall nach der heiligen Göttin (Isis) Menschen und Tiere, Felsen und Bäume. Manche lachten, manche schwiegen, nirgends erhielt er Bescheid. Im Anfange kam er durch rauhes, wildes Land, Nebel und Wolken warfen sich ihm in den Weg, es stürmte immerfort; dann fand er unabsehliche Sandwüsten, glühenden Staub, und wie er wandelte, so veränderte sich auch sein Gemüt, die Zeit wurde ihm lang, und die innre Unruhe legte sich, er wurde sanfter und das gewaltige Treiben in ihm allgemach zu einem leisen, aber starken Zuge, in den sein ganzes Gemüt sich auflöste. Es lag wie viele Jahre hinter ihm. Nun wurde die Gegend auch wieder reicher und mannigfaltiger, die Luft lau und blau, der Weg ebener, grüne Büsche lockten ihn mit anmutigen Schatten, aber er verstand ihre Sprache nicht, sie schienen auch nicht zu sprechen, und doch erfüllten sie auch sein Herz mit grünen Farben und kühlem, stillem Wesen. Immer höher wuchs jene süße Sehnsucht in ihm, und immer breiter und saftiger wurden die Blätter, immer lauter und lustiger die Vögel und Tiere, balsamischer die Früchte, dunkler der Himmel, wärmer die Luft, und heißer seine Liebe, die Zeit ging immer schneller, als sähe sie sich nahe am Ziele. Eines Tages begegnete er einem kristallnen Quell und einer Menge Blumen, die kamen in ein Tal herunter zwischen schwarzen himmelhohen Säulen. Sie grüßten ihn freundlich mit bekannten Worten. »Liebe Landsleute«, sagte er, »wo find' ich wohl den geheiligten Wohnsitz der Isis? Hier herum muß er sein, und ihr seid vielleicht hier bekannter als ich.« – »Wir gehn auch nur hier durch«, antworteten die Blumen; »eine Geisterfamilie ist auf der Reise, und wir bereiten ihr Weg und

Quartier, indes sind wir vor kurzem durch eine Gegend gekommen, da hörten wir ihren Namen nennen. Gehe nur aufwärts, wo wir herkommen, so wirst du schon mehr erfahren.« Die Blumen und die Quelle lächelten, wie sie das sagten, boten ihm einen frischen Trunk und gingen weiter. Hyazinth folgte ihrem Rat, frug und frug und kam endlich zu jener längst gesuchten Wohnung, die unter Palmen und andern köstlichen Gewächsen versteckt lag. Sein Herz klopfte in unendlicher Sehnsucht, und die süßeste Bangigkeit durchdrang ihn in dieser Behausung der ewigen Jahreszeiten. Unter himmlischen Wohlgedüften entschlummerte er, weil ihn nur der Traum in das Allerheiligste führen durfte. Wunderlich führte ihn der Traum durch unendliche Gemächer voll seltsamer Sachen auf lauter reizenden Klängen und in abwechselnden Akkorden. Es dünkte ihm alles so bekannt und doch in niegesehener Herrlichkeit, da schwand auch der letzte irdische Anflug, wie in Luft verzehrt, und er stand vor der himmlischen Jungfrau, da hob er den leichten, glänzenden Schleier, und Rosenblütchen sank in seine Arme. Eine ferne Musik umgab die Geheimnisse des liebenden Wiedersehns, die Ergießungen der Sehnsucht, und schloß alles Fremde von diesem entzückenden Orte aus. Hyazinth lebte nachher noch lange mit Rosenblütchen unter seinen frohen Eltern und Gespielen, und unzählige Enkel dankten der alten wunderlichen Frau für ihren Rat und ihr Feuer; denn damals bekamen die Menschen so viel Kinder, als sie wollten. –

Aus Deutschland

Brüder Grimm

Rapunzel

Es war einmal ein Mann und eine Frau, die wünschten sich schon lange vergeblich ein Kind; endlich machte sich die Frau Hoffnung, der liebe Gott werde ihren Wunsch erfüllen. Die Leute hatten in ihrem Hinterhaus ein kleines Fenster, daraus konnte man in einen prächtigen Garten sehen, der voll der schönsten Blumen und Kräuter stand; er war aber von einer hohen Mauer umgeben, und niemand wagte hineinzugehen, weil er einer Zauberin gehörte, die große Macht hatte und von aller Welt gefürchtet ward. Eines Tags stand die Frau an diesem Fenster und sah in den Garten hinab; da erblickte sie ein Beet, das mit den schönsten Rapunzeln bepflanzt war: und sie sahen so frisch und grün aus, daß sie lüstern war und das größte Verlangen empfand, von den Rapunzeln zu essen. Das Verlangen nahm jeden Tag zu, und da sie wußte, daß sie keine davon bekommen konnte, so fiel sie ganz ab, sah blaß und elend aus. Da erschrak der Mann und fragte: »Was fehlt dir, liebe Frau?« – »Ach«, antwortete sie, »wenn ich keine Rapunzeln aus dem Garten hinter unserm Hause zu essen kriege, so sterbe ich.« Der Mann, der sie lieb hatte, dachte: »Eh' du deine Frau sterben lässest, holst du ihr von den Rapunzeln, es mag kosten, was es will.« In der Abenddämmerung stieg er also über die Mauer in den Garten der Zauberin, stach in aller Eile eine Hand voll Rapunzeln und brachte sie seiner Frau. Sie machte sich sogleich Salat daraus und aß sie in voller Begierde auf. Sie hatten ihr aber so gut, so gut geschmeckt, daß sie den andern Tag noch dreimal so viel Lust bekam. Sollte sie Ruhe haben, so mußte der Mann noch einmal in den Garten steigen. Er machte sich also in der Abenddämmerung wieder hinab, als er aber die Mauer herabgeklettert war, erschrak er gewaltig; denn er sah die Zauberin vor sich stehen. »Wie kannst du es wagen«, sprach sie mit zornigem Blick, »in meinen Garten zu steigen und wie ein Dieb mir meine Rapunzeln zu stehlen? Das soll dir schlecht bekommen!« – »Ach«, antwortete er, »laßt Gnade für Recht ergehen, ich habe mich nur aus Not dazu entschlossen: Meine Frau hat Eure Rapunzeln aus dem Fenster erblickt und empfindet ein so großes Gelüsten, daß sie sterben würde, wenn sie nicht davon zu essen bekäme.« Da ließ die Zauberin in ihrem Zorne nach und sprach zu ihm: »Verhält es sich so, wie du sagst, so will ich dir gestatten, Rapunzeln mitzunehmen, soviel du willst, allein ich mache eine Bedingung: Du mußt mir das Kind geben, das deine Frau zur Welt bringen wird. Es soll ihm gut gehen, und ich will für es sorgen wie eine Mutter.« Der Mann sagte in der Angst alles zu, und als die Frau in Wochen kam, so erschien sogleich die Zauberin, gab dem Kinde den Namen *Rapunzel* und nahm es mit sich fort.

Rapunzel ward das schönste Kind unter der Sonne. Als es zwölf Jahre alt war, schloß es die Zauberin in einen Turm, der in einem Walde lag und weder Treppe noch Türe hatte; nur ganz oben war ein kleines Fensterchen. Wenn die Zauberin hinein wollte, so stellte sie sich unten hin und rief:

»Rapunzel, Rapunzel,
laß mir dein Haar herunter.«

Rapunzel hatte lange prächtige Haare, fein wie gesponnen Gold. Wenn sie nun die Stimme der Zauberin vernahm, so band sie ihre Zöpfe los, wickelte sie oben um einen Fensterhaken, und dann fielen die Haare zwanzig Ellen tief herunter, und die Zauberin stieg daran hinauf.

Nach ein paar Jahren trug es sich zu, daß der Sohn des Königs durch den Wald ritt und an dem Turm vorüberkam. Da hörte er einen Gesang, der war so lieblich, daß er still hielt und horchte. Das war Rapunzel, die in ihrer Einsamkeit sich die Zeit damit vertrieb, ihre süße Stimme erschallen zu lassen. Der Königssohn wollte zu ihr hinaufsteigen und suchte nach einer Türe des Turms, aber es war keine zu finden. Er ritt heim, doch der Gesang hatte ihm so sehr das Herz gerührt, daß er jeden Tag hinaus in den Wald ging und zuhörte. Als er einmal so hinter einem Baum stand, sah er, daß eine Zauberin herankam, und hörte, wie sie hinaufrief:

»Rapunzel, Rapunzel,
laß dein Haar herunter.«

Da ließ Rapunzel die Haarflechten herab, und die Zauberin stieg zu ihr hinauf. »Ist das die Leiter, auf welcher man hinaufkommt, so will ich auch einmal mein Glück versuchen.« Und den folgenden Tag, als es anfing dunkel zu werden, ging er zu dem Turme und rief:

»Rapunzel, Rapunzel,
laß dein Haar herunter.«

Alsbald fielen die Haare herab, und der Königssohn stieg hinauf.

Anfangs erschrak Rapunzel gewaltig, als ein Mann zu ihr hereinkam, wie ihre Augen noch nie einen erblickt hatten, doch der Königssohn fing an ganz freundlich mit ihr zu reden und erzählte ihr, daß von ihrem Gesang sein Herz so sehr sei bewegt worden, daß es ihm keine Ruhe gelassen, und er sie selbst habe sehen müssen. Da verlor Rapunzel ihre Angst, und als er sie fragte, ob sie ihn zum Manne nehmen wollte, und sie sah, daß er jung und schön war, so dachte sie: »Der wird mich lieber haben als die alte Frau Gothel«, und sagte ja und legte ihre Hand in seine Hand. Sie sprach: »Ich will gerne mit dir gehen, aber ich weiß nicht, wie ich herabkommen kann. Wenn du kommst, so bring jedesmal einen Strang Seide mit; daraus will ich eine Leiter flechten, und wenn die fertig ist, so steige ich herunter, und du nimmst mich auf dein Pferd.« Sie verabredeten, daß er bis dahin alle Abend zu ihr kommen sollte; denn bei Tag kam die Alte. Die Zauberin merkte auch nichts davon, bis einmal Rapunzel anfing und zu ihr sagte: »Sag' Sie mir doch, Frau Gothel, wie kommt es nur, Sie wird mir viel schwerer heraufzuziehen als der junge Königssohn, der ist in einem Augenblick bei mir.« – »Ach, du gottloses Kind«, rief die Zauberin, »was muß ich von dir hören, ich dachte, ich hätte dich von aller Welt geschieden, und du hast mich doch betrogen!« In ihrem Zorne packte sie die schönen Haare der Rapunzel, schlug sie ein paarmal um ihre linke Hand, griff eine Schere mit der rechten, und ritsch, ratsch, waren sie abgeschnitten, und die schönen Flechten lagen auf der Erde. Und sie war so unbarmherzig, daß sie die arme Rapunzel in eine Wüstenei brachte, wo sie in großem Jammer und Elend leben mußte.

Denselben Tag aber, wo sie Rapunzel verstoßen hatte, machte abends die Zauberin die abgeschnittenen Flechten oben am Fensterhaken fest, und als der Königssohn kam und rief:

»Rapunzel, Rapunzel,
laß dein Haar herunter«,

so ließ sie die Haare hinab. Der Königssohn stieg hinauf, aber er fand oben nicht seine liebste Rapunzel, sondern die Zauberin, die ihn mit bösen und giftigen Blicken ansah. »Aha«, rief sie höhnisch, »du willst die Frau Liebste holen, aber der schöne Vogel sitzt nicht mehr im Nest und singt nicht mehr, die Katze hat ihn geholt und wird dir auch noch die Augen auskratzen. Für dich ist Rapunzel verloren, du wirst sie nie wieder erblikken.« Der Königssohn geriet außer sich vor Schmerz, und in der Verzweiflung sprang er den Turm herab: Das Leben brachte er davon, aber die Dornen, in die er fiel, zerstachen ihm die Augen. Da irrte er blind im Walde umher, aß nichts als Wurzeln und Beeren und tat nichts als jammern und weinen über den Verlust seiner liebsten Frau. So wanderte er einige Jahre im Elend umher und geriet endlich in die Wüstenei, wo Rapunzel mit den Zwillingen, die sie geboren hatte, einem Knaben und Mädchen, kümmerlich lebte. Er vernahm eine Stimme, und sie deuchte ihn so bekannt: Da ging er darauf zu, und wie er herankam, erkannte ihn Rapunzel und fiel ihm um den Hals und weinte. Zwei von ihren Tränen aber benetzten seine Augen; da wurden sie wieder klar, und er konnte damit sehen wie sonst. Er führte sie in sein Reich, wo er mit Freude empfangen ward, und sie lebten noch lange glücklich und vergnügt.

Aus Deutschland

Línus, der Königssohn

Es waren einmal ein König und eine Königin. Die hatten einen Sohn, der Línus hieß und ein sehr schöner und kluger junger Mann war. Als er nun kurz vor seinem zwanzigsten Geburtstag stand, verschwand er plötzlich. Und so sehr man ihn auch überall suchte, er war nirgends zu finden.

Nicht weit von dem Königshof aber lebte ein alter Mann mit seiner Frau in einer kleinen Hütte. Die Frau war die Amme des Königssohns gewesen, und ihre einzige Tochter war dessen Milchschwester. Das Mädchen aber konnte sich in den Verlust des geliebten Línus nicht finden und beschloß schließlich, ihn zu suchen. Lange versuchten die Eltern, das Mädchen von dem Plan abzubringen. Da es sich aber davon nicht abhalten ließ, gaben die Eltern schließlich ihren Segen, und die Mutter gab der Tochter ein Zwirnknäuel mit und sagte, sie solle ihm nachgehen, wohin es sie auch führe.

Das Knäuel rollte lange, lange vor ihr her, über Berg und Tal, über Stock und Stein und blieb endlich in einem wilden Felsental vor einer Steinwand liegen.

Das Mädchen dachte nun so bei sich, daß hier in dem Berg das Ziel seines Suchens sei. Doch es dauerte sehr lange, bis sie den Eingang fand. Endlich hatte sie eine schmale Spalte entdeckt, durch die sie sich gerade noch so hindurchzwängen konnte. Aber sie kam doch schnell hindurch und sah sich bald in einer geräumigen Höhle, an deren glatten Wänden allerlei Gerät hing.

Als sie sich nun dort umsah, fiel ihr Blick auf eine Seitenhöhle, in der ein prächtiges Lager stand. Sie tritt nun dichter heran, entdeckt in dem prächtigen Bett einen jungen Mann und erkennt die geliebten Züge des verschwundenen Königssohns.

Groß war nun ihre Freude. Aber bald sollte es sich zeigen, daß ihre Sorgen noch keineswegs zu Ende waren. Línus schlief. Und so sehr sie sich auch bemühte, ihn zu wecken, es gelang ihr nicht.

Während sie nun so dasteht und überlegt, was wohl unter solchen Umständen zu tun sei, hört sie ein merkwürdiges Geräusch – wie wenn Räder rollten. Immer näher kommt es heran. Und sie hat gerade noch Zeit, sich hinter einem Haufen alten Gerümpels zu verstecken, als sich auch schon die Felswand öffnet und ein seltsames Gefährt hereinrollt. Es war ein Bett, ganz aus Elfenbein geschnitzt und mit eingelegtem Gold versehen. Und darauf sitzt eine Unholdin von häßlichstem Aussehen und mit einer goldenen Peitsche in der Hand.

In der Höhle stand das elfenbeinerne Bett still, und dahinter schloß sich die Felswand wieder. Die Riesin stand auf und trat an das Bett, in dem der schlafende Königssohn lag. Und es dauerte gar nicht lange, bis die Unholdin zwei Schwäne herbeirief, die das Mädchen vorher noch gar nicht bemerkt hatte. Und die Unholdin sprach zu ihnen: »Singt, singt, ihr meine Schwäne, auf daß Línus, der Königssohn, erwache!« Da ließen die Schwäne sofort einen wunderschönen Gesang von sich hören, und der Königssohn wachte auf. Die Unholdin fragt ihn, ob er sich noch nicht eines Besseren besonnen und sich entschlossen habe, ihr seine Liebe zu schenken?

Línus weist diese Zumutung mit Abscheu zurück. Da gibt sie ihm nur das Notdürftigste zu essen und spricht dann zu den Schwänen: »Singt, singt, meine Schwäne, damit Línus, der Königssohn, einschlafe!«

Wieder singen die Schwäne, und Línus fällt wieder in einen tiefen Schlaf. Die Riesin aber setzt sich wieder auf ihr Bett, knallt mit der Peitsche und spricht: »Renne, renne, mein Bettchen! Dorthin, woher ich gekommen bin!« Und da tut sich

die Wand wieder auf, und sie fährt dorthin, woher sie gekommen war.
Aufmerksam hatte das Mädchen von seinem Versteck aus alles mit angehört. Kaum aber war die Unholdin fort, als es auch schon wieder aus seinem Versteck hervorkam und sich sofort darüber Gedanken machte, wie es jetzt am besten mit dem Königssohn in ein Gespräch kommen könnte. Es dauerte auch gar nicht lange, bis sie es wußte. Sie sprach zu den Schwänen: »Singt, singt, meine Schwäne, damit Línus, der Königssohn, aufwache!« Die Schwäne singen, der Schläfer wacht auf, und groß ist seine Freude, als er seine liebe Milchschwester wiedersieht.
Lange unterhalten sich beide und machen einen Plan, durch den dem Verzauberten die Flucht aus der Gewalt der verliebten Riesin möglich gemacht werden soll. Als sie damit fertig waren und die Zeit herannahte, zu der die Riesin wieder in die Höhle zu kommen pflegte, sprach das Mädchen noch einmal zu den Schwänen: »Singt, singt, meine Schwäne, damit Línus, der Königssohn, einschlafe.«
Die Schwäne sangen, und Línus sank in einen tiefen Schlaf. Als aber die Riesin wieder an sein Bett kam, und ihn erneut weckte, stellte er sich – wie mit seiner Milchschwester verabredet – freundlicher gegen sie an und zeigte sich nicht abgeneigt, ihr liebevoll entgegenzukommen.
Nachdem er sie auf diese Weise in gute Laune versetzt hatte, fragte er sie nach allerlei Dingen aus. Ob sie so lebe wie andere Leute auch, und wohin sie immer gehe, wenn sie ihn verlasse.
Da erzählte die verliebte Unholdin ihm, daß sie einen Bruder habe, der auch so wie sie ein Riese sei. Und mit dem habe sie *ein* Leben, und das sei an einen Lebensstein gebunden, wodurch beider Tod gewiß sei, wenn dieser Stein verletzt wird.

Wenn sie nun jedesmal nach ihrem Besuch die Höhle verlasse, besuche sie ihren Bruder, der an einer Quelle unter drei großen Bäumen lebe. Dort pflegten sie dann ihren Lebensstein hervorzuholen und sich mit ihm zu unterhalten.

Línus tut nun so, als wenn er sich um alles das, was ihm die Riesin erzählt, nicht weiter kümmert. Und er vertröstet sie, die sich nun gleich mit ihm einlassen will, auf den nächsten Tag. Sie läßt ihn darauf von den Schwänen wieder in den Schlaf singen und verschwindet.

Nach einer gewissen Zeit macht sich das Mädchen auf den Weg und kommt schließlich zu dem Quell unter den drei großen Bäumen. Línus aber sucht inzwischen die Riesin, die ihn täglich mehrmals besucht, nach Kräften bei guter Laune zu halten und sie immer von einem Tag auf den anderen zu vertrösten.

Als das Mädchen den rechten Ort erreicht hatte, versteckte es sich in der Höhlung eines Baumes. Nach einer Weile kommt zuerst ein furchtbarer Riese zum Vorschein, von dessen Schnauben alle Blätter der Bäume erzittern, und etwas später kommt auch seine Schwester auf ihrem Bett angefahren. Sie steigt ab, der Lebensstein wird geholt, und beide fangen an, ihn sich gegenseitig zuzuwerfen und danach zu haschen. Da paßt das Mädchen eine günstige Gelegenheit ab, springt aus dem Baum hervor, fängt den beiden ihren Stein weg und zerschmettert ihn sofort an einem Felsstück. Kaum aber ist der Stein in Stükke gesprungen, als die beiden Unholde auch schon umfallen und mausetot sind. Das Mädchen aber setzt sich auf das goldene Bett und ruft: »Renne, renne, mein Bettchen, zu Línus, dem Königssohn!« Fort rennt das Bett, und rasch ist diesmal die Reise beendet. Die Felswand öffnet sich wie vordem vor der Riesin, und die Schwäne wecken auf des Mädchens Geheiß den Línus.

Nun packen beide alles, was sie in der Höhle an Kostbarkeiten finden, auf das Bett und setzen sich selbst hinten drauf. Diesmal aber lassen sie ihr goldenes Fahrzeug direkt zum Königshof laufen.
Natürlich ist dort alles voller Freude über die Rückkehr des Königssohns. Der aber heiratet nun seine Retterin, und der alte König überträgt ihm die Regierung seines Reiches. Und so leben die beiden lange, lange Zeit herrlich und in Freuden bis an ihr seliges Ende.

Aus Island

Filo d'Oro und Filomena

Es war einmal eine Schusterstochter, die hatte schon recht betagte Eltern und hieß Filomena[1]. Eines Tages sagte ihre Mutter zu ihr: »Filomena, geh zur Gärtnerei und hol uns einen Grünkohl für die Suppe. Wenn der Gärtner nicht da ist, hol dir den Kohl selbst aus dem Garten und leg das Geld dafür auf den Boden. Aber paß auf, daß du nicht Wirsing anstelle von Grünkohl nimmst.«

Filomena ging zur Gärtnerei, und der Gärtner war nicht da. Sie ging hinein, um sich einen Grünkohl zu holen, zog aber versehentlich einen Wirsingkohl aus dem Boden. An die Stelle, wo er gewesen war, legte sie einen Groschen. Kaum aber lag der Groschen auf dem Boden, da verschwand er, und ein kristallenes Fenster öffnete sich. In dem Fenster erschien ein schöner Jüngling und sagte: »Komm zu mir, schönes Mädchen, ich sterbe vor Liebe zu dir!«

Wie von einem Magneten angezogen, fand sich Filomena mit dem Jüngling in einem unterirdischen Gemach wieder, das einer Königin zu gehören schien. Der Jüngling gab ihr einen Kuß und sagte: »Ich bin Filo d'Oro[2], und du sollst meine Braut sein.« Dann schenkte er ihr einen Beutel voll Geld und sagte: »Geh zurück zu deinen Eltern, aber komm jeden Tag wieder her zu mir. Den Wirsing, den du aus der Erde gezogen hast, wirst du immer an derselben Stelle vorfinden. Zieh ihn von neuem heraus und leg einen Groschen in das entstandene Loch. So wirst du mich wiedersehen. Aber gib acht: Nur du darfst mich sehen und sonst niemand!«

1 Nachtigall (A. d. Ü.).
2 Goldfaden (A. d. Ü.).

Filomena lief glücklich nach Hause zurück und erzählte alles ihren Eltern. Die beiden Alten konnten es kaum glauben, und von nun an lebten sie in Saus und Braus. Jeden Tag ging Filomena in die Gärtnerei und kam mit einem Beutel voll Geld zurück. Aber die Mutter verzehrte sich vor Neugier auf den Mann, der ihr Schwiegersohn war. »Laß ihn mich wenigstens *einmal* sehen«, bat sie ihre Tochter. »Immerhin bin ich deine Mutter!«

»Nein, liebe Mutter, denn wenn du ihn siehst, verliere ich mein Glück«, antwortete Filomena.

»Dann zeig mir wenigstens einmal die Stelle, wo er erscheint!«

Das Mädchen führte sie schließlich hin.

»Hier ist die Gärtnerei, und hier ist der Wirsing. Aber jetzt mußt du gehen, Mutter.«

Die Mutter tat so, als ob sie fortginge, aber in Wirklichkeit versteckte sie sich hinter einem Nußbaum. Filomena zog den Wirsing aus dem Boden, warf den Groschen in das Loch und sah das Fenster, aber diesmal erschien hinter der Kristallscheibe kein Filo d'Oro. Filomenas Mutter, die unbedingt sehen wollte, wie ihr Schwiegersohn aussah, warf eine Nuß auf das Fenster. Die Scheibe zersprang, und das Gesicht des Jünglings erschien und blickte sehr zornig drein, und im nächsten Moment verschwand es mitsamt dem Fenster und allem, und statt dessen stand da wieder der Wirsing und ließ sich nicht mehr aus dem Boden ziehen.

Nun muß man wissen, daß Filo d'Oro der Sohn einer Menschenfresserin war. Diese Menschenfresserin wollte ihn unbedingt mit einer Prinzessin verheiraten, aber die Feen hatten ihm eine Schusterstochter zur Frau bestimmt. Da hatte die Menschenfresserin gesagt: »Mögest du in der ganzen Welt nur eine einzige Frau erblicken, und wenn du eine zweite siehst, mögest du sterben!« Und hatte ihn in jenen unterirdi-

schen Palast verbannt, damit er keine anderen Frauen sah außer der, die er heiraten sollte.
Die Feen, die ihn vor dem Fluch seiner Mutter bewahren wollten, hatten dafür gesorgt, daß die erste Frau, die er erblickte, eben Filomena war und daß er sich in sie verliebte. Kaum aber hatte er nun ihre Mutter erblickt, wurde der Fluch wirksam, und Filo d'Oro sank tot in die Arme der Menschenfresserin.
Als diese ihren Sohn tot daliegen sah, und das wegen ihres eigenen Fluches, raufte sie sich die Haare. Da aber Filo d'Oro von den Feen verzaubert worden war, verweste sein toter Leib nicht. Die Mutter begrub ihn bis zur Brust und ging ihn jeden Tag besuchen, um sein schönes Gesicht wiederzusehen und ihn zu beweinen.
Unterdessen hatte Filomena vor Kummer über das Verschwinden ihres Gemahls die Eltern verlassen und war in die Welt hinausgezogen, um ihn zu suchen. Eines Abends legte sie sich unter eine Eiche, um dort die Nacht zu verbringen. Auf der Eiche saß ein Taubenpaar, und Filomena hörte es gurren:

Filo d'Oro ist tot,
Kukurrukú,
Aber Filomena ist am Leben,
Kukurrukú,
Und wenn sie uns töten würde,
Kukurrukú.
Und uns einäschern würde,
Kukurrukú,
Und mit der Asche ihn einreiben würde,
Kukurrukú,
Dann tät' Filo d'Oro sich regen
Und wäre bald wieder am Leben.
Kukurrú, Kukurrú, Kukurrú.

Als Filomena das gehört hatte, wartete sie, bis die Tauben eingeschlafen waren, kletterte dann leise auf die Eiche, packte die Tauben und drehte ihnen den Hals um. Von der Höhe des Baumes sah sie ein Licht im Wald. Sie kletterte hinunter und ging auf das Licht zu. Es war eine Hütte, und Filomena klopfte an, um nach einem Feuer zu fragen, mit dem sie die Tauben einäschern könnte. In der Hütte wohnte eine Fee, die Bäckerin war und sich bereit erklärte, die Tauben in ihrem Backofen zu verbrennen. Als sie Filomenas Geschichte gehört hatte, sagte sie: »Meine Tochter, bewahre die Asche der Tauben in diesem Gefäß auf, und nimm auch diesen Korb Feigen mit. Geh zum Haus der Menschenfresserin. Sie wird am Fenster sitzen und spinnen, und um den Faden lang zu machen, wird sie die Spindel aus dem Fenster bis auf den Boden hängen lassen. Nimm die Spindel und steck eine Feige darauf. Die Menschenfresserin wird die Feige essen und wird dir danken und dich einladen, zu ihr heraufzukommen. Aber sei auf der Hut, denn sie ist imstande, dich zu verspeisen. Geh erst hinauf, wenn sie dir bei der Seele ihres Filo d'Oro versprochen hat, dich nicht zu fressen. Dann zeig ihr die Asche, mit der ihr Sohn wieder zum Leben erweckt werden kann, und überlaß alles weitere dem Schicksal.«

Filomena dankte der Bäckerin herzlich und ging zum Haus der Menschenfresserin, die spinnend am Fenster saß und die Spindel herunterhängen ließ. Filomena steckte eine Feige auf die Spindel, die Menschenfresserin zog die Spindel hoch, sah die Feige und aß sie auf. »Schmeckt hervorragend«, sagte sie. »Wer ist die gute Seele, die eine Feige auf meine Spindel gesteckt hat? Sie möge heraufkommen, daß ich ihr einen Kuß geben kann.«

»Nein, du wirst mich auffressen!« sagte Filomena.

Die Menschenfresserin warf ihr die Spindel wieder hinunter,

und Filomena steckte erneut eine Feige daran. »Komm herauf, daß ich dir einen Kuß geben kann. Ich werde dich nicht auffressen, ich verspreche es dir!« sagte die Menschenfresserin, nachdem sie die zweite Feige gegessen hatte.
»Ich traue deinen Versprechungen nicht«, sagte Filomena und steckte eine dritte Feige auf die Spindel.
»Komm herauf, ich verspreche dir bei der Seele meines Filo d'Oro, daß ich dich nicht fressen werde.«
Da ging Filomena zu der Menschenfresserin hinauf. Als diese jedoch entdeckte, daß Filomena die Gattin ihres Filo d'Oro war und die Asche besaß, mit der er wieder zum Leben erweckt werden konnte, riß sie ihr das Gefäß weg, lief damit zu ihrem Sohn, machte ihn wieder lebendig und schloß ihn erneut unter der Erde ein, damit er Filomena nicht wiedersah. Dann leitete sie sogleich die Hochzeit mit der Prinzessin ein.
»Von wegen!« sagten die Feen, die bestimmt hatten, daß Filo d'Oro die Schusterstochter heiraten solle. »Dann sprechen wir eben einen Fluch über diese Prinzessin: In einem Monat möge sich die Erde unter ihren Füßen auftun und die Hölle sie verschlingen!«
Unterdessen hielt die Menschenfresserin Filomena wie eine Sklavin und suchte nach einem Vorwand, sie zu fressen.
»Es müssen fünf Matratzen aus Vogelfedern für Filo d'Oro gemacht werden, denn er will in den Stand der Ehe treten«, sagte sie zu ihr. »Hier sind die Säcke, bis morgen um diese Zeit mußt du sie alle fünf mit Vogelfedern gefüllt haben, sonst fresse ich dich.«
Filomena weinte und war verzweifelt. Nun muß man wissen, daß Filo d'Oro, der Zauberkräfte besaß, sich verwandeln konnte, um in anderer Gestalt den unterirdischen Palast zu verlassen. So verwandelte er sich in einen Mann mit Vollbart und erschien vor Filomena. »Schönes Kind«, sagte er, »gib mir

einen Kuß, und im Handumdrehen besorge ich dir so viele Vogelfedern, wie du willst.«
Aber Filomena erwiderte: »Wäret Ihr Filo d'Oro, würde ich Euch nicht nur einen, sondern tausend Küsse geben. Euch aber gebe ich keinen, lieber will ich sterben.«
Der Bärtige lächelte und verschwand. Und im selben Moment flogen Tausende von Vögeln aller Art durch die Fenster herein und flatterten im Zimmer umher, und bei jedem Flattern verloren sie Federn in allen Farben, die auf den Boden fielen und einen immer dickeren Teppich bildeten. So konnte Filomena die fünf Matratzen in der geforderten Zeit mit Federn vollstopfen, wie die Menschenfresserin es befohlen hatte.
Da sagte sich die Menschenfresserin: »Hier muß mein Sohn die Hand im Spiel haben. Aber wir wollen doch einmal sehen, wer das Spiel gewinnt.« Und zu Filomena sagte sie: »Es fehlt noch die Musik für Filo d'Oros Hochzeit. Geh zu meiner Schwester, der Menschenfresserin, die auf dem Berg des Vergnügens wohnt, und laß dir von ihr das Kästchen des Singens und Klingens geben.«
Nun muß man wissen, daß der Weg zum Berg des Vergnügens über den Fluß der Schlangen, den Fluß des Blutes und den Fluß der Galle führte, und dazu bestand die sehr handfeste Gefahr, daß man beim Eintreten in das Haus der Menschenfresserin gefressen wurde. Die arme Filomena weinte in einem fort.
Da aber stand auf einmal ein Mann mit Schnurrbart vor ihr, der kein anderer als Filo d'Oro in erneuter Verwandlung war. »Gib mir einen Kuß«, sagte er, »und ich sage dir, wie du das Kästchen heil und unversehrt in die Hand bekommst und forttragen kannst.«
»Wäret Ihr Filo d'Oro, würde ich Euch tausend Küsse geben«, erwiderte Filomena, »aber ehe ich Euch einen Kuß gebe, lasse

ich mich lieber von allen beiden Menschenfresserinnen fressen!«

Ganz gerührt von ihrer Treue sagte Filo d'Oro: »Nun gut, auch wenn du mir keinen Kuß geben willst, will ich dir trotzdem helfen. Wenn du zum Fluß der Schlangen kommst, sag: ›Oh, was für schöne Makkaroni! Ich hätte Lust, drei Teller davon zu essen!‹ Und wenn du zum Fluß des Blutes kommst, sag: ›Oh, was für schöner Wein! Ich würde gern drei Becher davon trinken!‹ Und am Fluß der Galle sag: ›Oh, was für schöne Milch! Ich würde am liebsten drei Tassen davon trinken!‹ So gelangst du zum Haus der Menschenfresserin. Nimm diese Schaufel mit, die wird dir nützen. Lebwohl.« Und der Schnurrbärtige verschwand.

Filomena ging weiter und tat, was der Schnurrbärtige ihr gesagt hatte. Als die Schlangen hörten, daß sie Makkaroni genannt wurden, wichen sie zur Seite und ließen Filomena durch; desgleichen das Blut, als es Wein genannt wurde, und die Galle, als sie Milch genannt wurde.

Filomena stieg auf den Berg des Vergnügens und fand das Haus der Menschenfresserin. Voller Furcht trat sie ein. In der Küche war eine Dienerin beim Brotbacken. Diese Dienerin, ein armes Mädchen wie Filomena, war der Menschenfresserin zu ihrem Unglück in die Klauen gefallen. Dreimal in der Woche mußte sie die Glut aus dem Ofen holen und das Brot hineinschieben, alles mit bloßen Händen. Und die Ärmste litt an ihren Verbrennungen, daß sie meinte, sie müßte sterben. Doch wenn das Brot gebacken und aus dem Ofen geholt war, ließ die Menschenfresserin die Verbrennungen durch ihre Zauberkunststücke verschwinden, und so starb die Dienerin nicht. Aber dann mußte die Ärmste wieder von vorn anfangen und wieder Schmerzen leiden.

Als diese arme Dienerin nun Filomena eintreten sah, rief sie

sofort: »Lauf weg, um Gottes willen! Was tust du hier? Weißt du nicht, daß die Menschenfresserin dich frißt?«
»Wenn mich diese nicht frißt, frißt mich ihre Schwester«, sagte Filomena. »Also kann ich auch gleich nach dem suchen, weswegen ich gekommen bin.«
»Und was ist das?«
»Das Kästchen des Singens und Klingens.«
»Hör zu: Wir müssen einander helfen. Wie ich sehe, hast du eine Schaufel in der Hand. Gib mir die Schaufel, mit der kann ich das Brot in den Ofen schieben, ohne mir die Hände zu verbrennen, und dafür gehe ich dir das Kästchen holen, denn ich weiß, wo es ist.«
Filomena gab ihr mit Freuden die Schaufel, bekam von ihr das Kästchen und machte sich rasch davon. Als die Menschenfresserin nach Hause kam, fand sie das Kästchen nicht mehr an seinem Ort. »Verrat!« rief sie. »Schlangen, verschlingt sie!«
»Nein, sie hat uns Makkaroni genannt«, sagten die Schlangen und ließen sie durch.
»Blut! Ertränke sie!«
»Nein, sie hat mich Wein genannt«, sagte das Blut und ließ sie durch.
»Galle! Überschwemme sie!«
»Nein, sie hat mich Milch genannt«, sagte die Galle und ließ sie ebenfalls durch.
Aber nachdem Filomena die drei Flüsse überquert hatte, überkam sie die Neugier, zu wissen, was es mit dem Klingen und Singen in dem Kästchen auf sich haben mochte. Sie klappte den Deckel auf, hörte ein »Zzzin!« und ein »Uiii!« und dann nichts mehr. Das Kästchen war leer, die Töne waren auf und davon geflogen. Filomena brach in Tränen aus.
Da stand auf einmal vor ihr ein Mann mit Koteletten, der natürlich wieder kein anderer als Filo d'Oro war. »Gibst du

mir einen Kuß? Ich bringe dir die Töne in das Kästchen zurück.«

Darauf Filomena wie üblich: »Tausend Küsse, wenn Ihr Filo d'Oro wäret, Euch aber keinen.«

»Aber ich *bin* doch Filo d'Oro!« rief der Mann mit den Koteletten und verschwand, und statt seiner erschien Filomenas Gemahl vor ihr. Zitternd warf sie sich in seine Arme und gab ihm tausend Küsse, während das Klingen und Singen in das Kästchen zurückkehrte und man es im ganzen Lande singen und klingen hörte.

»Sei fröhlich, Filomena«, sagte Filo d'Oro. »Geh heim, und in drei Tagen sind wir Mann und Frau.«

Überglücklich ging Filomena zur Menschenfresserin zurück. Diese, die gedacht hatte, daß Filomena entweder von den Flüssen oder von ihrer Schwester verschlungen worden sei, hatte bereits die Hochzeit ihres Sohnes mit der von den Feen verfluchten Prinzessin für den drittnächsten Tag festgesetzt. Als sie nun Filomena mit dem Kästchen zurückkehren sah, wurde sie grün vor Wut und sagte zu ihr: »In drei Tagen findet die Hochzeit meines Sohnes statt. Du wirst während der Trauung den Leuchter halten.«

Filo d'Oro schien mit der Hochzeit einverstanden zu sein. Er hatte nur verlangt, daß die Trauung um Mitternacht vorgenommen werden sollte. Alle Gäste waren versammelt und warteten auf den Hochzeitszug, der nicht kam. Filomena hielt den Leuchter, und je länger es dauerte, desto mehr Sorgen machte sie sich. Endlich erschien der Zug, angeführt von Filo d'Oro mit der Prinzessin am Arm. Im selben Moment erklangen – ding, dang, dong – vom Turm der Kirche zwölf Glokkenschläge. Unter den Füßen der Prinzessin tat sich die Erde auf, und sie verschwand in den Flammen.

Filo d'Oro nahm Filomena an der Hand und sagte: »Dies ist

meine Braut.« Und aus dem Kästchen des Singens und Klingens ertönte paradiesische Musik.

Filo d'Oro und Filomena ließen sich trauen. Da stieß die Menschenfresserin einen Schrei aus, griff sich mit beiden Händen an die Stirn und sprach den folgenden Fluch über die Braut: »Du, die du meinen Sohn betört hast, sollst erst dann ein Kind gebären, ohne daran zu sterben, wenn ich mir erneut so wie jetzt an die Stirn greife!«

Filomena erzitterte bei dieser Drohung, aber Filo d'Oro hielt sie fest bei der Hand und machte ihr Mut.

Nach einiger Zeit erwartete Filomena ein Kind. »Wenn du spürst, daß die Geburt nahe ist«, sagte Filo d'Oro zu ihr, »dann zieh Trauerkleidung an und geh zu meiner Mutter. Sie wird dich fragen, warum du Trauer trägst, und dann mußt du sagen: ›Weil Filo d'Oro gestorben ist.‹«

Filomena tat, was er gesagt hatte. Als die Menschenfresserin hörte, daß Filo d'Oro tot sei, faßte sie sich verzweifelt mit beiden Händen an die Stirn und schrie: »Oh, mein Sohn!« Und im selben Moment gebar Filomena ohne jede Gefahr ein prächtiges Kind.

Dann kam Filo d'Oro herein, und als die Menschenfresserin ihn lebendig sah, vergab sie ihm und seiner Frau und segnete das Kind. Und so lebten sie in Frieden miteinander bis zum Ende ihrer Tage.

Aus der Basilicata, Italien

Apuleius

Amor und Psyche

In einem gewissen Lande lebten einst ein König und eine Königin, welche drei Töchter hatten. Reiz und Anmut schmückten die beiden ältesten in sehr hohem Grad. Doch verschwanden beide wie im Schatten neben dem strahlenden Glanz ihrer jüngeren Schwester.

Die Natur schien an dieser all ihren Reichtum erschöpft zu haben, ihre Schönheit war weit über das Menschliche, kein Lob konnte sie erreichen, ja, jede Sprache war zu arm, sie nur zu beschreiben.

Auch zogen Eingeborene sowohl als Fremdlinge, durch den Ruf von dieser Wunderschönheit neugierig gemacht, in Menge dahin. Alle wurden so vor Bewunderung darüber außer sich, daß sie die Prinzessin, nicht anders als ob sie die Göttin Venus selbst wäre, in aller Förmlichkeit anbeteten. Hierdurch entstand in allen umliegenden Städten und Ländern die Sage: Die Göttin, welche aus des Meeres blauer Tiefe geboren und von dem Tau schäumender Wellen ernährt worden, verstatte jetzt ihrer Gottheit Anblick und wandle sichtbarlich in den Versammlungen des Volks einher; oder es habe gar durch einen neuen Einfluß der himmlischen Gestirne jetzt die Erde wie ehemals das Meer eine neue jungfräuliche Venus hervorgebracht.

Dieses Gerücht verbreitete sich mit jedem Tage weiter und weiter. In kurzem war es in den entferntesten Inseln und Landen erschollen.

Nun kamen von nahe und von ferne, über Berge und über Täler und über die Schlünde des Meeres unzählige Scharen, diese glorreiche Seltenheit ihres Jahrhunderts zu schauen. Niemand schiffte mehr nach Paphos zur Göttin Venus, niemand nach

Knidos, noch selbst nach Kythera. Die Feste der Göttin bleiben unbeachtet, ihre Heiligtümer werden vernachlässigt die Tempel verfallen, ihre Kissen werden mit Füßen getreten, unbekränzt stehen ihre Bildsäulen, und die verwaisten Altäre sind mit kalter Asche bedeckt. Jedermann betet zur Prinzessin. In ihr wird jene große Gottheit verehrt. Des Morgens bei ihrem Erscheinen dampften der Sterblichen Opfer, um der abwesenden Göttin Gunst zu erhalten. Man feiert ihr Fest. Wandelt sie auf den Straßen, so begleitet sie in Gepränge das Volk, wirft sie mit Sträußen und Kränzen und streut ihr Blumen.

So unmäßig ward die Ehre der Himmlischen einem sterblichen Mädchen zugewandt. Die wahre Venus entbrannte darüber in Zorn. Im bittersten Unwillen schüttelte sie das Haupt und sprach bei sich selbst:

»Wie, ich, der Natur erste Mutter, der Elemente Urheberin, des ganzen Alls ewige Erhalterin, ich soll mit einer *Sterblichen* die Ehre der Anbetung teilen? Mein himmlisch reiner Name soll an irdischer Niedrigkeit entweiht werden? Wie? Ein Kind des Todes soll gemeinschaftliche Opfer mit mir haben, soll mich der Ungewißheit fernerer Verehrung bloßstellen, soll mein Bild auf Erden sein? Mein Bild? So hätte ja Paris, dessen Treue und Gerechtigkeitsliebe der große Jupiter selbst billigte, mir vergebens den Preis der Schönheit vor so großen Göttinnen zuerkannt? Nein! Wer sie auch sei, sie soll sich wahrlich lange der angemaßten Ehre nicht freuen! Soll nur zu bald selbst diese ihre freventliche Schönheit verfluchen!«

Und sogleich rief sie ihren Sohn, den geflügelten, kühnen Knaben, der mutwillig und frech aller Zucht spottet; des Nachts in den Wohnungen der Sterblichen umherschweift, die Eheleute verführt, die größten Ruchlosigkeiten ungestraft ausübt und überall nichts als Unheil stiftet.

Diesen, von Natur schon zur Bosheit geneigt, reizt sie nun durch Worte noch mehr an. Sie führt ihn in die Stadt, wo Psyche, denn so heißt die Prinzessin, sich aufhält: zeigt sie ihm, erzählt ihm die ganze Geschichte von Psyches Wetteifer mit ihr um den Vorzug der Schönheit, ruft endlich seufzend und mit dem Ausdruck des allerheftigsten Unwillens: »Bei dem Bande der mütterlichen Liebe, das mich mit dir vereint, mein Sohn, bei deiner Pfeile süßen Wunden, bei der seligen Glut, welche deine Fackel entzündet, beschwöre ich, flehe ich dich an: Verleihe deiner Mutter Rache, volle, überschwengliche Rache, züchtige diese freche Schönheit andern zur Scheu! Besonders aber erfülle mir dies einzige, dies vor allem anderen Wichtigste: Verwunde das Mädchen mit der allerheftigsten Liebe zu dem niedrigsten der Menschen, dem das Schicksal Ehre, Gut und Gesundheit geraubt hat, ja, der so verworfen ist, daß er auf dem ganzen weiten Erdboden nicht seinesgleichen an Elend finden mag!«
Nachdem sie so geredet, umarmt sie den Sohn lange und innigst mit süßen Küssen, begibt sich nach dem nahen Gestade des Meeres und schwebt mit rosigen Füßen über den obersten Schaum gekräuselter Wellen dahin.
Sie hatte kaum die Höhe des tiefen Meeres erreicht, siehe, so sind auf ihren bloßen Wunsch als auf einen längst vorhergegebenen Befehl alle Meergottheiten dienstwillig um sie her versammelt. Da sind des Nereus Töchter und singen im Chor, da ist Portunus mit langem blauem Barte und Salacia, den Schoß von Fischen schwer, und der kleine Delphinenreiter Palämon. Der Tritonen Scharen durchschneiden hin und wieder des Meeres glänzende Fläche; einer bläst lieblich auf der tönenden Muschel, ein anderer schützt mit seidenem Schirm vor der Hitze der feindseligen Sonne, dieser trägt der Göttin einen Spiegel vor, noch andere unterstützen schwimmend den zwei-

spännigen Wagen. In diesem Aufzug begibt sich Venus zum Ozean.
Unterdessen gereicht Psyche ihre sich selbstfühlende Schönheit keineswegs zum Glück. Ein jeder staunt sie an. Ein jeder bricht über sie in Lobeserhebungen aus. Allein nicht ein einziger, nicht König, nicht Fürst noch jemand vom Volke begehrt ihrer und wirbt um sie. Man bewundert sie, und das ist alles. Man bewundert sie gleich einer Bildsäule von Meisterhand. Ihre beiden älteren Schwestern hingegen, deren mäßige Schönheit kein Ruf fernen Völkern gepriesen hatte, waren früh an königliche Freier verlobt und genossen jetzt schon das Los glücklicher Ehen.
Allein in ihres Vaters Hause zurückgeblieben, ohne Hoffnung, jemals die seligen Freuden der Liebe zu genießen, weint die unglückliche Psyche ihre leeren Tage hin. Sie dünkt sich in einer öden Wüste verlassen, wird krank an Körper, krank an Seele; ihre Schönheit, welche die Bewunderung ganzer Nationen ausmacht, ist ihr selbst ein Greuel.
Ihr Vater betrübt sich darüber nicht weniger als sie selbst. Er glaubt endlich, irgendeine zürnende Gottheit müsse ihren Haß auf seine Tochter geworfen haben. Daher befragt er das uralte Orakel des milesischen Gottes. Er denkt, vielleicht durch Flehen und Opfer von dieser mächtigen Gottheit für seine verschmähte Tochter einen Gemahl zu erhalten. Allein Apoll gab folgende Antwort dem Vater:

Stelle die Tochter, zur unheilbringenden Hochzeit geschmücket,
Auf des erhabensten Bergs felsigen Gipfel dahin.
Ihr ist von sterblichem Stamm kein Ehegenosse bestimmet,
Sondern ein Untier, verrucht, grausam wie Otterngezücht;

Hoch erhebt sich's auf Schwingen, noch über den Äther; allmächtig
  Waltet's mit Feuer und Stahl über die zitternde Welt.
Jupiter scheuet es selbst, den alle Götter doch fürchten.
  Ja, der rächende Styx scheut es und bebet davor.

Wie schmerzlich traf dieser heilige Ausspruch die Seele des Königs! Sein ehemaliges Glück scheint ihm jetzt ein Traum. Langsam und traurig geht er nach Hause zurück und eröffnet seiner Gemahlin den schrecklichen Befehl des Gottes. Da ist Jammer! Tränen und Wehklagen nehmen kein Ende viele Tage lang!

Schon naht die schreckliche Erfüllung des Orakels heran, wie zum Begräbnis werden die Anstalten zur Hochzeit der unglücklichen Prinzessin gemacht. Düster brennen die angezündeten Brautfackeln. Die hochzeitliche Flöte seufzt nur klagende, lydische Töne. Dumpf schallt der sonst so fröhliche Hymenäus, schließt traurig wie ein Sterbelied. Und mit Tränen der Verzweiflung netzt die Braut den geweihten Schleier.

Das Mißgeschick des königlichen Hauses rührt die ganze Stadt zum Mitleiden; die Trauer ist allgemein, Geschäfte, Gericht, alles unterbleibt.

Aber die Notwendigkeit, dem göttlichen Befehl zu gehorchen, rief die unglückliche Psyche zur bestimmten Strafe. Sobald in tiefster Betrübnis alle nötigen Zurüstungen zur traurigen Hochzeitsfeier gemacht sind, so beginnt der Zug in Begleitung des ganzen Volkes.

Psyche schwimmt in Tränen, ihre Brust bebt von Schluchzen und Seufzen; sie geht zum Leichenbegängnis, nicht zur Hochzeit. Ihren Eltern bricht das Herz; sie zögern, soviel sie nur können, so abscheulichen Greuel zu verüben.

Der unaussprechliche Schmerz des Vaters und der Mutter läßt

endlich die Tochter ihres eigenen Schmerzes vergessen, sie spricht ihnen mit diesen Worten Mut ein: »Quält doch nicht durch so stetes Jammern eure alten Tage, Vater! Mutter! Verkürzt nicht so euer teures Leben, das ich gern durch das meine noch verlängerte! Was helfen diese ohnmächtigen Tränen, die euer ehrwürdiges Angesicht entstellen? – Haltet ein! Haltet ein! Oh, tut meinen Augen nicht weh durch Verletzung der eurigen, schonet doch eures grauen Haares, schonet eurer mir heiligen Brust; andern Lohn konntet ihr euch ja für meine große Schönheit nicht versprechen! Spät genug fühlt ihr jetzt erst des leidigen Neides tödliche Wunde. Als uns das Volk und fremde Nationen göttliche Ehre erwiesen und einhellig mich die neue Venus nannten, da hättet ihr klagen, da weinen, da mich schon als tot betrauern sollen; denn ich fühl' es, ich seh' es, dieser Name ist allein mein Unglück. Jetzt führt mich getrost fort. Stellt mich auf den angedeuteten Felsen hin, ich eile der glücklichen Vermählung entgegen, zu der ich bestimmt bin. Ich eile, meinen edlen Gemahl kennenzulernen. Denn wozu soll ich noch lange zögern? Wie soll ich dem entfliehen wollen, der zum Untergang der ganzen Welt geboren ist?«
So sprach sie zu ihren Eltern und mischt sich nun mit gesetztem Tritt unter die Menge des begleitenden Volks.
Der Zug geht zum angewiesenen Berge fort, man langt bei ihm an, führt die arme Psyche auf dessen obersten Gipfel und läßt sie da allein. Bei ihr bleiben die Brautfackeln, mit denen war vorgeleuchtet worden, aber verlöscht von Tränen, denn jeder schied nur mit strömenden Tränen von dannen.
Ein jeglicher geht stillschweigend, in Gedanken vertieft, das Haupt zur Erde beneigt. Vater und Mutter sind ganz in Jammer niedergebeugt, sie verschließen sich im Innersten ihres Palastes, und trauriges Dunkel umhüllt ihre Tage. Mittlerweile stand Psyche oben auf dem Gipfel des Felsens ganz allein in der

bangsten Erwartung. Sie zittert, sie bebt und weint bitterlich; auf einmal aber fühlt sie sich sanft überm Boden schweben. Ein Zephyr hob unvermerkt sie empor; er schwellte mit lindem Hauche den Busen ihres Gewandes – rauschend flatterte der Saum umher –, und so trug er sie ruhig in den Abgrund des darunterliegenden Tales und legte sie sanft in den blumigen Schoß eines weichen Rasens nieder.

Augenblicklich ist Psyche hier aller quälenden Unruhe entledigt. Sanft gebettet auf zartem Lager von betautem Grase, entschlummert sie allgemach. Nach langem, erquickendem Schlaf erwacht sie endlich wieder heiterer als je und steht auf. Welch ein Anblick bietet sich da ihren Augen dar!

Sie befindet sich in einem anmutigen Lustwald, wo unzählige Geschlechter der herrlichsten Bäume ihren Schatten ausbreiten. Eine Quelle, glänzender als Kristall, windet in mannigfaltigen Krümmungen sich mitten hindurch, und da, wo sie sanft rauschend vom Felsen herabstürzt und über sich leichten Silbernebel bildet, steigt auf grünem Ufer ein Palast empor, nicht durch Menschenhand und Kunst erbaut. Gleich beim ersten Eintritt erkennt man ihn für eines Gottes Lustwohnung. Die Decke ist künstlich gewölbt, mit Elfenbein und Zitronenholz eingelegt und von goldenen Säulen unterstützt. Getriebene Arbeit von Silber überdeckt alle Wände, wilde und andere Tiere springen wie lebendig den Hereintretenden entgegen; eine Vollkommenheit der Kunst, die niemand erreicht, ohne ein Zauberer, wo nicht ein Halbgott oder ganz ein Gott zu sein! Der Fußboden prangt mit den köstlichsten Steinen, kleingeschnitten und so meisterlich zusammengestellt, daß sie die mannigfachsten Gemälde bilden. Oh, zweimal und mehrmals glücklich diejenigen, die da Gold und Edelgestein mit Füßen treten! Gleicher unaussprechlicher Reichtum herrscht in allen anderen Teilen dieses weitläufigen Gebäudes. Die Mauern sind mit gediegenem Golde über und über bekleidet; von allem Glanze werden die Augen geblendet. Ja, wollte auch die Sonne diesem Palast ihr Licht entziehen, es würden darinnen die Zimmer, die Gänge, die Türen durch ihren Schimmer einen eigenen Tag hervorbringen. Auch die Gerätschaft stimmt allenthalben mit der übrigen Pracht überein. Kurz alles und jedes erweckt hier den Gedanken: der große Jupiter habe sich diese himmlische Wohnung zum Umgang mit den Menschen zubereitet.

Die Schönheit dieser Räume zog Psyche an. Sie ging näher hinzu. Bald schon dreister geworden, wagt sie sich in eine Tür hinein; Neugierde und Bewunderung leiteten sie dann immer weiter und weiter, bis sie endlich vom Größten bis zum Kleinsten alles besehen hatte.

Nun besucht sie auch die Vorratsgebäude, die, bei der edelsten Bauart, mit den allergrößten Schätzen angefüllt sind. Was hier sich nicht findet, ist nirgendwo in der Welt.

Psyche war über so unermeßlichen Reichtum erstaunt. Doch ihre höchste Verwunderung war, daß sie zur Verwahrung dieses Schatzes aller Schätze weder eines Riegels noch eines Schlosses, noch sonst eines Hüters gewahr ward.

Wie sie dies alles mit staunender Wonne noch immer betrachtete, wurde sie auf einmal erweckt. Eine Stimme sprach zu ihr, ohne daß sich ein Körper dazu sehen läßt: »Wie kannst du, o Gebieterin, so lange bewunderungsvoll diese Kostbarkeiten anstarren? Sie sind ja alle dein. Gehe lieber in das Schlafzimmer, um dich auszuruhen, und begib dich, wenn es dir ansteht, in das Bad. Ich, deren Stimme du vernimmst, und noch viele unsichtbare Mädchen mehr sind deinem Dienste gewidmet. Unsere Emsigkeit wird es dir an nichts fehlen lassen; jegliche Bequemlichkeit und die köstlichste Tafel erwarten nur deinen Wunsch.«

Psyche merkt jetzt, daß sich irgendeine Gottheit ihrer annimmt, die sie nur hört, nicht sieht; sie folgt dem Rat der Stimme und erquickt sich durch einen leichten Schlummer und dann durch ein Bad, nimmt darauf an einer Tafel Platz, die für sie zubereitet dazustehen schien. Sogleich ist diese mit einer Menge der lieblichsten Weine und der auserlesensten Gerichte bedeckt. Niemand trägt sie auf, sie scheinen wie von der Luft getragen von selbst herbeizuschweben. Auch ist niemand von denen, die aufwarten, zu sehen. Psyche hört nur zuweilen einzelne Laute.

Nachdem sie gespeist hat, tritt jemand auf und singt und ein anderer begleitet den Gesang mit der Zither; der Sänger ist sowenig als der Zitherspieler noch die Zither selbst sichtbar. Darauf läßt sich ein volltöniges Konzert von den lieblichsten Stimmen hören und ergötzt die Ohren Psyches, ohne daß wiederum ihre Augen die Kehlen zu entdecken vermögen, welche diese süße Harmonie hervorbringen.

Nach allen diesen Ergötzlichkeiten geht Psyche auf Annahmen der anbrechenden Nacht endlich schlafen.

Schon tief in der Nacht weckt sie ein leises Geräusch. Da schaudert es ihr durch alle Glieder. In der großen Einsamkeit ist ihr für ihre Unschuld bange. Zwar weiß sie nicht, was sie befürchtet, aber sie fürchtet es mehr als den Tod.

Siehe, es ist ihr unbekannter Gemahl. Er besteigt das Brautbett, macht Psyche zu seiner Gattin und eilt noch vor Anbruch des Tages von ihr.

Kaum hat er sie verlassen, so sind auch schon die dienstfertigen Stimmen in dem Schlafgemach, der Neuvermählten Trost zu bringen ob der verlorenen Jungfräulichkeit.

So währte es eine Weile fort. Es ging Psyche mit der neuen Lebensart, wie es immer zu gehen pflegt; anfangs war ihr alles so fremd, unbehaglich, bald ward sie es durch die Dauer gewohnt,

und endlich fand sie Gefallen daran. Die Gespräche mit ihren Unsichtbaren ersetzten ihr alle Gesellschaft.
Unterdessen verzehrten ihre armen alten Eltern sich in Gram und steter Betrübnis. Auch war das Gerücht von dem Orakel und seiner Vollziehung inzwischen zu den ältern Schwestern gekommen. In größtem Leidwesen verlassen beide schleunigst ihre Männer und eilen um die Wette, Vater und Mutter zu trösten und bei ihnen nähere Kundschaft wegen der Schwester einzuziehen.
In eben der Nacht spricht Psyches Gemahl, den sie nie sah, nur fühlte und hörte, also zu ihr: »Geliebte Psyche, du mein süßes Weib, ein feindliches Schicksal drohet dir eine große Gefahr. Aber achte nur genau auf meine Warnung, so ist ihr vorgebeugt. Deine Schwestern trauen dem Gerücht von deinem Tode nicht. Sie werden bald hier sein und deiner Spur oben auf dem Felsen nachsuchen. Kommt nun ihr Geschrei und Gewimmer dir zu Ohren, so antworte ja nicht, sieh auch nicht einmal nach ihnen hin. Du bereitest sonst mir den größten Schmerz und dir selbst das größte Unglück.«
Psyche verspricht's ihrem Gemahl; sie beteuert, nur seinem Rate zu folgen.
Allein kaum ist er mit der Nacht zugleich von ihr geschieden, als sie in Seufzer, Jammer und Tränen ausbricht: »Jetzt«, ruft sie, »jetzt erst bin ich mit Recht unglücklich zu nennen! In einem goldenen Kerker eingesperrt, aller menschlichen Gesellschaft abgestorben, darf ich meine Schwestern nicht einmal trösten; meine Schwestern, die um meinetwegen sich härmen! Ach, ich darf sie nicht einmal sehen!«
Und so geht es den ganzen Tag. Sie ißt nicht, trinkt nicht, genießt keine Erquickung, begibt sich nicht ins Bad. So fort ohne Maß weinend, legt sie sich endlich schlafen. Bald findet sich ihr Gemahl bei ihr ein, diesmal früher als ge-

wöhnlich; aber auch seine Umarmung hemmt ihre Zähren nicht.
Vorwurfsvoll wollte er ihr da ihre Empfindlichkeit verweisen: »Wie, meine Psyche«, sagt er, »ist das die Art, mit der du den Bitten der sorgsamen Liebe deines Gatten willfährst? Da bleibt mir wenig von deiner Folgsamkeit zu hoffen übrig! So Tag und Nacht und in meinen Armen selbst in Tränen zu zerfließen! Nein, lieber handle nach deinem eigenen Gefallen, tue, was dein Herz dir eingibt; aber sehen wirst du, wie schädlich das ist. Dann wirst du's bereuen, daß du mir nicht gefolgt bist; aber dann ist's zu spät!«
»Flehentlich bitte ich dich, Geliebter«, erwidert ihm aber Psyche, »gewähre mir den Wunsch meiner Seele! Laß mich meine Schwestern sprechen, sie trösten, oder ich muß sterben! Ich mache meinem verhaßten Leben ein Ende!«
Wie hätte er dieser fürchterlichen Drohung zu widerstehen vermocht? Augenblicklich ergibt er sich den Bitten seines jungen Weibes. Ja, in seiner zärtlichen Schwachheit stellt er es ihr frei, ihre Schwestern mit so vielem Golde und so vielen Juwelen zu beschenken, als sie nur immer wolle.
Doch warnt er sie noch unaufhörlich, bald in Liebe, bald mit Ernst, ja sich nicht von deren unglücklichem Rate verleiten zu lassen, seine Gestalt auszuforschen. Dieser sträfliche Vorwitz werde sie ohne Rettung von dem Gipfel ihres Glückes in das äußerste Elend hinabstürzen und auf ewig seinen Umarmungen entreißen.
Mit aufwallender Freude dankt nun Psyche ihrem Gemahl. »Eher«, sagt sie, »eher mag ich hundertmal sterben als deinen geliebten Armen entrissen werden! Denn dich, wer du auch seiest, dich liebe ich mit ganzer Seele, wie mein Leben liebe ich dich, dich vertausch' ich mit Amor selbst nicht! Doch dies einzige gewähre meinen Bitten noch: Gebiete deinem Zephyr,

auf eben die Art wie mich auch meine Schwestern hierherzubringen.«

Jetzt schlingt sie ihre lilienweißen Arme um seinen Hals und küßt und liebkost ihn so viel und überhäuft ihn mit so vielen zärtlichen Namen der Liebe: heißt ihn ihre Wonne, ihr Leben, ihre Seele, bis sie endlich obsiegt. Von der Gewalt der Liebe bezwungen, erlag ihr Gemahl wider Willen und Vorsatz und versprach ihr, daß alles geschehen solle, und verschwand, noch ehe es dämmerte, wieder aus ihren Armen.

Bereits hatten die Schwestern bei ihren Eltern sich nach allem erkundigt; sie begaben sich eiligst auf den Felsen und an den Ort, wo Psyche allein war verlassen worden. Überlaut weinten sie und schlugen sich bei dem Klagen an die Brust. Von ihrem Jammergeschrei hallten trauig die Felsen wider. Endlich riefen sie ihre unglückliche Schwester bei Namen. Der durchdringende Laut ihrer ängstlichen Stimmen klang bis tief hinunter in das Tal.

Psyche vernahm es. Mit Ungestüm stürzt sie wie wahnsinnig aus dem Schlosse heraus und schreit: »Schwestern, was betrübt ihr euch so ohne Ursache? Ich, die ihr beweint, bin hier. Stellt eure Klagen ein. Trocknet eure Tränen und kommt herab in meine Umarmung!«

Darauf ruft sie den Zephyr und sagt ihm, was ihr Gemahl befohlen. Ohne Verzug gehorcht dieser und bringt alsbald auf seinem milden Odem ihre Schwestern wohlbehalten und gemächlich hiernieder.

Voller Ungeduld fliegen sie sich gegenseitig in die Arme und drücken sich einander lange, wortlos, inbrünstig ans Herz. Freudentränen fließen auf ihren Wangen. Endlich spricht Psyche: »Kommt nun auch mit mir in meine Wohnung, ihr Lieben! Vergeßt jetzt das vergangene Leid und freuet euch einmal wieder mit eurer Psyche!«

Darauf geht sie mit ihren Schwestern in den Palast, zeigt ihnen die reichen Schätze dieses goldenen Hauses und läßt sie das Gewimmel der dienstbaren Stimmen um sich her vernehmen.
Nach einem erfrischenden Bade lagern sie sich mit Psyche an eine überirdische Tafel von üppiger Fülle. Und schon gesättigt vom gleichsam himmlischen Reichtum, tritt gleich in ihre Seelen hämischer Neid. Nun fangen sie an, mit der größten Verschlagenheit und Neugier nach dem Herrn aller dieser Wunder zu fragen: Wer und was denn ihr Gemahl sei?
Jedoch Psyche bleibt auf alle Weise dem Befehl ihres Gemahls treu. Sie läßt sich das Geheimnis ihres Herzens nicht ablocken, sondern erdichtet aus dem Stegreif: Ihr Gemahl sei ein wohlgestalteter Jüngling, dessen blühende Wangen nur erst zarter Flaum bekleide; er sei fast beständig in Wäldern und auf Bergen mit der Jagd beschäftigt.
Doch fürchtet sie selbst, sich etwa in fernerem Gespräche noch zu verraten. Darum beschenkt sie nach dieser Antwort alle beide reichlich mit Goldgeschmeide und Juwelen, ruft dann den Zephyr und übergibt sie ihm wieder, um sie auf den Fels zurückzutragen.
Sofort geschieht dies.
Auf der Rückkehr zu ihren Eltern zeigen die sauberen Schwestern in ihren Reden nur zu sehr, wie des Neides schwarzes Gift in ihrem Innern wüte.
»O Glück«, ruft die eine aus, »wie blind, wie grausam und wie ungerecht bist du doch! Uns, die wir von demselben Vater und derselben Mutter abstammen, so himmelverschiedene Lose zuzuwerfen, und wir, noch dazu die älteren, wir, der Gewalt ausländischer Ehemänner nicht anders als Sklavinnen überliefert, fortgestoßen in die Fremde, fern vom väterlichen Haus, fern vom Ort unserer Geburt und getrennt, abgeschnitten von allen Verwandten, wir müssen unser Leben wie Ver-

bannte dahinkümmern! Und sie, von uns allen die jüngste, die letzte Frucht einer erschöpften Natur, muß einen Gott zum Manne bekommen, um im unsäglichen Überfluß zu prassen, um sich ganz in Reichtum vergraben zu sehen, den sie doch so wenig zu schätzen als zu nutzen weiß! Denn hast du wohl gesehen, Schwester, wie in ihrem Hause das köstlichste Geschmeide umherliegt, wie prächtige Kleider sie trägt, wie alles von Edelsteinen blitzet? Wie man das Gold bei ihr allenthalben mit Füßen tritt? Ist vollends ihr Gemahl so schön, wie sie's sagt, wahrlich, so ist sie die glücklichste Frau auf der Erde. Und wer weiß, macht ihr göttlicher Gemahl (wenn erst Gewohnheit seine Zuneigung zu ihr immer mehr befestigt hat) sie nicht noch gar zur Göttin? Gib acht, das geschieht. Sie führte sich auch schon so auf, sie betrug sich vollkommen so. Als eine Göttin sieht sie sich schon im Geiste. Wie sollte sie auch noch wissen, daß sie eine Sterbliche ist wie wir, da unsichtbare Zofen sie bedienen und die Winde selbst ihr gehorchen? Dafür muß mir armen Unglückseligen an einem Manne genügen, der Alters wegen weit eher mein Vater sein könnte, kahler ist als ein Kürbis, ohnmächtiger denn ein Kind und auch noch das ganze Haus verschlossen und verriegelt hält.«

»Bin ich besser daran?« nimmt die andere das Wort. »Der Meinige ist gar ein Krüppel, ganz krumm gezogen von der Gicht und so an allen Gliedern gelähmt, daß mir leider wenig Freude bei ihm zuteil wird. Beständig muß ich seine versteinerten Finger reiben und die ekelhaftesten, scheußlichsten Umschläge machen und meine zarten Hände dabei gänzlich verderben; statt seiner geliebkosten Frau bin ich seine geplagte Krankenwärterin. Aber Schwester, *du* magst nun dies alles so demütig (um dir's freiheraus zu sagen, wie ich's eigentlich meine), so sklavisch erdulden, wie es dir nur immer beliebt, *ich* für mein

Teil werde das nie! Ich kann gegen diese schreiende Ungerechtigkeit, so übel angebrachte Gunst des Glückes nicht einen Augenblick gleichgültig bleiben. Erinnerst du dich, wie hoffärtig und aufgeblasen sie sich gegen uns betrug? Ihre Prahlerei nahm gar kein Ende, ihr Stolz ward je länger, je mehr unausstehlich. Merktest du, wie sie nur erst nach großem Kampfe uns von ihren grenzenlosen Reichtümern diese Kleinigkeiten hinwarf und gleich auch unserer Gegenwart überdrüssig war und uns von ihren Winden wieder fortbringen ließ? Aber ich will nicht Weib heißen, will jetzt zum letzten Male Odem geschöpft haben, oder sie muß mir dafür büßen! Sie muß hinab, muß mir zum Boden hinab von ihrer stolzen Höhe! Ich hoffe doch, wie's wohl billig wäre, daß unsere Schmach dich ebenso rührt wie mich. So laß uns denn gemeinsam auf einen kräftigen Anschlag bedacht sein! Laß uns für's erste gleich ihre Geschenke weder unseren Eltern noch sonst jemand zeigen. Stellen wir uns lieber, als ob wir gar nichts von ihr gehört hätten. Genug, daß wir selbst mehr erfahren haben, als wir wünschen. Was sollen wir noch hingehen, um ihr Glück bei unseren Eltern und bei allen Völkern auszuposaunen! Nein, ein unbekanntes Glück ist kein Glück. Sie soll es schon innewerden, daß wir nicht ihre Mägde, sondern ihre älteren Schwestern sind. So wollen wir uns denn vorderhand nur wieder zu unseren Männern, in unsere freilich ärmlichen, doch bescheidenen Wohnungen begeben. Aber da bei Muße, nach den reiflichsten Überlegungen, laß uns die untrüglichsten Maßregeln ergreifen und, damit ausgerüstet, endlich ihren Stolz zu demütigen, wieder hierher zurückkehren.«

Dieser böse Anschlag findet bei den zwei Elenden mehr Beifall denn irgendein guter, den ihnen die Dankbarkeit hätte eingeben mögen.

Sie verbergen also all die kostbaren Geschenke, die sie von ihrer Schwester empfangen haben, zerraufen ihr Haar, zerkratzen sich ihr schändliches Angesicht, und durch ihr neues Gewinsel und Wehklagen reißen sie ihren armen Eltern alle Wunden des Herzens von neuem auf.

Bald verlassen sie diese auch wieder und eilen heim, sich ganz wie wahnsinnig in ihrer verstellten Betrübnis gebärdend, und brüten allda ruchlose, ja sogar meuchelmörderische Anschläge gegen ihre arme, unschuldige Schwester.

Mittlerweile warnt der unbekannte Gemahl Psyche in nächtlichen Gesprächen wiederum.

»Das Schicksal«, sagt er, »ist gegen dich in feindlichem Anzug, o Psyche! Sieh dich ja aufs sorgsamste vor; sonst kommt es mit seiner Wut über dich. Wie tückische Wölfe kommen deine Schwestern wieder, dich zu beschleichen. Meine Gestalt auszuspähen, wollen sie dich bereden. Du weißt aber, was ich gesagt habe; hast du mich einmal gesehen, so siehst du mich nimmermehr wieder! Kommt also die verruchte Brut mit ihrem giftigen Anschlag zu dir (und kommen wird sie gewiß, das weiß ich!), so ist das beste für dich, sie gar nicht zu sprechen; aber kannst du dies aus zu großer Zärtlichkeit nicht über dich bringen, so mußt du wenigstens, ich bitte dich, nicht das geringste, was mich betrifft, weder von ihnen anhören noch selber reden. Denn du wirst mir, o Psyche, ein Kind gebären, das schon unter deinem Herzen lebt und das, je nachdem du mein Geheimnis bewahrst oder entweihst, unsterblich oder sterblich sein wird.«

Bei dieser Nachricht schoß Psyche vor Freuden das Blut ins Angesicht. Das Herz wallte ihr auf. Sie genoß in dem Augenblick all den Trost, all die Wollust, all die Glorie, die nur der Gedanke, Mutter eines Götterkindes zu werden, geben kann. Von nun an zählt sie ängstlich jeden kommenden Tag, jeden verstrichenen Monat, und, ganz neu in ihrem Zustand, denkt sie mit Bewunderung dem unmerklichen Anwachsen, vom Unfühlbaren bis zur drückenden Bürde, nach.

Allein schon hatten ihre Schwestern, diese höllischen, Natterngift atmenden Furien, sich eingeschifft und steuerten in gottloser Eile nach ihr hin.

Jetzt ermahnt voller banger Besorgnis Psyches nächtlicher Gemahl sie abermals.

»Der letzte, der entscheidende Tag, Psyche, ist nun da«, sagt er. »Deine abscheulichen Schwestern, diese feindselige Sippe, sind schon kampfgerüstet auf dem Plan und halten den Dolch gezückt, welcher dir das Herz durchbohren soll. Ach, welch Unglück drohet uns! Aber erbarme dich meiner, süße Psyche, erbarme dich deiner selbst und rette mich, dich und dieses unschuldige Kind vom bevorstehenden Verderben! Bewahre mein Geheimnis heilig und unverbrüchlich, und wenn die ruchlosen Weiber (denn sie, die dir den tödlichen Haß geschworen und alle Bande des Blutes mit Füßen treten, darf ich nicht mehr deine Schwestern nennen), wenn sie gleich Sirenen sich über den Felsen erheben und mit Unglücksstimmen jeglichen Widerhall wecken, so höre sie nicht, so sieh sie nicht!«

Ihm antwortet Psyche weinend und schluchzend: »Du hast, soviel ich weiß, bisher meine Verschwiegenheit immer bewährt gefunden und fürchtest, ich möchte jetzt geschwätzig sein? Setze mehr Vertrauen in mich und befiel getrost dem Zephyr, daß er mir wieder gehorche. Da mir der Anblick deiner heiligen Person versagt ist, so laß mich wenigstens meine Schwestern sehen. Laß mich sie sehen, ich bitte dich bei diesen duftenden, deinen Nacken umfliegenden Locken, bei deinen runden, zarten, den meinen so ähnlichen Wangen, bei deinem von unaussprechlichem Feuer glühenden Herzen! Sie sollen mich nicht verführen. Was sollte ich zu meinem Verderben nach deinem Anblick streben? Wird doch bald dies Kind mich dein Angesicht in dem seinigen erblicken lassen. Damit verstatte mir unbesorgt der Schwestern rohe Umarmung und ergötze mit Freuden die Seele deiner dir gänzlich geweihten, dich innigst liebenden Psyche, der in deinen Armen auch die dunkelste Finsternis Licht ist.«

Von diesen Worten, die mit den zärtlichsten Umarmungen begleitet waren, bezaubert, trocknete Psyches Gemahl ihre Tränen mit seinen Locken ab, gab ihrer Bitte nach und schied, noch ehe es tagte, wieder von ihr.

Sobald das verschworene Schwesternpaar gelandet, verläßt es in der größten Geschwindigkeit den Strand, denkt nicht daran, Vater und Mutter zu besuchen, sondern eilt geraden Weges auf den bekannten Felsen hin und stürzt sich mit tollkühner Wut, ohne den Wind zu erwarten, der sie hinabtrüge, sogleich von da in die Tiefe hinunter.

Jedoch Zephyr, des empfangenen Befehls wohl eingedenk, fängt sie, wiewohl höchst ungern, auf und läßt sie in wallenden Lüften auf den Boden hernieder.

Nun beflügeln sie ihre Schritte zum Palaste hinein, umarmen ihre Beute, nennen sie unter tausend gleich falschen Beteuerungen ihre geliebte Schwester und verbergen unter gleisnerischen Worten und Mienen die höllischen Absichten ihres Herzens.

»Sieh«, sagen sie, »wie in der Zeit sich unsere kleine Psyche verändert hat! Sieh, will sie nicht gar schon Mutter werden?! Du glaubst nicht, liebe Psyche, welche Freude das für uns ist. Das ist ein Glück für unsere ganze Familie. Oh, eine Seligkeit muß das sein, so ein Götterkind miterziehen zu helfen, das, wie natürlich, der Schönheit seiner Eltern entsprechen und so ein leibhafter kleiner Liebesgott werden muß!«

Durch solche Schmeichelei und verstellte Zärtlichkeit stehlen sie Psyche unvermerkt das Herz.

Sie heißt sie gleich von der Reise auf weichen Polstern ausruhen, führt sie ins Bad und bewirtet sie in dem herrlichsten Saale aufs stattlichste an ihrer Göttertafel.
Sie winkt, und die lieblichste Zither läßt sich hören. Sie winkt wieder, da erhebt sich das sanfte Geflüster wechselnder Flöten. Sie winkt noch einmal, und unzählige Stimmen beginnen den volltönigsten Chor.
Die seelenschmelzende Gewalt der süßen Harmonie war um desto zauberischer, unwiderstehlicher, da man niemand sah, der sie hervorbrachte. Doch blieben die beiden Gäste davon gänzlich ungerührt. All die himmlische Musik vermochte ihre Bosheit nicht zu besänftigen. Sie schreiten dazu, ihre Ränke auszuüben.
Abgeredetermaßen wenden sie das Gespräch wie von ungefähr auf Psyches Gemahl, und, als ob sie das erstemal von ihm sprächen, tun sie mitten in der Vertraulichkeit wiederum die Frage: Wer er denn eigentlich wäre und welches seine Abkunft sei?
Die gute Psyche hatte unglücklicherweise in der Einfalt ihres Herzens das vergessen, was sie das erstemal geantwortet hatte. Sie nimmt also zu einer neuen Erdichtung ihre Zuflucht.
Ihr Gemahl, sagt sie, sei aus der nächsten Provinz, führe einen großen Handel, sei sehr reich und ein Mann in den besten Jahren, der jedoch schon graues Haar mitunter habe.
Sie bricht darauf sogleich das Gespräch ab; überhäuft die Schwestern wiederum mit den reichsten Geschenken und sendet sie auf ihrem Luftfahrzeug wieder fort.
Indem diese, von Zephyrs stillem Hauche erhoben, nach Hause zurückkehren, sprechen sie also miteinander: »Was meinst du Schwester«, sagt die eine, »zu der albernen Lüge, die uns die Närrin da aufbürden will? Erst war's ein Jüngling, auf dessen blühender Wange sich eben der erste Bart kräuselte, und nun

ist's auf einmal ein Mann in den besten Jahren, dessen Haar sich schon versilbert! Wer mag der sein, der in so kurzer Zeit alt und grau werden kann? Mir, Schwester, kommt's nicht anders vor, als ob das garstige Weib uns mit ihren Lügen zum besten haben wolle oder gar selbst nicht wisse, wie ihr Mann aussieht. Sei es von beiden, was es immer wolle, so kann ich sie nicht länger in dem Überfluß wissen. Ich ruhe nicht, sie muß alles verlieren. Sollte sie wirklich nicht wissen, wie ihr Mann aussieht, so ist sie zuverlässig an einen Gott verheiratet und geht dir auch mit einem Gott schwanger; aber wird sie (was ich doch nicht hoffe) wirklich Mutter eines Götterkindes, so erhänge ich mich den Augenblick. Indes laß uns zu unseren Eltern gehen und Ränke ersinnen, die unserem begonnenen Gespräch möglichst weiterhelfen.«

So aufgereizt, besuchen sie widerwillig die Eltern, stören sie aber nur. In brennender Ungeduld wird die Nacht durchwacht. Als der Morgen graut, sind sie schon wieder auf dem Felsen. Mit Hilfe des Windes steigen sie wie gewöhnlich zu Psyche hinunter.

Sie pressen und reiben sich die Augen so viel, bis sie Tränen vergießen müssen. Dann reden sie voller Arglist das arme harmlose Weib mit diesen Worten an: »Wohl dir, Psyche, daß du hier so in seliger Unwissenheit alles Unglücks und in ruhiger Sorglosigkeit wegen jeder dir drohenden Gefahr dahinlebst, indes wir mit zärtlicher Besorgnis Tag und Nacht für dein Wohl wachen und genug über dein unseliges Schicksal jammern; auch dürfen wir's als wahre Mitleidende dir nicht länger verhehlen. Wir haben für gewiß erfahren: ein großer, ungeheurer Drache, in verschlungenen Ringen einherkriechend, triefend von Blut und tödlichem Gift und gräßlich, mit weitem, aufgerissenem, unergründlichem Rachen, soll heimlich die Nächte bei dir zubringen. Das hat dir doch auch das pythische Orakel prophezeit; denn du wirst dich erinnern, daß es lautete: *Du solltest einem schrecklichen Untier vermählt werden*. Und Bauern, Jäger und Nachbarn dieser Gegend haben ihn abends vom Fraße zurückkehren und sich hier im nahen Strome baden sehen. Alle sagen, am längsten würde er dich hier im Wohlleben gemästet haben; sobald nur erst deine Schwangerschaft völlig zur Reife gediehen, würde er dich als einen desto fetteren Bissen verschlingen. Es steht nunmehr bei dir, ob du unserem, deiner für dein Leben besorgten Schwestern Rate folgend, dem Tode entfliehen und bei uns fern von aller Gefahr leben oder lieber in dem Bauch dieser entsetzlichen Bestie dich begraben lassen willst. Sollte dir in dieser Einöde deine Stimmengesellschaft und die schnöde, heimliche, gefahrvolle Lust in deines giftigen Drachens Armen vor allem am besten behagen: Nur zu! So haben wir wenigstens als zärtliche Schwestern uns nichts vorzuwerfen, wir haben vollkommen das unsere getan.«

Diese grausige Rede bemächtigt sich der Einbildungskraft der guten, treuherzigen Psyche. Sie verlor plötzlich alle Fassung. Ihres Gemahls Warnung, ihr eigenes Versprechen schwanden aus ihrem Gedächtnis. Blind stürzte sie sich in des Elends Abgrund. Am ganzen Leibe zitternd, totenblaß, stammelte sie mit fast ausgehendem Atem diese Worte: »Oh, ihr gebt mir einen neuen Beweis von eurer Liebe, ihr teuren Schwestern! Und ach, die euch jenes gesagt, haben wohl keine Lügen erdichtet. Noch niemals hab' ich meines Mannes Angesicht gesehen. Ich weiß nicht, wer er ist. Nur bei dunkler Nacht hör' ich ihn und unterhalte mich mit ihm. Warum gäbe er sich sonst mir nicht zu erkennen? Warum wäre er so lichtscheu, wenn ihr nicht wahr redetet? Ich stimme euch bei. Ja, er ist ein Ungeheuer! Seine ewigen Warnungen: ich sollte ja nicht Verlangen tragen, ihn zu sehen, sein ernstes Drohen mit dem äußersten Elend, falls ich meiner Neugier nachgäbe, bestätigen es nur zu sehr. Wohlan denn, wißt ihr Mittel, mich der bevorstehenden Gefahr zu entreißen, oh, so eröffnet sie, ich bitte, eröffnet sie ohne Zurückhaltung eurer Schwester, daß nicht ein Augenblick Sorglosigkeit auf einmal alle eure frühere Vorsicht verderbe.«

Die gottlosen Weiber hatten nun gewonnen Spiel. Sie stürmen aus ihrem Hinterhalt hervor, dringen durch die geöffneten Pforten des Herzens ihrer Schwester auf die bestürzten Gedanken der armen Einfalt mit gezückten Dolchen ein und machen sich darüber zu Meisterinnen.

»Wir sind Blutsfreunde«, spricht eine, »dich zu retten, setzen wir gern jede Gefahr aus den Augen. Nach allem Hinundherdenken aber ist das allereinzigste, wozu wir dir raten können, dieses: Verbirg dir insgeheim auf der Bettseite, wo du zu liegen pflegst, ein äußerst scharfes Messer, das du an der glättenden Handfläche noch besonders schärfen mußt, und unter irgendeiner Hülle halte eine kleine, helle, mit Öl gefüllte Lampe in Bereitschaft. Laß dir dann nichts merken. Kommt nun der Drache seiner Gewohnheit nach in das Schlafgemach hereingekrochen und liegt nun, neben dir hingestreckt, tief im ersten Schlafe vergraben, so stiehl dich aus dem Bett, und mit schwebendem Gang, auf nackten Zehen, schleiche zu deiner Lampe, zieh sie unter ihrer Hülle hervor und laß dich von ihrem Licht zu deiner herrlichen Tat beraten. Dann halte das zweischneidige Eisen in deiner Rechten hoch, und kühn trenne des schädlichen Ungeheuers Kopf und Nacken durch einen mächtigen Streich. Auch soll unser Beistand dir nicht fehlen. Sobald du durch deines Mannes Tod dein Leben gesichert hast, sind wir bei dir, geschwind wollen wir dann zusammen hier alles ausräumen, und du wählest dir nach Gefallen statt dieses Drachens einen Gatten, der Mensch ist wie du.«

Mit solchen anfeuernden Worten entflammen sie die Seele der unruhigen Schwester und verlassen sie dann unverzüglich. Sie fürchten, bei so großem angerichtetem Unglück in der Nähe zu bleiben, damit sie es nicht auch mittreffe. Als sie auf den Flügeln des Windes den Felsen wieder erreicht, begeben sie sich flugs an Bord und segeln davon.

Psyche, sich selbst oder vielmehr allen Furien der Hölle überlassen, schwankt auf einem Meer von Sorgen hin und her. All ihre Entschlossenheit ist dahin, da jetzt der Augenblick zur Ausführung des vorher so festgefaßten Vorsatzes näher kommt.

Sie ist ein Raub sich widerstreitender Gefühle. Ungeduld und Scheu, Mut und Furcht, Zweifel und Wut wechseln unaufhörlich in ihr ab.

Was sie am meisten ängstigt, ist: ein und derselbe Gegenstand ist ihr als Ungeheuer verhaßt und zu gleicher Zeit unaussprechlich teuer als Gemahl.

Nach langem Kampfe trifft sie endlich doch, als der Abend schon die Nacht herbeiführt, noch über Hals und Kopf die Zurüstung zur abscheulichen Tat.

Jetzt war es Nacht.

Der Gemahl kam. Nach den ersten Umarmungen der Liebe sinkt er in tiefen Schlaf.

Nun überwältigt Psyche ihr böses Schicksal. Sie, sonst an Leib und Seele gleich zärtlich, ist jetzt stark genug, kühn genug, Lampe und Messer herbeizuholen. Sie ist kein Mädchen mehr.

Allein, was entdeckt sie, als nun des Lichtes Schimmer das Geheimnis beleuchtet? – Von allen Ungeheuern das holdeste, das liebenswürdigste!

Es ist – Cupido. Der süße Gott der Liebe ist es! Da liegt er in all seiner Schönheit. Auch die Lampe freut sich seines An-

schauens und flammt heller auf, und dem Messer tut es weh, daß es so scharf ist.
Psyche stutzt. Es faßt sie Reue und Entsetzen; außer sich, leichenblaß und bebend sinkt sie in die Knie. Verbergen möchte sie das Messer, aber in *ihrer* Brust. Sie hätte es auch getan, wäre nicht der Stahl aus Scheu vor einem so großen Verbrechen ihrer frevlen Hand entsunken und weit von ihr hinweggeflogen.
Allgemach erholt sie sich wieder von der Schwachheit; denn ihr Auge erquickte sich an der göttlichen Schönheit des Schlummernden, und jeder Blick auf ihn war für sie neues Leben. Ach welch ein Anblick! In der Haare Gold das niedlichste Köpfchen eingehüllt. Ambrosiaduftende Locken in zierlichem Gewirre über Rosenwangen und einen Nacken, weiß wie Milch, hinab auf Brust und Rücken irrend. Umher Glanz verbreitet, daß selbst der Lampe Licht davor erbleichte. Blendendpurpurne Fittiche an den Schultern des kleinen Fliegers, die Schwingen zwar ruhig, aber der zarte Flaum der Federn in zitternder Wallung und mutwilliger Unruhe. Überhaupt ein Leib, so glatt, so glanzvoll, so ganz schön, so ganz seiner Mutter, der göttlichen Venus, würdig!
Am Fuße des Bettes lagen Bogen, Köcher und Pfeile, des mächtigen Gottes seliges Geschoß. Unstillbares Verlangen ergreift jetzt Psyche; neugierig beschaut sie die Waffen ihres Gemahls, befaßt sie, bewundert sie. Sie zieht einen Pfeil aus dem Köcher und versucht mit zartem Finger dessen Spitze. Noch hatte sich das Zittern der Glieder nicht gelegt, stärker als sie will, berührt sie das Eisen und verletzt sich, daß gleich Tröpfchen rosigen Blutes ihre Hand betauen. Von nun an liebt sie Amor. Ihre eigene Schuld, doch ohne ihr Wissen.
Mit jeglichem Augenblick wird diese Liebe brünstiger; schmachtend hängt sie eine Weile über ihn hin und verliert sich im Ge-

nusse des Anschauens. Endlich sinkt sie sanft auf ihn nieder, heftet ihre Lippen an ihn und berauscht sich in Wollust: »Ach, daß er noch nicht erwache, daß er noch nicht erwache«, lallt ihr Herz in unnennbarem Taumel.

Allein indem sie so trunken von Entzücken sich und alles außer ihr vergißt, so weiß ich nicht, war es Meineid oder Mißgunst, was die unglückliche Lampe anwandelte, oder fühlte auch sie sich hingerissen, solch einen Leib zu berühren und gleichsam zu küssen, genug, sie sprühet einen Tropfen glühenden Öls auf die rechte Schulter des Gottes.

Weh und Fluch dir, verwegene Lampe! Du erfrechst dich, selbst den Urheber alles Feuers zu brennen? Ist das der Dank, womit du der Liebe lohnst? Ihr, die dich schuf, ihren Genuß die Nacht hindurch zu verlängern! Vor Schmerz springt der Gott aus dem Schlafe auf. Er sieht, wie Psyche schändlich wider ihr Versprechen gehandelt hat, und gleich, ohne ein Wort zu sagen, entflieht er aus ihren Armen. Zwar erhascht ihn das unglückselige Weib noch mit beiden Händen beim Fuß und bestrebt sich, ihn zurückzuhalten. Aber jämmerlich reißt er sie also mit sich empor, bis ihr die Kräfte entgehen und sie dann zur Erde zurückstürzt.

Der Gott liebte sie. So an der Erde, vermochte er nicht, sie zu verlassen.

Er flog auf die nächste Zypresse, und aus deren luftigem Wipfel sprach er in heftiger Bewegung also zu ihr hernieder: »Sieh, was du nun angerichtet hast, du leichtgläubige Psyche! Ich habe den Befehl meiner Mutter mißachtet, und statt dich nach ihrem Willen durch Liebe und Ehe dem allernichtswürdigsten der Menschen zu verbinden, bin ich selbst dein Liebhaber geworden. Ja, ich war noch leichtsinniger, ich herrlicher Bogenschütze, habe mich selbst mit meinen eigenen Pfeilen verwundet und dich zu meiner Gattin gemacht, und das alles, damit du mich für ein Ungeheuer hieltest, mit einem Messer mir den Kopf abschnittest, aus dem diese Augen dich so liebevoll anblickten? Ich hatte dich deswegen so oft auf deiner Hut sein geheißen, hatte dich immer so wohlmeinend gewarnt. Allein deine trefflichen Ratgeberinnen sollen mir auch auf der Stelle ihren schändlichen Unterricht büßen. Dich aber strafe allein meine Flucht.«

Mit den letzten Worten erhob er sich auf seinen Fittichen in die Luft.

Psyche, am Boden liegend, sah, so weit ihre Augen reichten, unter entsetzlichem Jammer und Händeringen dem Fluge ihres Gemahls nach. Als ihn aber endlich das Ruder der Flügel in unermeßlicher Höhe ihrem Gesicht entführte, riß sie sich auf und stürzte sich in Verzweiflung von dem jähen Ufer in den nahen Fluß.

Es scheute der milde Fluß den Gott, dessen Flamme auch selbst dem Gewässer furchtbar ist, und schonte der Unglücklichen. Sorgfältig trug er sie auf unschädlichen Wellen an das blumenreiche Gestade.

Dort saß eben der Gott Pan. Die Bergnymphe Echo umarmend, lehrte er sie, allerlei liebliche Töne nachzusingen. Seine Ziegen schweiften um ihn her und hüpften und weideten und kletterten am Rande des Ufers.

Der geißfüßige Gott, von Psyches Unfall unterrichtet, ruft mitleidig sie zu sich und spricht ihrem herben Schmerz sanften Trost ein.

»Artiges Kind«, redete er sie an, »ich bin zwar nur ein schlechter Hirt, doch hat mich eine lange Reihe wohltätiger Jahre mit vieler Erfahrung ausgerüstet. Wenn ich denn deinen ungewissen, wankenden Tritt, dein bleiches Ansehen und dein tiefes Stöhnen richtig auslege (weissagen heißt bei klugen Leuten nichts mehr), so ist unglückliche Liebe dein ganzes Leiden. Folge mir also, suche nicht wieder dein Leben auf irgendeine gewaltsame Art zu enden, sondern gib dich zufrieden und weine nicht so untröstlich. Richte nur dein Gebet fleißig an Cupido, den größten der Götter. Er ist jung, zärtlich, liebreich, er wird sich deiner gewiß erbarmen.«

Psyche antwortet dem Hirtengotte nicht, sondern betet stillschweigend diese günstige Gottheit an und geht weiter. Sie hatte sich noch nicht lange in der Irre trauernd herumgeschleppt, als sie bei des Tages Neige auf einem unbekannten, einen Abhang hinunterleitenden Fußpfad zu einer Stadt kommt, in der der Gemahl einer ihrer Schwestern seinen königlichen Sitz hatte.

Als Psyche das erfährt, läßt sie sich bei ihrer Schwester melden. Sie wird sogleich angenommen und zu ihr geführt.

Umarmungen von beiden Seiten, dann eilfertig Gefrage der Schwester, welcher glückliche Zufall denn Psyche zu ihr bringe?

»Du weißt wohl«, antwortete ihr diese, »daß ihr mir rietet, dem Ungeheuer, das unter dem erlogenen Namen meines Gemahls bei mir schlief, die Kehle abzuschneiden, bevor es mich arme Unglückselige verschlänge. Als ich mich nun dazu anschickte und mit der Lampe in der Hand – gleichfalls nach eurem Rate – dem Bett mich näherte, wurde ich von dem allerunerwartetsten, himmlischsten Anblick überrascht. Lag doch der *Sohn der Göttin Venus, Cupido* selbst, in sanfter Ruhe eingeschlummert da. Freude und Fülle der Wollust durchströmten mich, als ich ihn erblickte. Nur zu bald aber verwirrten sich meine Sinne über dem staunenden Betrachten seiner göttlichen Schönheit, und lüstern nach mangelndem Genuß, vergaß ich mich. Da mußte zu meinem Unglück die verwünschte Lampe von siedendem Öl überwallen und dem Gott die Schulter verletzen. Der Schmerz schreckte ihn augenblicks aus dem

Schlafe auf, und da er mich mit Feuer und Stahl bewaffnet vor sich sah, rief er: »Abscheulich! Du? Mich? Auf der Stelle räume das Ehebett. Nun habe ich mit dir weiter nichts zu schaffen! Nein! Deine Schwester – und hier nannte er deinen Namen – soll deine Stelle vertreten, sie nehme ich förmlich zur Gemahlin.« Und sogleich ließ er mich vom Zephyr weit aus dem Bezirk seines Palastes wegtragen.
Kaum hatte Psyche ihre Erzählung vollendet, als jene schon, von dem Sporn wütender Begierden und boshaften Neides getrieben, mit einer schnellgeschmiedeten Lüge vom Tode ihrer Eltern ihren Gemahl hintergeht, sich zu Schiffe begibt und in aller Eile nach dem Felsen hinsegelt.
Oben sein, ausrufen: »Empfange, Cupido, deine würdige Gattin, und du, Zephyr, nimm deine Gebieterin auf!« und, blind vor ungeduldiger Hoffnung hinabspringen, obgleich ein ganz anderer Wind bläst, ist eins.
Allein auch nicht nur tot gelangt sie an den erwünschten Ort. An den hervorragenden Klippen zerschmetterte und zerstückte sich im Fallen ihr Leib, und nach Verdienst werden ihre umher zerstreuten Glieder ein Raub der Vögel und der wilden Tiere.
Die Strafe der anderen Schwester nahm auch keinen längern Anstand. Denn, indem Psyche wiederum irrend umherschweifte, gelangte sie bald ebenfalls zu der Stadt, in der sich diese aufhielt.
Gleiche List, gleiche Wirkung. Mit derselben lasterhaften Begierde als die erste, eilte auch diese nach dem Felsen hin und fand auch da den nämlichen Tod.

Mittlerweile Psyche Cupido bei allen Völkern aufsuchte, lag er in dem Zimmer seiner Mutter und seufzte und litt an der verletzten Schulter große Schmerzen.

Eine Seemöwe, die über die Fluten des Meeres gleitet, taucht geschwind mit ihren Flügeln in den Ozean und fährt bis in die unterste Tiefe hinab, wo Venus sich eben mit Baden und Schwimmen belustigte.
Da erzählt sie ihr, ihr Sohn habe sich verbrannt, er liege am Wundfieber sehr krank, und es sähe mißlich um seine Wiederherstellung aus. Überhaupt, setzt sie hinzu, stände ihr Sohn sowohl als auch sie selbst auf der ganzen Welt eben nicht im besten Rufe. Er, so gehe das Gerede und der Spott, verbuhle seine Zeit im Gebirge, und sie lebe in Herrlichkeit und in Freuden beim Ozean im Bade. Unterdessen gehe es auf Erden bunt über. Lust, Witz und Grazie seien entflohen. Alles sei wild, rauh, ungesittet. Man kenne gar Ehe, Freundschaft und kindliche Liebe nicht mehr. Die abscheulichsten Ausschweifungen und die gräßlichsten Laster herrschten überall.
Also schwatzt der schmähsüchtige Vogel und verleumdet Amor bei seiner Mutter.
»Wie?« ruft Venus voll jähen Zornes mit lauter Stimme aus, »also hätte mein allerliebstes Söhnchen sich schon ein Mädchen zugelegt! Geschwind sage mir ihren Namen, o du, die du mir allein noch mit Liebe zugetan bist! Nenne mir die, welche den unschuldigen Knaben verführt hat! Ist's eine Nymphe, Hore oder Muse oder eine von meinen Grazien?«
»Das weiß ich nicht«, erwidert die plauderhafte Möwe. »Ich glaube aber, es ist nur eine Sterbliche, in die er verliebt ist; wenn ich mich recht auf ihren Namen besinne, so heißt sie Psyche.«
»Psyche?« versetzt Venus mit zunehmendem Grimm. »Entsetzlich! In *Psyche* hätt' er sich *verliebt*, in Psyche, meine Nebenbuhlerin in der Schönheit, die sich meinen Namen angemaßt hat, die ich selbst, sie zu *strafen*, ihm gewiesen habe? Und *verliebt* hat er sich in die? So hält er mich wohl gar

für seine Kupplerin? Empfindlicher konnte er mich nicht kränken!«

Und hiermit erhebt sie sich aus dem Meer und begibt sich sogleich nach ihrer goldenen Wohnung, wo sie ihren Sohn in dem beschriebenen Zustand antrifft.

Sie rief ihm gleich aus der Tür im bittersten Grimme ihres Herzens mit dem größten Ungestüm zu: »Oh, brav, herrlich, ganz wieder deiner würdig! Recht so, unter die Füße mit den Befehlen der Mutter, der Gebieterin. Was da lange ihre Nebenbuhlerin mit schmählicher Liebe quälen. Lieber aus ihr einen Zeitvertreib gemacht, die Mutter muß sich wohl ihre Feindin als Schwiegertochter gefallen lassen! Aber warte, du mutwilliger Verführer, es soll dir übel bekommen! Trotze nur darauf, daß du der einzige Sohn bist, dein Dünkel soll dir bald genommen werden, ich bin noch gar nicht zu alt, noch einen weit besseren Sohn zu haben als du sauberes Früchtchen bist! Allein dich desto empfindlicher zu beschimpfen, will ich lieber einen von meinen Leibeigenen an Kindes Statt annehmen. Er soll diese Flügel, die Fackel, den Bogen und die Pfeile, die ganze Rüstung haben. Sie kommt von mir allein her, nicht von deinem Vater, und zu solchem Gebrauch war sie dir nicht verliehen. Du Bösewicht hast schon von klein auf nichts getaugt, hast dich beständig an allen vergriffen, denen du Ehrerbietung schuldig bist! Wie hast du nicht deiner Mutter selbst stets frevelhaft mitgespielt, wie oft mich nicht bis ans Leben verwundet, welche Schmach tust du mir nicht noch täglich an. Verächtlicher kann wohl niemand einer armen hilflosen Witwe begegnen! Und vor deinem Stiefvater, dem großen Kriegsgott, hast du wohl keine Furcht und Achtung mehr? Deine kindliche Pflicht müßte dann darin bestehen, daß du ihm immer Mädchen zuführst – oh, und du weißt, in welche Verzweiflung ich dadurch gesetzt werde. Aber ich will dir das

Spiel nun für immer legen, und lange, lange sollst du an deine feine Buhlschaft denken!«

»Aber wie räche ich nun meine Schmach?« fährt sie darauf bei sich selbst fort. »An wen wende ich mich? Wie züchtige ich den Taugenichts nach Verdienst? Ob ich mir von meiner Feindin *Mäßigkeit* Hilfe ausbitte? Von ihr, die ich eben dieses übermütigen Knaben wegen so vielfach beleidigt habe, und nun sollte ich mich dieses garstigen, groben Weibes Spott aussetzen und mich vor ihr erniedrigen? Hart, hart! – Doch, süße Rache, dich erkauft man nicht zu teuer; ja, ich will zur Mäßigkeit gehen! Ihr will ich den Buben zur Züchtigung überliefern. Sie soll ihm den Köcher leeren, die Pfeile stumpf machen, die Bogensehne zerschneiden, die Fackel löschen und ihn ohne Barmherzigkeit kasteien! Eher, eher will ich mich nicht zufriedengeben, als bis ich seine Haare, die ich so oft mit eigenen Händen mit Gold durchflochten habe, kahl abgeschoren, bis ich seine Flügel, die ich so manchmal, wenn er auf meinem Schoße saß, in Nektar gebadet, kurz abgestutzt sehe.«

Also eifert sie und stürzt hinaus, das Herz voll bitterer Galle, wie nur Venus es kennt.

Doch bald begegnen ihr Ceres und Juno. Sie lesen ihr den Zorn gleich in den Augen und fragen, warum sie so finster aussehe, warum sie die Holdseligkeit ihrer Blicke in Unmut einhülle?

»Wie gelegen«, antwortet sie ihnen, »kommt ihr für mein brennendes Herz. Helft mir Gewalt und Rache ausüben, helft mir, ich bitte euch, die landstreicherische, flüchtige Psyche aufsuchen. Denn gewiß wißt ihr schon meines unwürdigen Sohnes schändliche Aufführung, das Gerücht davon ist zu bekannt!«

Die Göttinnen wußten in der Tat schon um alles. Nun suchen sie durch Zureden der Venus überwallenden Zorn etwas zu besänftigen.

»Was, o Göttin«, sagen sie ihr, »was hat denn dein Sohn so Großes verbrochen, um sein Vergnügen so gewalttätig zu stören, um die, die er liebt, so mit Haß zu verfolgen? Rechnest du ihm für Sünde, daß er einem hübschen Mädchen gut ist? Er ist ja einmal von männlichem Geschlecht und endlich schon Jüngling! Oder vergißt du, wie alt er ist, und denkst, weil er noch immer so jung und zart aussieht, er sei auch immer noch ein Kind? Du bist Mutter, bist eine kluge Frau und willst deines Sohnes kleinen Ausschweifungen immer so neugierig nachspähen, seine Galanterien tadeln, seine Liebeshändel stören, kurz, was deine eigene Kunst, deine einzige Glückseligkeit ist, bei dem schönen Sohne ahnden? Welcher Gott, welcher Mensch wird es hinfort ertragen können, daß du überall Liebe verbreitest, wenn du dieselbe Liebe an deinem Sohne so bitter bestrafst, wenn du ihm das Spiel mit gefälligen Schönen verwehrst, wenn du deinen Zorn gegen ein Mädchen ausläßt, das sich der ihr verliehenen Gabe, zu gefallen, glücklich bedient hat?«

Also sprachen Ceres und Juno zum Vorteil Cupidos, selbst in seiner Abwesenheit; denn sie fürchteten sich vor seinen Pfeilen.

Venus aber nimmt ihre Rede als Verspottung ihrer Schmach auf, verläßt die Göttinnen desto unwilliger und wendet sich mit beschleunigten Schritten nach dem Meere hin.

Unterdessen trieb Psyche Tag und Nacht rastlose Sehnsucht nach ihrem Gemahl aller Orten umher. Sie dachte ihn irgendwo anzutreffen und seinen Zorn, wo nicht durch zärtliche Liebkosungen, doch wenigstens durch demütiges Bitten zu besänftigen.

Auf dem Gipfel eines hohen Berges wird sie jetzt eines Tempels ansichtig. »Ach, wenn da mein Geliebter sich aufhielte!«

ruft sie und richtet sogleich ihre Schritte dorthin. Hoffnung und Wunsch erneuen ihre ermatteten Kräfte, behend hat sie die höchste Spitze erreicht.
Als sie in den Tempel tritt, sieht sie darin hin und wieder Weizenähren haufenweise zerstreut oder auch in Kränze gebunden am Boden liegen. Gerstenähren mit darunter gemischt. Auch findet sie Sicheln und alles andere Erntegerät ohne Ordnung untereinander hingeworfen, so wie nach vollendeter Arbeit die müden Landleute es nachlässig hinfallen lassen.
Psyche macht sich gleich darüber her. Sorgfältig sondert sie jegliches voneinander und bemüht sich, alles in schickliche Ordnung zu bringen; denn sie glaubte, keines Gottes Dienst vernachlässigen zu dürfen, sondern aller Mitleiden und Gunst suchen zu müssen.
Mitten in dieser emsigen Beschäftigung trifft die allernährende Ceres sie an.
»Ach, arme Psyche«, ruft diese ihr schon von ferne zu, »entrüstet sucht Venus dich in der ganzen Welt; droht Tod dir und Verderben, spart keine Macht, ihren Mut nur an dir zu kühlen! Und du, auf nichts weniger bedacht als auf deine Rettung, stehst geruhig hier und trägst Sorge für das Geräte meines Heiligtums?«
Da warf Psyche sich vor ihr auf die Knie, netzte ihre Füße mit einem Strom von Tränen und flehte die Göttin mit den rührendsten Worten um ihren Schutz an. Ihre goldenen Locken schleppten am Boden.
»Ich bitte dich, o Göttin«, spricht sie, »bei dieser Fülle der Früchte ausspendenden Rechten, bei den fröhlichen Erntefesten, bei deinen heiligen, geheimnisvollen Truhen, bei deinem drachenbespannten Wagen, bei Siziliens Fruchtbarkeit! Ich beschwöre dich, bei dem Raube deiner Tochter, bei der Erde, die sie verbarg, bei deinem Hinabsteigen zu ihrer düsteren

Hochzeit in der Unterwelt, bei deiner Tochter Wiederkehr und bei allem übrigen, was das attische Eleusis in unverbrüchliches Stillschweigen einhüllt! Erbarme dich, du milde Ceres, hilf der unglückseligen Psyche, die zu dir ihre Zuflucht nimmt! Verstatte mir, nur wenige Tage unter diesen zusammengetragenen Ähren verborgen zu liegen, bis der mächtigen Venus Zorn durch Zeit sich besänftigt oder bis wenigstens meine so unablässig angestrengten und nun völlig erschöpften Kräfte durch einige Ruhe wiederhergestellt sind!« »Deine Tränen«, antwortet ihr Ceres, »und deine Bitten rühren mich, und von ganzem Herzen wünschte ich, dir helfen zu können; allein die engsten Bande der Verwandtschaft und Freundschaft verknüpfen mich mit der Venus, und sie ist auch sonst eine so gute Frau. Es ist mir unmöglich, etwas zu tun, wodurch ich sie mir – wie ich voraussehe – zur Feindin machen würde. Geh also nur gleich aus meinem Tempel, Psyche! Du kannst hier weder Schutz noch Herberge finden und kannst es mir anrechnen, daß ich dich nicht im Gewahrsam festhalte.« Abgewiesen zu werden, hatte Psyche keineswegs erwartet; doppelte Traurigkeit beklemmt also ihr Herz. Sie geht den gekommenen Weg wieder zurück. Beim Herabsteigen vom Berge erblickt sie unten im Tal in einem dämmernden Haine einen Tempel von kunstvoller Bauart. Neue Hoffnung zur Besserung ihres Schicksals belebte sie. Welcher Gottheit auch dieser Tempel geweihet sei, sie will deren Huld anrufen.

Als sie sich der heiligen Pforte naht, sieht sie an den Ästen naher Bäume und an den Türpfosten viele reiche Geschenke aufgehängt, bei jedem ein Band, dessen Goldstickerei die erhaltene Wohltat und den Namen der geehrten Göttin erzählt.

Nun wischt sie die Tränen von ihren Augen, kniet hin, umfaßt den noch lauen Altar mit beiden Händen und betet also: »Schwester und Gattin des großen Jupiter! Du bewohnest nun den uralten Tempel von Samos, das deiner Geburt, deines ersten kindlichen Lautes und deiner Erziehung sich rühmt, oder du besuchest deinen seligen Sitz im hohen Karthago, das dich als Jungfrau im löwenbespannten Wagen himmelan fahrend verehrt, oder du waltest an den Ufern des Inachus über die hochberühmten Mauern der Argiver, die dich als Vermählte des Donnerers und der Göttinnen Königin anrufen! Du, die der ganze Orient als Schützerin der Ehe und der ganze Okzident als Geburtsgöttin anbetet: O hilfreiche Juno: verlaß mich in meiner Drangsal nicht! Ich erliege der Last meines Elendes, stehe mir bei, entferne von mir die drohende Gefahr! Ich vertraue dir, o Göttin; deine Hilfe entgeht ja niemals notleidenden Schwangeren!«

Kaum hat sie ausgebetet, so steht Juno in aller Majestät vor ihr.

»Wie gern, o Psyche«, so sagt sie, »erhörte ich dein Gebet! Allein Venus ist meines Sohnes Weib, und ich habe sie von jeher wie mein eigenes Kind geliebt, ich müßte mich schämen, wollte ich mich deiner, ihrer Feindin, gegen sie annehmen. Auch darf ich nicht wider die Gesetze fremde Flüchtlinge gegen den Willen ihrer Herren aufnehmen!«

Psyche, abermals in der Hoffnung, Schutz und ihren Gemahl zu finden, getäuscht, verzagt nun ganz und gar. Nur Unglück ahnend, spricht sie also bei sich selbst: »Umsonst, umsonst! Für mich ist keine Rettung mehr! Der Göttinnen bester Wille selbst ist ja für mich ohnmächtig! Was fliehe ich noch? Bin ich nicht überall mit Garnen umstrickt? Und welches Dach, welche Finsternis mag mich vor dem allschauenden Auge der großen Venus verbergen? Auf denn, Psyche, ermanne dich! Hinweg mit der eitlen Hoffnung! Geh, liefere der Göttin dich freiwillig in die Hände. Unterwürfigkeit mag sie vielleicht allein noch erweichen, mag ihren Zorn mildern. Und ach, wer weiß? Triffst du nicht gar den bei seiner Mutter an, den du schon so lange allenthalben vergebens gesucht hast?«

So war Psyche nun völlig zur mißlichen Demütigung vor Venus, ja selbst zum gewissen Verderben bereit. Und sie sann nur noch auf den Anfang ihrer bittenden Rede.

Mittlerweile war Venus müde, auf der Erde nach Psyche herumzuziehen. Sie erhebt sich gen Himmel. Schon läßt sie sich den Wagen rüsten, welchen Vulkan ihr zum Hochzeitsgeschenk gemacht hatte. Sauber und künstlich hatte ihn der Gott selber verfertigt. Er strahlte von Glanz. Was die nagende Feile ihm an Golde geraubt, hatte seine Kostbarkeit nur um so mehr erhöht.

Alsbald flattern vier von den weißen Täubchen herzu, welche in unzähliger Menge um die Wohnung der Göttin nisten. Sie wenden girrend ihre buntfarbenen Hälse, streifen das von Edelgestein blitzende Joch über, nehmen ihre Gebieterin ein in den Wagen und fliegen fröhlich mit ihr empor. Mit lautem Gezwitscher umgaukelt den Wagen ein Heer buhlerischer Spatzen, andere kleine liebliche Sänger schweben vorauf, in süßen Weisen der Göttin Ankunft verkündigend, sonder Furcht insgesamt vor den begegnenden Adlern oder den räuberischen Habichten.

Die Wolken schwinden, es öffnet sich der Himmel vor seiner Tochter; mit Freuden empfängt der hohe Äther die Göttin.

Sie begibt sich sogleich zu Jupiters königlicher Burg. Mit stolzer Bitte fordert sie als notwendige Hilfe den Merkur, den lautstimmigen Gott, zum Herold. Sie bedürfe seiner höchst notwendig. Zeus winkt ihr mit den hohen schwarzen Augenbrauen Gewährung ihrer Bitte zu.

Frohlockend steigt sie nun augenblicklich in Begleitung Merkurs vom Himmel herab und eröffnet ihm unterwegs ihre Wünsche.

»Bruder aus Arkadien«, sagte sie, »du weißt es, ohne deinen Beistand tat deine Schwester Venus überall nichts. Auch jetzt weißt du, wie lange ich schon nach der versteckten Dirne suche. Umsonst! Sie entgeht allen meinen Nachforschungen. Ich wende mich wieder zu dir, lieber Merkur. Mach es doch auf der Erde bekannt, daß ich jedem, der sie mir zuweist, hohe Belohnung verspreche! Aber tu mir diesen Gefallen recht bald, bezeichne sie dabei höchst genau, auf daß sie allen Menschen kennbar werde und niemand, der sie verbirgt, hoffen darf, sich mit der Entschuldigung zu schützen, er habe sie nicht gekannt!«

Darauf gibt sie ihm einen Zettel mit Psyches Namen und ihren übrigen Kennzeichen, verläßt ihn und begibt sich nach ihrem Palast.

Merkur erfüllt geflissentlich ihren Auftrag. An allen Orten, bei allen Völkern des Erdbodens ruft er aus: »Kund sei es jedermann, wie eine gewisse Königstochter mit Namen Psyche sich an Venus schwer vergangen hat und heimlich nun entwichen ist, sich ihrer verdienten Strafe zu entziehen. Sollte jemand sein, der diesen Flüchtling aufgefangen hat oder nur nachweisen kann, wo sie sich verborgen hält, der finde sich bei den Murtischen Säulen ein und gebe es bei mir, dem Merkur, an, der ich dieses als Herold jetzt bekanntmache. Er soll für seine Mühe von Venus in Person sieben Küsse zur Vergeltung bekommen und einen noch insbesondere, der mit allen Süßigkeiten gewürzt ist, welche nur der Liebesgöttin Honigmund zu geben vermag.«

Auf diesen Aufruf Merkurs beeifern sich alsbald alle Sterblichen um die Wette, eine so hohe Belohnung zu verdienen. Um so mehr beschleunigt Psyche die Ausführung ihres vorgefaßten Entschlusses.

Und schon nahet sie zur Türe der Venus, als ihr die *Gewohn-*

heit, eine von der Göttin Hofgesinde, begegnet und so laut, als sie nur immer kann, zu schreien anfängt: »Ha, du Nichtswürdigste, so erkennst du endlich, mit wem du es aufnimmst, und demütigst dich jetzt, nachdem du dich in der ganzen weiten Welt hast aufsuchen lassen und wir uns um deinetwillen Tag und Nacht haben plagen müssen. Doch gut, daß du gerade mir in die Hände gerätst, in den Klauen des Todes wärest du nicht sicherer aufgehoben. Und nun wirst du natürlich büßen für deine Schändlichkeit.«

Und nun keck, mit beiden Händen zugleich, Psyche in die Haare und sie so fortgeschleift, obwohl sich diese nicht im mindesten ihr zu folgen sträubt.

Sobald Venus Psyche also zu sich hereingeschleppt sieht, schlägt sie das laute Gelächter auf, das der wütige Zorn zu erheben pflegt, schüttelt den Kopf und sagt zu ihr mit den höhnischsten Gebärden: »Ei! So würdigst du mich doch noch endlich, mich als deine Schwiegermutter zu begrüßen! Oder gilt der Besuch etwa dem Herrn Gemahl, dem das glühende Öl, mit dem du ihn gesalbt hast, so schlecht bekommen ist? Gleichviel, nur näher! Es soll dir darum nicht weniger alle verdiente Ehre widerfahren!«

»*Kummer, Leid!* wo seid ihr?« ruft sie jetzt, sich zu ihrem Gefolge wendend. Sie erscheinen sogleich.

»Ich überlasse euch diesen Gast«, spricht sie zu ihnen, »und empfehle ihn euch bestens.«

Beide verstehen nur zu gut ihre Gebieterin. Sie führen gleich Psyche mit sich hinweg und sparen an der armen Unglücklichen weder Geißeln noch andere Qualen. Dann bringen sie sie wieder zur Göttin zurück.

Venus empfängt sie mit neuem Spottgelächter: »Seht nur«, ruft sie aus, »wie sie ihre Schwangerschaft so vorteilhaft zu zeigen weiß, um unser Mitleid damit zu erschleichen. Die Verschmitzte hat die schwache Seite meines Herzens ausgespäht. Sie spiegelt mir das süße Glück vor, nun bald Großmutter zu heißen! Wie? Ich? Großmutter? In der Blüte meiner Jahre? Und durch wen? Durch ein so schnödes Geschöpf? Irre dich nicht, du Elende, *deine* Brut kann nie *Enkelkind* der *Venus* heißen. Wer bist *du*, daß du dich mit *meinem Sohne* vermählen könntest? Die Ehe wäre zu ungleich, auch ist sie überdies nicht gültig, nur auf dem Lande, ohne Zeugen, ohne des Vaters Einwilligung geschlossen. Sie ist null, sie ist nichtig! Nur einen Bastard wirst du zur Welt bringen, wenn ich es anders noch so weit kommen lasse!«

Mit den Worten fliegt sie Psyche ins Angesicht, zerrauft ihr das Haar, reißt ihre Kleidung in Stücke und mißhandelt sie aufs erbärmlichste. Dann nimmt sie Weizen, Gerste, Hirse, Mohn, Erbsen, Linsen und Bohnen, mischt alles untereinander und schüttet es auf einen Haufen zusammen.

»Da«, spricht sie nun, »du Scheusal! Sieh zu, ob dir hier deine Emsigkeit eben wie im Buhlen will zustatten kommen. Lies mir dies vermengte Gesäme auseinander! Mache von jeglicher Art einen besonderen Haufen, und eh es noch Abend wird, sei mir damit fix und fertig!« Nach so angewiesener Arbeit begibt sie sich zu einem Hochzeitsschmaus.

Psyche bleibt stumm und starr vor ihrem aufgegebenen Geschäfte stehen. Die Unmöglichkeit, es zu vollenden, benimmt ihr den Mut, nur Hand daran zu legen.

Allein eben hielt sich eine kleine Ameise da auf. Es jammerte sie so große Bedrückung der Gattin eines mächtigen Gottes und erregte all ihren Abscheu gegen die Grausamkeit der Schwiegermutter. Stracks läuft das gute Tierchen und ruft und bittet in aller Geschwindigkeit sein ganzes benachbartes Geschlecht zusammen.

»Herbei!« schreit es, »herbei! Ihr arbeitsamen Kinder der allgebärenden Erde! Kommt, erbarmt euch Amors schönen Weibes und rettet es durch schleunige Hilfe aus der sonst unvermeidlichen Gefahr!«

Wie ein Strom stürzen die Ameisen der Gegend alle eine über die andere in Eile herzu. Der Boden wimmelt. Sie fallen über den ungeheuren Gesämhaufen her, sondern mit Sorgfalt Art von Art, machen von jeglicher einen eigenen Haufen und verschwinden wieder, nachdem alles vollbracht ist.

Als nun bei einbrechender Nacht Venus, von Weine triefend und duftend von Balsam und mit tausend blühenden Rosen geschmückt, vom Hochzeitsgelage nach Hause zurückkehrt, erstaunt sie nicht wenig, da sie Psyches Aufgabe getan findet. »Oh«, ruft sie, »das ist nicht dein, nicht deiner Hände Werk, du Nichtswürdige, sondern dessen, dem du zu deinem und seinem Unglück gefallen hast!« Hiermit wirft sie ihr nur ein Stück grobes Brot hin und geht schlafen.

Aber Cupido war in dem nämlichen Palast ganz im Innersten des Hauses in einem besonderen Zimmer allein unter äußerst strenger Aufsicht, damit er nicht etwa Mutwillen treiben und seinen Schaden verschlimmern oder gar entwischen und seiner Geliebten zufliegen möchte.

So zusammen unter einem Dach, einander so nahe und darum nicht weniger getrennt: welche Nacht, welche abscheuliche Nacht für beide Liebende!

Kaum aber fährt Aurora herauf, so ruft Venus schon Psyche. »Siehst du den Wald da«, sagte sie ihr, mit der Hand nach diesem hinzeigend, »welcher sich längs den Ufern jenes Flusses erstreckt, deren Gebüsch auf die benachbarte Flut herabblickt? Ungehütet weiden darin glänzende Schafe mit goldenen Vliesen; stracks gehe hin und sieh zu, wie du mir einen Flocken von ihrer köstlichen Wolle herbringst!«

Willig machte sich Psyche dahin auf den Weg. Zwar nicht in

der Absicht, den Befehl zu vollbringen, sondern sich vom Ufer in die Tiefe zu stürzen, um endlich einmal vor allen Leiden Ruhe zu haben. Allein bald wisperte ihr vom Flusse her das grüne melodische Schilf, von einem Gott durch sanfter Lüfte lindes Geflüster beseelt, diese Worte entgegen: »Besiege deine Verzweiflung, Psyche, und entweihe nicht mein heiliges Gewässer durch deinen Tod, noch begegne jetzt, ich bitte, diesen furchtbaren Schafen! Sie pflegen, solange die Sonne im Mittag brennt, deren Glut zu teilen und toben in unbändiger Wut, mit spitzem Gehörn, mit eisernem Schädel, ja mit giftigem Gebiß, jeglichem Sterblichen den Untergang drohend. Warte, bis der nahende Abend die Sonnenhitze mildert und dann sich die Tiere im frischen Wehen vom Gestade her abkühlen und besänftigen. Verbirg dich inzwischen unter der breitblättrigen Platane dort, die einen Strom mit mir trinkt. Sobald sich aber der Schafe Wut gelegt hat, gehe hervor und schleich dich näher herzu in den Wald, wo du an Gesträuchen und Stämmen hin und wieder Flocken wolligen Goldes wirst hängen finden.«
Diesen heilsamen Rat erteilte das mitleidige Schilf der verzweiflungsvollen Psyche. Sie verschmäht ihn nicht, pünktlich befolgt sie ihn, und sonder Mühe bringt sie der Venus den Schoß voll verlangter Goldwolle zurück.
Aber so gefahrvoll auch diese zweite Arbeit gewesen war, sie besänftigte dennoch die Göttin sowenig als die erste; denn sie zog die Augenbrauen zusammen und sagte mit bitterem Lächeln: »Du hast Ursache, dich bei deinem Gehilfen zu bedanken, in der Tat, er hat dir gute Dienste geleistet. Doch jetzt auch ein Pröbchen von deinem unerschrockenen Mut und deiner großen Klugheit! Du siehst doch auf dem hohen Berge da die schroffe Felsenspitze so kühn emporstreben? Da oben strömen schwarze Fluten aus einer finsteren Quelle und stürzen sich tief in ein verschlossenes Tal hinunter, wo sie den stygischen

Pfuhl auffrischen und das dumpfe Getöse des Kozytus [Fluss des Wehklagens] unterhalten, da gehe hin und schöpfe mir mitten aus der Quelle innerstem Strudel diesen Krug voll!«
Mit diesen Worten reicht sie ihr, unter den entsetzlichsten Drohungen, ein glattes, kristallenes Gefäß.
Psyche nimmt es und eilt mit beschleunigten Schritten davon, des Berges oberster Spitze zu. Dies, denkt sie, sei nun gewiß ihr letzter mühseliger Gang; auch nahete sie nur erst von ferne dem Gipfel, so zeigte sich ihr schon ganz deutlich die unvermeidliche Todesgefahr, wollte sie den erteilten Befehl ausführen. Denn der Fels, der unermeßlich hoch in die Luft ragt und überall schroff und unzugänglich ist, speit nur erst auf der äußersten Höhe aus weitgeöffnetem Schlunde das fürchterliche Gewässer aus, und sobald dieses aus der Tiefe hervorgebrochen, stürzt es jäh den Abhang schäumend hinunter in eine enge, grundlose Felsenkluft und wälzt sich ungesehen da hindurch zu dem benachbarten Tale hinab. Rechts und links lauern wilde Drachen in Höhlen. Sie drohen und zischen, ihre langen Hälse schrecklich emporreckend. Nimmer schließt der Schlaf ihre unermüdlichen Augenlider; darum sind sie hierher zu ewigen Wächtern gebannt, wiewohl schon die heulenden Wellen allein sich Schutzes genug wären. »Hinweg von hier!« lautet immerfort ihr wechselseitiges Gebelle, »nicht zu nahe, sieh dich vor, was machst du, nimm dich in acht, fliehe! Hier bist du verloren!«
Der Anblick all dieser unübersteiglichen Schwierigkeiten versteinert Psyche. Wie entseelt steht ihr Körper nur da; vor Übermaß des Schmerzes gebricht ihr auch der letzte Trost: die Tränen.
Aber die Not der unschuldig Leidenden war vor den Augen der allgütigen Vorsehung nicht verborgen. Denn siehe, es erscheint des hohen Jupiters königlicher Vogel, der starke Adler,

hoch im Winde sich wiegend auf ausgespreiteten Schwingen. Eingedenk, daß ihm einst Cupido gefällig beistand, als er für den Zeus den phrygischen Mundschenken raubte, eilt er jetzt, aus Dankbarkeit des Gottes Gattin in ihrer Bedrängnis zu helfen. Flugs verläßt er seine hohe Himmelsbahn, bleibt still vor Psyches Angesicht schweben und redet sie also an: »O törichte, unerfahrene Psyche, wie kannst du hoffen, dieser heiligen, furchtbaren Quelle auch nur einen Tropfen zu entwenden, ja nur, dich ihr zu nahen? Hast du nie gehört, daß sogar die Götter und Jupiter selbst dies stygische Gewässer scheuen und daß sie bei der Majestät des Styx zu schwören pflegen, wie ihr bei den Gottheiten schwört? Aber gib her deinen Krug!«

Stracks nimmt er ihn ihr aus den Händen, und im Nu war er gefüllt. Denn dicht über dem Schlund hängt er, künstlich sich schwingend und mit immer regem Fittich zu beiden Seiten der giftigen Drachen Biß und dreigespaltene Zunge meidend, schöpft er ein die widerstrebende, scheltende Flut, nachdem er sie mit vorgegebenem Befehl der Venus getäuscht.

Mit Freuden empfängt Psyche den angefüllten Wasserkrug wieder zurück und überbringt ihn eiligst der Venus.

Allein auch hierdurch wurde das rachsüchtige Herz der Göttin nicht gerührt. Vielmehr ergrimmte sie jetzt desto ärger gegen die arme Psyche und trachtete nur eifrig nach ihrem Verderben.

Mit schnödem Spotte hebt sie also zu ihr an: »Ei, ich glaube gar, du bist eine Zauberin. Mag dir doch unsereins in der Welt nichts mehr aufgeben, was nicht bloß Kleinigkeit für dich wäre! Indes, mein Kind, nur noch einen kleinen Dienst. Da, nimm die Büchse, geh damit in die Unterwelt bis zu des Orkus finsterer Burg hinunter und stelle sie da Proserpina zu. Sag ihr dabei: Venus läßt dich bitten, ihr doch so viel von deiner Schönheit zu schicken, als sie auf einen Tag wohl bedarf. Die ihrige wäre bei der Wartung ihres kranken Sohnes zunichte gegangen. – Komm aber ja bald wieder zurück, denn ich will sie gleich noch auflegen, um damit in der Versammlung der Götter zu erscheinen.«

Nun erkannte Psyche mit Zuverlässigkeit der Göttin letzte grausame Absicht. Auch lag sie klar genug zutage: der Befehl, zum Tartarus [Gefängnis für Gottesfrevler in der Unterwelt] hinunterzuwandern und zu den Manen [Geister der Toten], ist überall nur eindeutig.

Ungesäumt richtet sie jetzt ihren Weg nach einem sehr hohen Turme hin, sich von da hinabzustürzen; denn kürzer und schöner, glaubt sie, könne sie zur Unterwelt nicht gelangen. Allein der Turm bricht plötzlich in diese Stimme aus: »Und warum willst du, Ärmste, dich von meiner Höhe herabstürzen und dich töten? Warum so ohne Not der allerletzten gefährlichen Arbeit unterliegen? Ist deine Seele einmal vom Leibe geschieden, so kommst du freilich in den tiefen Tartarus hinunter; allein von dort auch nie wieder zurück. Merk also lieber auf meine Rede! Nicht weit von hier liegt Griechenlands edles Lakedämon [Sparta]. In dessen Nachbarschaft, nur etwas abseits und versteckt, findest du Tainaron [Tor zur Unterwelt]. Dort ist der Eingang zum Dis [Reich des Herrschers der Unterwelt], dort die Pforte, welche den rauhen Weg zur Unterwelt öffnet. Da hindurch begib dich und verfolge dann den geraden Fußsteig; so gelangst du unmittelbar zu des Orkus Burg. Leer indessen darfst du diesen Weg der Finsternis nicht antreten, in jeder Hand mußt du einen Honigfladen und im Munde zwei Geldstücke mitnehmen. Unterwegs wirst du einen hinkenden Esel, mit Holz beladen, antreffen, samt einem gleichfalls hinkenden Eseltreiber. Dieser wird dich bitten, ihm die vom Esel herabgefallenen Holzscheite wieder aufzuheben; aber gehe du, ohne ein Wort zu verlieren, stillschweigend vorüber. Nun kommst du gleich zum Totenfluß, über den Charon gesetzt ist. Ehe er die Ankömmlinge in seinem geflochtenen Nachen an das jenseitige Ufer hinübersetzt, fordert er sich erst Fährgeld von jedem ein. Also auch im Totenreich herrscht Habsucht. Sowenig Charon als Vater *Dis*, ein so großer Gott er auch ist, tut das geringste umsonst. Und der Arme muß zum Sterben sich erst mit einem Reisepfennig versehen, sonst darf er nicht fort! – Gib dann diesem schmutzigen Alten eine von deinen beiden Münzen als Schifferlohn, oder vielmehr, laß ihn sich diese aus deinem Munde selbst nehmen. Kaum werdet ihr euch auf dem trägen Pfuhl eingeschifft haben, so wird euch der Schatten eines Alten nachgeschwommen kommen und seine nichtigen Hände zu dir aufheben und aufs erbärmlichste flehen, ihn doch in das Schiff zu ziehen. Doch fern sei von dir ein so unzeitiges Mitleiden! Seid ihr aber den Fluß hinüber, dann wirst du so gar weit eben nicht gehen, so werden dich wieder alte Weiber, die mit Weben beschäftigt sind, bitten, doch auch ein wenig Hand mit anzulegen und ihnen zu helfen. Allein auch davon laß dich nicht rühren. Denn dies und noch weit mehreres geschieht alles auf Betreiben der Venus, um dir nur einen von den Kuchen aus den Händen zu spielen; und das siehe ja nicht bloß für einen geringen Verlust an! Wisse, mit eines einzigen Verlust ist dir die Rückkehr zum Licht auf ewig versperrt. Denn durch sie allein kannst du dich vor dem Zerberus schützen. Gleich vor dem Eingang zu den düsteren Gemächern Proserpinas liegt dies schreckliche, dreiköpfige Ungeheuer und bewacht des *Dis* leere Behausung, indem es mit donnerndem, dreigespaltenem Rachen den Toten, denen es weiter nichts Böses zufügen kann, Entsetzen entgegenbellt. Zolle ihm einen Honigkuchen, so ist seine Wut bezähmt, und sonder Gefahr kannst du vorbeischlüpfen. Gehe sofort zu Proserpina. Freundlich und huldreich wird sie dich empfangen, wird dich einladen, neben ihr auf weichen Polstern Platz zu nehmen, um an ihrer herrlichen Tafel mitzuspeisen. Aber schlage du alles aus, und setze dich auf den platten Boden und laß dir nichts als etwas schwarzes Brot reichen, und das iß. Darauf entledige dich deines Auftrags, nimm, was sie dir dann geben wird, und kehre damit zurück. Und wenn du wieder gehörig mit dem dann noch übrigen Honigfladen beim Höllenhunde dich lösest, nachher dem geizigen Schiffer die zurückbehaltene Münze gibst, den Fluß herüberfährst und auf dem gekommenen Wege zurückgehst, so wirst du zuletzt zum Glanz der himmlischen Sternenheere wohlbehalten wieder heraufkommen, wofern dich nicht lüstet (sei aber davor auf das kräftigste von mir gewarnt), die Büchse zu öffnen, um den darin verwahrten Schatz göttlicher Schönheit vorwitzig und allzu neugierig zu besichtigen oder gar zu berauben!«

Also der weitschauende Turm. Psyche säumt nicht. Sie geht nach Tainaron; versieht sich vorgeschriebenerweise mit den Geldstücken und Fladen, steigt damit in den Höllenschlund hinab, zieht stillschweigend an dem gebrechlichen Eseltreiber vorüber, zollt dem Schiffer das bestimmte Fährgeld, achtet nicht des nachschwimmenden alten Gespenstes Begehren, nicht der tückischen Weberinnen hinterlistige Bitte, schläfert des bösen Höllenhundes Wut durch einen vorgeworfenen Kuchen ein und dringt bis zu Proserpinas Gemach.

Dort widersteht sie jeder freundlichen Einladung. Nicht der weichgepolsterte Thron der Königin der Hölle, nicht ihre Göttertafel verführte sie. Demütig setzt sie sich zu den Füßen ihrer leutseligen Wirtin auf den harten Boden, begnügt sich mit schwarzem Brote und richtet alsdann getreulich der Venus Gesandtschaft aus.

In kurzem bekommt sie die Büchse, insgeheim mit dem Verlangten angefüllt, zurück.

Sie verschließt nun wieder mit dem andern Kuchen des Zerberus fürchterlichen Rachen, fährt für die andere Münze zurück über den schleichenden Acheron, und schon verläßt sie hochgemut die Hölle; schon erblickt sie, schon trinkt ihr Auge wieder mit Wonne das schimmernde Tageslicht und beflügelt sich mit Eile ihr Fuß, im Nu das gefährliche Geschäft zu vollenden – indem, so beschleicht, betört verwegener Vorwitz ihren Sinn.

»Siehe«, spricht sie, »wärest du nicht eine Törin, Psyche! Du hättest hier die Götterschönheit in Händen und legtest dir nicht einmal ein ganz klein wenig davon auf? Dadurch könntest du ja allein deinem schönen Liebhaber wieder gefallen!«

Gedacht, versucht. Auf ist die Büchse. Allein wehe! Da ist keine Schönheit, da ist nicht das geringste darin. Nur ein höllischer Schlaf, ein wahrer Totenschlaf. Sobald der Deckel geöffnet ist, fährt er hervor, ergreift Psyche, gießt sich in einem Gewölk schwerer Schlummerdünste um all ihre Glieder und streckt sie sofort unbeweglich am Boden hin. Da liegt sie auf dem Wege, eine schlafende Leiche!

Aber Cupido war allbereits wiederhergestellt von seiner Wunde und vermochte nicht länger die langdauernde Abwesenheit seiner Psyche zu ertragen. Er entschlüpft durch ein Fenster aus der Kammer, in der er eingesperrt gehalten wurde, und seine Flügel, die desto mehr Schwingkraft durch die lange Ruhe erhalten hatten, tragen ihn schneller als je davon, hin zu seiner Psyche.

Sorgfältig nimmt er sogleich den Schlaf von ihr hinweg, verschließt ihn wiederum in die Büchse und erweckt dann Psyche mit der Spitze eines unschädlichen Pfeiles.

»Sieh«, sagt er zu ihr, »warst du nicht schon wieder durch deinen Vorwitz verloren? Doch gehe nur jetzt und entledige dich geflissentlich deines Auftrages bei meiner Mutter, ich will schon weiter für uns sorgen.«

Mit diesen Worten hebt sich der holde Flieger in die Luft; Psyche aber trägt sofort der Venus Proserpinas Geschenk hin. Cupido ist nicht minder von Liebe zu Psyche als von der Furcht genagt, seine Mutter möge ihn doch noch der *Mäßigkeit* übergeben. Er nimmt wiederum zu seinen gewöhnlichen Ränken seine Zuflucht und schwingt sich auf rüstigem Gefieder zum hohen Pole des Himmels, klagt da dem großen Jupiter seine Not und macht diesen alsbald seinen Wünschen geneigt.

Liebreich küßt ihn Zeus, mit der einen Hand den kleinen Mund sanft ihm zusammendrückend, mit der andern ihn zu sich heranziehend, und spricht zu ihm also: »Du kleiner loser Schelm, du hast dich zwar jederzeit mehr als mein Herr betragen denn als mein Sohn, hast mir nie die von allen Göttern mir einhellig zugestandene Ehre gezeigt! So könnte ich es denn nun wohl ahnden, daß du mich, den Gesetzgeber der Elemente, mich, den Roller der Sphären, fast beständig zum Ziel deiner Pfeile genommen und zu so vielen Torheiten mit irdischen Schönen, zu so vielen Verstößen gegen alle Gesetze der Zucht und Ehrbarkeit – auch gegen das des Kaisers Augustus – verleitet hast, daß ich beinahe allen Anspruch auf Ehre und Glimpf verloren habe. Hat mich doch dein Mutwille bis zu Drachen, zu Feuer, zu Vögeln, zu allerhand wilden und zahmen Tieren herabgewürdigt. Allein, ich will mich nur meiner Liebe zu dir erinnern. Du bist ja unter meinen Augen aufgewachsen. Ich will alles tun, dich glücklich zu machen; nur bleibt die Sorge, dich vor Nebenbuhlern zu schützen, dein eigen. Doch weißt du, was ich mir bei dir kleinem Schalk für diese Huld der Vergeltung ausbedinge? Das hübscheste Mädchen auf Erden!«

Er sprach's und erteilte dem Merkur Befehl, augenblicklich

die gesamten Götter zur Versammlung zu berufen und anzukündigen, wer fehle, solle mit zehntausend Mark büßen. Aus Furcht vor der Strafe ist in kurzem kein Platz im weiten himmlischen Versammlungssaale mehr leer.
Majestätisch vom erhabenen Throne herab spricht nun Jupiter also: »Ihr sämtlichen Götter und Göttinnen, deren Namen in den Büchern der Musen verzeichnet sind, ihr kennt alle diesen Jüngling, der hier unter meinen Augen auferzogen worden. Es ist jetzt meines Erachtens Zeit, dem feurigen Ungestüm seiner ersten Jugend einen Zügel anzulegen. Schon übel genug ist er durch allerlei böse Nachrede von Ehebruch und anderen Ausschweifungen berüchtigt. Laßt uns ihm die Gelegenheit rauben, auf diesem Wege weiterzugehen, laßt uns seinen jugendlichen Flattersinn mit den Fesseln der Ehe binden. Er hat sich schon selbst ein Mädchen gewählt und mit ihr gebuhlt. Diese laßt uns zu eigen ihm geben. Er vermähle sich mit ihr diesen Augenblick. In Psyches Umarmung genieße er fortan ewige Fülle der Liebe!«
»Du aber« – fährt er fort, zur Venus sich wendend –,»meine Tochter, darfst dich keineswegs darüber betrüben. Nicht im mindesten soll dein hohes Geschlecht und dein Stand unter dieser Verbindung deines Sohnes mit einer Sterblichen leiden. Ich will stracks allem abhelfen, was dabei dem Anstand oder den Gesetzen entgegen sein könnte.«
Jetzt winkte er, und Merkur verschwindet, holt Psyche und führt sie in den Himmel ein.
Der Gott der Götter reicht ihr selbst den Becher der Unsterblichkeit dar. »Nimm, Psyche«, spricht er, »und sei unsterblich! Niemals wird Cupido wieder von dir weichen, denn euch verknüpft von nun an ein ewiges Band!«
Fröhlich wird alsbald das herrlichste Hochzeitsmahl gerüstet. Man lagert sich umher; obenan Psyche, ihrem Neuvermähl-

ten im Schoß. In gleicher Lage Jupiter und seine Juno daneben. Dann die sämtlichen Götter nach der Reihe.
Jupiter reicht sein Mundschenk Ganymed, der schöngelockte ländliche Knabe, den Nektar. Die übrigen bedient Bacchus. Vulkan legt vor.
Die Horen bepurpurnen Tafel, Polster und Fußboden mit frischen Rosen und anderen Blumen. Die Grazien erfüllen die Luft mit Wohlgeruch des Balsams, und die Musen ergötzen die Gäste mit silbernen Stimmen.
Nach dem Mahl singt auch Apoll zu der gewölbten Leier melodischen Saiten; Venus tanzt mit entzückender Anmut, jede ihrer Bewegungen in bezaubernder Harmonie mit der gegebenen Weise; die Musen stimmen alsdann dazu im Chore Lieder an, und wechselweise begleitet sie jetzt die Rohrpfeife eines Satyrs, jetzt die Flöte des jungen Pan.
Also ward Psyche feierlich mit Cupido vermählt. Sie genas bald einer Tochter, die in der Sprache der Sterblichen *Wollust* genannt wird.

Aus dem alten Rom

Die Geschichte von Zunnār ibn Zunnār und der Tochter des Königs von Irak

Im äußersten Irak lebte einmal ein Sultan, und der hatte nur ein einziges Kind, eine Tochter, die er über alle Maßen liebte. Und sooft er ein- oder ausging, freute sich sein Herz nicht, wenn er sie nicht sah. Und der Sultan unternahm sehr oft Kriegszüge und ging auf die Jagd. Und er hatte einige Städte, in denen er gern weilte.

In einem gewissen Jahr erreichten ihn Briefe von einigen seiner Statthalter. Und die beklagten sich über Schädigungen der Feinde. Als nun der König diese Briefe gelesen hatte, rüstete er sich zum Kriegszug. Der Herold verkündete es im Heere, und es verging nur eine kurze Zeit und die Truppen sammelten sich alle draußen vor der Stadt, bis zwanzigtausend Reiter zusammen waren, außer den Gefolgsleuten. Dann zog er mit gewöhnlichen Zelten und Prunkzelten hinaus. Und er hielt eine Staatsversammlung und beriet über den Aufmarsch. So verbrachten sie die Nacht.

Und der König trat zu seiner Tochter und sprach zu ihr: »Liebe Tochter, wenn wir über unsere Feinde siegen, erbitte dir von mir etwas, was ich dir mitbringen soll!« Da sagte sie zu ihm: »Lieber Vater, ich wünsche dir Gesundheit.« Doch er sprach zu ihr: »Du mußt dir irgend etwas von mir wünschen.« Sie erwiderte ihm: »Ich muß es mir überlegen.« Dann ging er fort.

Und siehe, ein altes Weib, eine Hofmeisterin, trat zu ihr ein. Sie fand die Königstochter sitzend, wie sie nachdachte und mit einem Holzstäbchen auf dem Boden zeichnete. Da sagte die Alte zu ihr: »Ich wünsche dir, liebe Tochter, einen guten Ausgang für das, worüber du nachdenkst und was du zeichnest.« »Liebe alte Tante«, versetzte ihr das Mädchen, »mein Vater hat mich gebeten, daß ich mir von ihm etwas wünsche, und sagte zu mir: ›Es muß sein!‹ Doch ich wußte nichts, was ich von ihm wünschen sollte.« Da brach die Alte in Gelächter aus und sprach: »Das ist leicht, liebe Tochter! Wenn dein Vater wieder zu dir kommt, sage zu ihm: ›Ich verlange Zunnār ibn Zunnār‹.« Da freute sich das Mädchen.

Als nun ihr Vater sie wieder besuchte, sagte sie zu ihm: »Lieber Vater, ich möchte Zunnār ibn Zunnār.« Er sprach zu ihr: »Es wird sehr gerne geschehen!« Und er nahm von ihr Abschied und nahm Abschied von den Leuten seines Haushalts, die ihm teuer waren, und ritt hinaus zu seinen Truppen, die draußen außerhalb der Stadt standen, indem er nachdachte und wiederholt zu sich sprach: ›Sieh an, was meine Tochter haben möchte. Zunnār ibn Zunnār? Damit muß etwas Außerordentliches gemeint sein.‹ Aber die verfluchte Alte sprach zum Mädchen diese Worte nur, weil sie es vernichten wollte. Das hatte die Alte vor.

Hierauf befahl der Sultan den Truppen aufzubrechen. Sie traten den Marsch an und ritten ihres Weges, während er in der Vorhut war. Und sie ritten fünfundzwanzig Tage lang in einem fort, bis sie zu der Stadt kamen, aus der die Briefe gekommen waren. Da fand er sie von den Feinden belagert. Der Sultan kämpfte mit ihnen und schlug sie von der Stadt. Und er siegte über sie und bemächtigte sich ihres Anführers, ließ ihm den Kopf abschlagen und auf dem Tore der Stadt aufstecken. Und viele erschlug er, viele nahm er gefangen, und die Übriggebliebenen ergriffen im wilden Lauf die Flucht.

Als sich nun nach dem Siege über die Feinde seine Umstände geklärt hatten, siedelte er in eine andere Stadt, Vergnügung suchend, über, dann zog er von einer Stadt zur anderen, bis er am Ende zu einer Stadt gelangte, der unter allen Städten keine ähnlich war. Er betrat sie, ein kleines Gefolge mit sich führend. Hierauf fing er an, ihre Straßen, und Märkte anzusehen. Und siehe, er erinnerte sich des Gebotes seiner Tochter und sprach bei sich: ›Frage irgendeinen von den Spezereihändlern, vielleicht wird es dir jemand zeigen, kauf es dann, wenn du dich daran erinnert hast!‹ Da trat er zu einem Manne, der wohlhabend aussah, und sagte zu ihm: »Gibt es bei dir Zunnār ibn Zunnār?« Kaum hatte der Mann diese Worte gehört, so stand er mit einem Seufzer eilig auf, sperrte seinen Laden zu und ging wie einer, der flieht, zu seiner Wohnung. Als der Sultan dies sah, wunderte er sich und sprach: ›Was geschah denn mit diesem Manne?‹ Dann kam er zu einem anderen, fragte ihn und sprach zu ihm: »Gibt es bei dir Zunnār ibn Zunnār?« Und siehe, der stand ebenfalls auf, sperrte seinen Laden zu und floh, während der Sultan sich wunderte. Und jeder, den er fragte, sperrte seinen Laden zu, bis es auf dem Markte keinen offenen Laden mehr gab. Da sprach der Sultan bei sich: ›Was geht denn da vor? Sooft ich jemanden nach Zunnār ibn Zunnār frage, steht er auf, sperrt seinen Laden zu und flieht. Bei Gott, dies muß einen merkwürdigen Grund haben!‹ Dann zog er einen Greis ins Vertrauen, redete ihn freundlich an und fragte ihn danach. Da sagte der Greis: »Wieso kommt es, daß du nach diesem Namen fragst?« »Ich habe eine Tochter«, erwiderte ihm der Sultan, »die gab mir, bevor ich zum Kriegszug aufgebrochen bin, den Auftrag dies zu bringen. Ich will es ihr also verschaffen.« Da sagte der Greis: »Mein Herr, dieser Name, Zunnār ibn Zunnār, gehört einem König der Könige, der weit und breit herrscht. Und er lebt in seinem Palaste abgetrennt und allein. Wenn du mit ihm zusammenkommen willst, dann wisse, daß er nur einmal in jedem Monat ausgeht. Und bis zu der Zeit, in der er seine Gemächer verläßt, sind es noch drei Tage.«

Als nun der Sultan von dem Greis diese Worte hörte, sagte er bei sich: ›Bei Gott, meine Tochter ist verliebt, ohne daß ich davon gewußt habe. Doch sie soll mit dem König Zunnār zusammenkommen.‹

Er wartete dann bis zum Tage, der dadurch berühmt war, daß an ihm der unter dem Namen Zunnār ibn Zunnār bekannte König seine Gemächer verließ, begab sich zu ihm und trat bei ihm ein. Als ihn der König erblickte, stand er ihm zu Ehren auf, ging ihm entgegen, hieß ihn willkommen und wünschte ihm Gesundheit – und es war nicht seine Gewohnheit, jemandem zu Ehren aufzustehen; deshalb waren seine Höflinge darüber verwundert. Dann forderte er ihn auf, sich niederzusetzen und sagte zu ihm: »Gewiß hast du einen Wunsch?« Er sprach: »Mein Wunsch bist du selbst.« Er fragte ihn: »Wieso?« »Ich habe eine Tochter«, entgegnete er ihm, »und sie ist mein einziges Kind. Ich machte mich auf den Kriegszug, da sagte ich zu ihr: ›Wünsche dir etwas, damit ich dirs bringe!‹ Sie sagte darauf: ›Ich wünsche dir Gesundheit.‹ Ich kehrte zum zweiten Male zu ihr zurück, da sagte sie zu mir: ›Ich verlange Zunnār ibn Zunnār.‹« Zunnār antwortete ihm: »Das ist leicht.« Und er nahm ein Blatt Papier und das Schreibgerät und schrieb der Tochter des Sultans und sagte ihr in dem Briefe: »Ließest du dir ins Herz mit glühendem Nagel einbrennen ein Zeichen, Zunnār ibn Zunnār wirst du nimmer erreichen.« Und er faltete den Brief, versiegelte ihn, gab ihn dem Sultan und sprach zu ihm: »Gib diesen Brief deiner Tochter!« Er nahm nun den Brief und verließ ihn beschämt. Er wunderte sich und sagte: ›Meine Tochter ist jung, unwissend, hat weder Verstand noch Einsicht, um Zunnār ibn Zunnār zu kennen. Aber ich muß sie danach befragen.‹

Und er ritt ohne Unterlaß seines Weges, bis er zu seinem Heere gelangte und verkünden ließ, daß man aufbrechen solle. Sie brachen dann auf und wendeten sich ihrem Lande zu. Und sie zogen ihres Weges weiter, bis sie in ihre Stadt kamen und auseinandergingen, nachdem die Einwohner der Stadt ihnen entgegengekommen waren und sie begrüßt hatten.

Und der Sultan trat bei seiner Tochter ein. Da erhob sie sich, begrüßte ihn und küßte ihm die Hände. Er reichte ihr dann den Brief und ging.

Hierauf öffnete sie den Brief, las ihn und begriff seine Andeutungen und seinen Inhalt. Und unter anderem, was in dem Briefe stand, schrieb er ihr: »Nimm einen glühenden Nagel und brenne dir ins Herz ein Zeichen, nie im Leben wirst du den Anblick Zunnār ibn Zunnārs erreichen!« Als sie nun diese Worte las, sprach sie bei sich: ›Wenn ich ihm nicht zeige, wie grob er handelt, wäre ich nicht ich selbst.‹

Und sofort stand sie auf, rief ihre Sklavin herbei und sagte ihr: »Sklavin, halte meine Sache geheim, wahre mein Geheimnis und jedem, der von meinem Vater und meiner Mutter, oder von einem anderen kommt, sage: ›Sittalhusn [die Herrin der Schönheit, schöne Frau] schläft.‹ Und erlaube niemandem, in mein Zimmer einzutreten! Und du wirst dich in acht nehmen vor jedem, der nach mir fragen sollte.« Da sagte die Sklavin: »Ich höre und gehorche.«

Dann stand Sittalhusn auf, nahm etwas Geld, legte das Kleid der Mamluken an und verließ ihre Wohnung. Und es verhüllte sie der Verhüller.

Sie ging nun in einem fort, Tag und Nacht, von Ortschaft zu Ortschaft, zog von einer Stadt in die andere und fragte, bis man ihr den Weg zur Stadt des Zunnār ibn Zunnār zeigte. Dann fragte sie nach seiner Familie, da sagte man ihr, daß er drei Schwestern habe, drei Jungfrauen, und daß er jedes Jahr eine von ihnen besuche. Und jede von seinen Schwestern, zu der er kommt, kauft ihm eine weiße Sklavin und führt sie ihm vor, wobei die Sklavin in der Hand einen Krug hält. Wenn er den Krug von der Sklavin nimmt und aus ihm trinkt, erkennt man, daß er sie angenommen hat, wenn er jedoch den Krug von der Sklavin nicht nimmt, erkennt man, daß sie ihm nicht gefällt. Dies alles erfuhr Sittalhusn und kam zu einer seiner Schwestern – es war eben das Jahr seines Besuches bei ihr – und trat bei ihr ein. Da erhob sich die Schwester Zunnārs ihr zu Ehren und fand, daß es keine gäbe, die ihr an Schönheit und Anmut ähnlich sei. Sie sagte zu ihr: »Meine Herrin, wer bist du?« »Ich bitte um Gastfreundschaft«, erwiderte Sittalhusn ihr, »bis zur Zeit, in der dein Bruder Zunnār kommt, vielleicht werde ich ihm gefallen. Und du wirst behaupten, daß du mich für dein Geld für ihn gekauft hast.«

Als nun eines Tages Zunnār zu seiner Schwester kam, setzte er sich bei ihr nieder, und sie stellte ihm Sittalhusn vor, die in der Hand einen Krug hatte. Sobald er sie nun erblickte, empfand er Zuneigung zu ihr, nahm den Krug von ihr und trank, bis er seinen Durst gestillt hatte. Dann sagte er seiner Schwester: »Liebe Schwester, wer ist diese Sklavin?« Sie erwiderte ihm: »Ich kaufte sie für dich.« Da freute er sich darüber.

Als dann die Nacht kam, wollte er mit ihr schlafen, sie sagte jedoch zu ihm: »Ich bin in Blut. Aber morgen früh werde ich die Waschung verrichten.« Da legte er sich nieder und sie in seiner Nähe. Nachdem er dann in Schlaf versunken war, erhob sie sich sofort, schrieb ihm einen Zettel und sagte darin: »O Zunnār ibn Zunnār, es ist kein Scherz, bohr einen glühenden Nagel in dein Herz, dann fühlst du in dir das Brennen und lernst die Trennungsschmerzen kennen, denn ein Leben lang wirst du bei mir nicht erreichen, wonach du dich sehnst zu deinen Lebzeiten.« Und sie faltete den Zettel, legte ihn unter sein Haupt, nahm den Leuchter mit der Wachskerze, stellte ihn oberhalb seines Hauptes hin, nahm seinen Turban, legte ihn unter seine Füße, erhob sich sofort zur selben Stunde, als die Augen nicht acht gaben, und verließ die Stadt. Und es verhüllte sie der Verhüller.

Sie wanderte dann, als Mamluk verkleidet, einige Tage lang, bis sie in die Stadt ihres Vaters kam und heimlich ihr Zimmer betrat. Da fand sie die Sklavin so, wie sie ihr es befohlen hatte. Und sie setzte sich im Zimmer auf ihr Lager nieder. Da verbreitete sich das Gerücht, Gott, der Erhabene, habe die Sultanstochter geheilt. Die Frauen und die Mädchen kamen zu ihr, begrüßten sie und beglückwünschten sie zu ihrer Genesung. So war es ihr ergangen.

Was Zunnār betrifft, der streckte, als er am frühen Morgen aus dem Schlafe aufwachte, die Hand aus, um seinen Turban zu nehmen, da fand er ihn unterhalb seiner Füße, und den Leuchter mit der Wachskerze fand er an Stelle des Turbans. Dann drehte er sich zufällig um und sah den Zettel. Er nahm ihn, öffnete ihn, las und begriff seine Andeutungen und seinen Sinn. Und er fand darin geschrieben: »O Zunnār ibn Zunnār, es ist kein Scherz, mach glühend einen Nagel und bohr ihn in dein Herz, lebenslang wirst du bei mir nicht erreichen, wonach du dich sehnst zu deinen Lebzeiten.« Als er nun diese Worte las, forschte und fragte er nach der Sklavin, doch er fand sie nicht. Da erkannte er, daß es die Sultanstochter war, der er durch ihren Vater den Zettel gesandt hatte. Und schuld daran war jene Alte.

Da biß er sich in die Finger, daß er das Mädchen nicht genossen hatte, und die Liebe zu ihr bemächtigte sich seines Herzens. Er hatte keine Geduld mehr, bis er sich zur Reise ausgerüstet hatte und zur Stadt jenes Sultans gegangen war, um dessen Tochter zu heiraten. Die hatte durch ihre Schönheit und Anmut Besitz von ihm ergriffen.

Er ritt dann in einem fort, bis er zu jener Stadt kam, traf mit dem König zusammen, erzählte ihm seine Geschichte und entschuldigte sich bei ihm. Der verzieh ihm und erwies ihm große Ehren, er ließ ferner den Heiratsvertrag aufsetzen und führte ihn zu seiner Tochter. Und Zunnār ibn Zunnār war ihr ähnlich an Schönheit und Anmut.

Als sie nun zusammenkamen, brachte er sie um ihre Jungfräulichkeit, schalt sie und sagte wiederholt zu ihr: »Du, bei Gott, hast mich besiegt und wegen meiner großen Liebe zu dir meinen Geist geraubt.«

Darauf lebte er mit ihr glücklich.

Aus dem Irak

Nizami

Die Geschichte von den Heimsuchungen der Liebenden

Einst lebte ein Jüngling, der war gelehrt wie der junge Jesus und schön wie Joseph in Ägypten, und er besaß vor der Stadt einen Garten von solcher Pracht, daß man hätte glauben können, das Paradies sei dort auf die Erde gefallen.

Kein Fürst besaß jemals ein derartiges Juwel! Da gab es Rosenhecken und Spaliere von Fruchtbäumen aller Sorten, Samtwiesen, von Bächen durchflossen, und stille Teiche, in denen junge Zypressen wie aus Smaragd und mit Turteltauben auf ihren Ästen sich spiegelten. Nirgends sonstwo traf man so viele Vögel, nirgends sangen sie lieblicher, und jedermann mußte sie um ihre Flügel beneiden; denn – ach! – auf allen vier Seiten war dieser Himmelspark von einer hohen Mauer umschlossen, die den bösen Blick und die Diebe am Eindringen hindern sollte.

Kann es da wundernehmen, daß dieser Garten die größte Freude und den ganzen Stolz seines Besitzers bildete? Sooft es ihm seine Geschäfte erlaubten, kam er aus der Stadt zur Erholung dorthin – beschnitt die Bäume, pflanzte Jasmin, Narzissen und Veilchen und unternahm einen Rundgang, der sein Herz immer neu mit Entzücken erfüllte.

Als nun wieder einmal um die Mittagszeit der junge Herr seine Blumen besuchen wollte, hörte er schon von weitem Gesang und Lautenspiel. Überrascht lauschte er. Wie? Irrte er sich? Drangen nicht diese süßen Töne, mit denen man wohl Früchte von ihren Ästen hätte herablocken können, geradewegs aus seinem Garten?

Er beschleunigte seine Schritte, und richtig: Bei der Mauer angelangt, vernahm er die Musik, die herzbetörende, von ganz nah – ja, da drinnen war ein Singen und Lachen, ein Tappen und Stapfen, als hätten die Bäume selbst zu tanzen begonnen! Was und wer nur konnte das sein? Rasch eilte unser Jüngling zum Tor; doch er fand es verschlossen, und sein Gärtner, der ihm sonst immer öffnete, schien eingeschlafen zu sein, denn wie sehr er auch pochte und rüttelte und rief – es kam niemand.

Was nun? Einen Schlüssel hatte der junge Herr nicht bei sich, aber umkehren und ihn erst holen, das konnte und wollte er nicht; denn bereits hatten ihn die Stimmen der unsichtbaren Besucher, Mädchenstimmen, in tausend Fesseln geschlagen. Er mußte Eingang finden in den Garten, koste es, was es wolle! Aber wie? Der Jüngling geriet vor Ungeduld und Ratlosigkeit außer Rand und Band; er stampfte, er schrie und verlor jede Selbstbeherrschung. Vor Aufregung zerriß er seinen eigenen Mantel – es half ihm alles nichts.

Nachdem er den singenden und klingenden Park schon mehrmals vergeblich umkreist hatte – wie eine liebeskranke Motte ein Licht hinter Glas kam ihm plötzlich eine etwas undichte Stelle in der Mauer in den Sinn, die nur er allein kannte. Warum hatte er sich ihrer nicht längst schon erinnert?

Sogleich eilte er dorthin, zerbrach einige Steine und räumte den Schutt weg, so daß schließlich ein Loch entstand – groß genug, um ihn einzulassen.

Ich muß doch schauen, was da los ist! dachte er bei seinem seltsamen Tun zur eigenen Entschuldigung. Schauen, wer da meinen Garten in Aufruhr bringt und ob vielleicht dem Gärtner etwas zugestoßen ist …

Daran glaubte er im Ernst freilich selber nicht, sondern die unbekannten Besitzerinnen jener Stimmen wollte er erkunden, die es seinem Herzen angetan hatten.

Doch genug davon! Nachdem er sein Loch gebohrt hatte, kroch er hindurch in den eigenen Garten wie ein Dieb. Das war nicht gut für ihn. Noch hatte er keine Zeit gefunden, sich wieder aufzurichten, als auch schon von rechts und links zwei Mädchen herbeieilten, ihn mit Stöcken unbarmherzig verprügelten, ihn dann hochzerrten und dem Überraschten, der sich so schnell nicht verteidigen konnte und auch nicht mochte, Hände und Füße banden.

»Elender Dieb!« schalten sie und ohrfeigten ihn überdies noch. »Schade, daß der Herr dieses Gartens nicht hier ist – der würde dich noch anders bestrafen als nur mit dem bißchen Prügel ... und du Lochbohrer hättest das wahrlich verdient; denn wer kommt schon, wo es ein Tor gibt, durch die Mauer gekrochen?«

Als der Jüngling das hörte, mußte er trotz seiner Schmerzen lachen. »Der Herr des Gartens bin ich selbst«, sagte er, »aber die Strafe war dennoch verdient. Auch in den eigenen Garten kommt man nicht wie der Fuchs in den Hühnerstall! Wer das tut, ist selbst schuld daran, wenn es ihm übel ergeht und sein Besitz ihm abhanden kommt; eure Schläge waren also gerecht ...«

Darauf stellten die zwei Wächterinnen ein Verhör mit ihm an, und als sie erkannten, daß er die Wahrheit gesprochen hatte und wirklich selbst der Besitzer des Gartens war, verwandelte ihr Zorn sich in Mitleid und ihr Grimm in Liebe; denn jetzt erst bemerkten sie auch, daß ihr Gefangener schön, jung und beredt war – und welche Frau könnte da noch widerstehen?

Schnell befreiten sie ihn von den Fesseln, küßten ihm statt dessen Hände und Füße und baten ihn für den bösen Empfang viele Male um Verzeihung. Nachdem sie die Bresche in der Mauer sorgfältig mit Steinen und Dorngestrüpp wieder verstopft hatten, sprachen die beiden Schönen zum Jüngling: »Du mußt wissen, daß heute die lieblichsten Mädchen der Stadt – lauter herzraubende Mondgesichtige, lauter rauchlose Kerzen und Gemälde ohne Fehl – in deinem Garten zu Scherz und Vergnügen versammelt sind. Weil nun du der Besitzer bist, den wir nicht einmal um Erlaubnis gefragt, sondern den wir im Gegenteil erst noch schlecht behandelt haben, so laden wir dich ein, unser Gast zu sein – und welches Mädchen dir dann immer gefallen mag und welchem du deine Liebe schenken willst, das werden wir dir zuführen in ein geheimes Versteck!«

Der Jüngling, als er das hörte, freute sich sehr; denn obwohl er ein reines und frommes Herz hatte, so wohnte eben doch auch die Leidenschaft darin, und die war, wie wir ja wissen, schon erwacht in ihm und konnte jetzt der neuen Versuchung nicht widerstehen. Erwartungsvoll folgte er den beiden. Sie führten ihn zu einem von Bäumen umstandenen Pavillon, von dessen Obergeschoß aus man freie Sicht hatte über den weiteren Gartenbezirk.

»Steig hinauf«, geboten ihm seine Begleiterinnen, »und halte dann Auschau!«

Dies tat der junge Herr, und zwar benützte er, um selbst nicht entdeckt zu werden, ein verborgenes Guckloch in der aus Ziegeln erbauten Verandawand.

Und was erblickte er da? Fast hätte er seinen eigenen Park nicht wiedererkannt! Zwar sah er zwischen Wiesenstreifen und einem Zypressenwäldchen den von Lilien, Narzissen und Jasminsträuchern umsäumten Teich – auf seinem Grund auch, wie immer, so klar wie durch Augenwasser, die Marmorfliesen und Goldfische, deren Ruhe kein Feind je gestört hatte; aber was war schon dies Paradies, verglichen mit denen, die es jetzt bewohnten? Was war neben ihren Liedern der Vogelgesang? Und was neben ihren Spiegelbildern im Wasser die Fische? Die Silberschenkligen, Jasminhäutigen, sie ahnten ja nicht, daß jemand sie heimlich beobachtete, als sie nun vom Spielen erhitzt und voll Übermut die leichten Gewänder abstreiften und nackt wie schimmernde Perlen vom Uferbord in den Weiher sprangen … Zu den Goldfischen kamen die Silbernixen; und war das ein Tauchen und Spritzen, ein Lachen und Prusten! Sie hielten sich an den Händen, und sie tanzten im Wasser, umarmten einander und bauten Schiffchen aus Blättern und Früchten.

Dies alles beobachtete von seinem Schlupfwinkel aus der Jüngling. Der Arme! Vor Sehnsucht verging er beinah. Er konnte die Augen von dem Schauspiel nicht abwenden und wußte doch nicht, wie er den Anblick noch länger ertragen sollte. Er glich einem Betrunkenen, den der Durst verbrennt, der aber keine Kraft mehr hat, das Wasser neben sich zu ergreifen – oder wie ein Fallsüchtiger war er, der in der Neumondnacht einen Anfall bekommt. Ja, noch grausamer war sein Schicksal. In den Adern kochte sein Blut, und er keuchte. Er hatte vor Augen Paradieseswonnen und litt doch um ihretwillen Höllenqualen.

Da lagen unter seinen Blicken im Sonnenlicht ausgebreitet die herrlichsten Schätze: Zuckerlippen und Apfelkinne, Orangenbrüstchen und Juwelenhügel, wonach er sich in der Einsamkeit seines Versteckes Hals und Pupillen verrenkte, während der Vogel seiner Leidenschaft umsonst die Flügel spreizte und die aufgereckte Schlange der Lust aus dem engen Kerker vergeblich den Ausgang suchte.

Kann man sich eine schmerzlichere Pein ausdenken als diese?

Inzwischen hatten die Mädchen vom Baden endlich genug bekommen. Sie entstiegen dem Wasser wie vom Tau gewaschene Blumen und hüllten sich wieder in ihre rosenfarbenen und himmelblauen Gewänder. Es war eine unter ihnen, eine Lau-

tenspielerin, die hatte den Sinn unseres Jünglings mehr verwirrt, sein Verlangen straffer gespannt und seinen Verstand schlaffer gemacht als alle andern zusammen. Ihr Lächeln konnte tausend Herzen zugleich verführen und ihr Blick den Liebhaber töten. Schwarze Locken umschatteten ihre Stirn, und noch hatte niemand die Dattellippen über dem Halbmond ihres Kinns jemals gekostet. Die leibhaftige Versuchung war sie, und wer kann es dem Jüngling verargen, daß er solcher Anfechtung nicht lang widerstand und seine Tugend – wäre bloß ein Käufer zur Stelle gewesen – billig verkauft hätte?
Nach einer Stunde erschienen im Pavillon die zwei Wächterinnen, welche dem Panther die Gazellen gezeigt hatten, und fragten ihn: »Nun? Welche von ihnen gefällt dir am besten?«
Darauf nannte er ihnen jene Lautenspielerin, und noch hatte er nicht ausgeredet, als die beiden auch schon aufsprangen, hinauseilten und raubtiergleich einbrachen in die Antilopenschar ihrer Gefährtinnen.
Durch sein Guckloch sah er, wie sie die Schöne mit der Laute zwischen sich nahmen und sie unter allerhand Zärtlichkeiten und Schmeicheleien davonführten. Auf einem weiten Umweg, so daß die andern Mädchen sie nicht beobachten konnten, brachten sie dann die Beute ihrem Schützling in den Pavillon und ließen das Paar dort allein.
Plötzlich also stand vor dem Jüngling das holde Feengesicht! Er konnte ja nicht wissen, daß die Wächterinnen seiner Angebeteten von ihm schon erzählt und die Saiten ihrer Laute zur Liebe gut gestimmt hatten, und er wußte auch nicht, daß jetzt die Schöne, so von Angesicht zu Angesicht, das Silber jener Beschreibung in pures Gold verwandelt fand – und weil er das alles nicht ahnte, machte die Verliebtheit den Jüngling verlegen, und aus lauter Scham und Scheu wurde sein Gesicht finster und klang seine Stimme streng.

»Wer bist du? Wie heißest du?« fragte er.
»Mein Name ist Becht, was ›Glück‹ heißt«, erwiderte sie.
»Woher kommst du und was betreibst du denn?«
Sie lächelte:
»Meine Heimat ist das Licht und mein Beruf Musik.«
»Und was noch?«
»Zärtlichkeit!«
»Und gibst du mir einen Kuß?«
»Viele!«
Als der Jüngling das hörte, fielen Scham und Schüchternheit von ihm ab, und er rief:
»Dafür ist die Stunde uns günstig! So willst du mir denn wirklich gehören?«
»Sogleich!« versprach sie.
»Du willst?«
»Ich will!«
Was gab es da noch weiter zu sagen? Wie die schöne Becht jeweilen in die Saiten ihrer Laute, so griffen nun in ihre Locken die Finger des Jünglings, und er drückte die Liebliche, als sei sie wie sein bebendes Herz ein Teil von ihm selbst, an die Brust. Er naschte den Zucker von ihrem Mund mit Lippen und Zähnen, und durch die Küsse wurde die Glut in seinem Innern zum lodernden Brand. Wer konnte sie löschen, die Flammen? Nur eine Quelle voll Süßigkeit vermochte das noch, nur das versiegelte Wasser des Lebens … So sprang denn der Löwe die Antilope an; das Paar, Jäger und Beute, kam darüber zu Fall und – ach!
Der kleine Bau war alt, sein Gemäuer brüchig; die Wände erzitterten und neigten sich, es wankte das Dach, und auch der Fußboden hielt dem Anprall nicht stand; Risse klafften auf, Ziegel und Balkenwerk splitterten, und während so der ganze Pavillon allmählich in sich zusammenstürzte, sprang der Jüng-

ling hierhin, das Mädchen dorthin, und beide konnten sie noch mit knappster Not nach verschiedenen Seiten ins Freie flüchten und rannten dann davon, verwirrt und beschämt. Während der Herr des Gartens unter Büsche in einen stillen Winkel floh und dort gramerfüllt den tückischen Zufall überdachte, eilte die Schöne zurück zu ihren Freundinnen ans Ufer des Teiches, setzte sich nieder mit gerunzelten Brauen, und auch sie nährte nur schweigend ihren Kummer.
»Was ist geschehen? Was hast du?« fragten sie die Gefährtinnen; darauf ergriff sie ihre Laute, spielte darauf und sang dazu mit einer Stimme, von der ihr Liebhaber, hätte er sie gehört, wahnsinnig geworden wäre, dieses Lied:

»Laßt mich durch meines Liedes Klagen
Gruß allen Liebeskranken sagen!
Wer liebt in dieser Welt, muß leiden;
wer Qualen scheut, soll Liebe meiden.
Von weher Liebe – ach, so viel! –
singt meiner Laute lautes Spiel.
Wen dieser Wein einmal geweckt,
der wird von nichts mehr abgeschreckt,
und wenn ihm auch die Seele bricht:
umkreist er weiter doch sein Licht.
Wen Liebe reut – der liebte nicht;
wer liebt, der flieht das Sterben nicht ...«

Nachdem das die zwei Wächterinnen vernommen hatten, erieten sie, daß irgendein Unglück ihren Schützling betroffen haben mußte, und sofort machten sie sich auf, um den Vermißten zu suchen. Endlich fanden sie ihn auch, ganz bekümmert und mutlos, und auf ihr Drängen berichtete er ihnen vom Mißgeschick, das Becht und ihm zugestoßen war. Voll Mit-

leid trösteten ihn die beiden, machten ihm wieder Hoffnung und sprachen:
»Sei getrost, denn heute abend sollst du dennoch ans Ziel gelangen! Wir werden schon einen Vorwand finden, um die Mädchen am Nachhausegehen zu hindern ... so lange, bis du deine Mondgesichtige nach Herzenslust umarmt haben wirst. Gedulde dich, bis die Dunkelheit ihren Schleier herabläßt; das wird dann für dich die richtige Zeit und Gelegenheit sein!«
Damit enteilte das Paar und ließ den Jüngling mit neuer Zuversicht erfüllt zurück.
Als später die Nacht ihren schwarzen Zobelpelz über die goldgestickte Matratze des Tages breitete, als das Sonnenschwert abglitt am Panzer der Finsternis und dafür die tausend goldenen Nagelköpfchen der Sterne aufleuchteten, da kehrten die Wächterinnen, wie sie es versprochen hatten, ins Versteck ihres Freundes zurück, brachten jene Schöne zu ihm und verließen die beiden.
So war denn die durstige Zypresse ein zweites Mal vereint mit dem Wasserstrom, und mit der Sonne verband sich der Mondesglanz! Ein Stelldichein mit einer solchen Gefährtin zu solcher Stunde an solchem Zufluchtsort – welcher Mann, sag, hätte da noch gezögert? In allen sieben Körperteilen begann das Blut unseres Jünglings zu kochen; er streckte die Arme aus voll Verlangen nach ihr, der Ersehnten, der lang Entbehrten, er wollte ihre Perle durchbohren mit seinem Rubin, er wollte tun, was jeder weiß und wovon sich doch jeder zu reden scheut – da geschah es, das Unheil.
Auf einem Zweig nämlich, hoch über dem Liebespaar, schlief ein Vogel. Den hatte ein riesiger wilder Kater entdeckt, war mit Mühe und Vorsicht von Ast zu Ast immer näher geklettert, und jetzt – im gleichen Augenblick, da der Liebende die

Geliebte packte – sprang auch der wilde Kater voll Ungeduld nach der Beute, verfehlte sie um Haaresbreite und sauste in hohem Bogen durch die Luft, gerade auf den Jüngling und das Mädchen.

Man kann sich das weitere ja denken! Vor Wut und Schrecken fauchte das Katzentier, kratzte und biß, und die beiden meinten nichts anderes, als daß sie ein teuflisches Ungeheuer in ihrem Wonnetraum überfallen habe – fuhren auseinander und stürzten mit bebenden Knien und Herzen von dannen. Unerfüllt war wieder die Liebe, ungebacken das Brot geblieben!

Als nun die Schöne in so bejammernswertem Zustand bei ihren Gefährtinnen wieder auftauchte und diese sie verwundert befragten, zupfte sie von neuem die Saiten ihrer Laute – und begleitete die Melodie mit diesem Lied:

»Der Judasbaum blühte, Zypressen erwachten,
der Frühling kam und die Rosen lachten.
Im Wipfel saß die Nachtigall –
o Freudentag voll Jubelschall!
Neu ließ der Gärtner den Garten erstehn:
es kam ja ein König, ihn anzusehn;
er hob in der Hand den Becher mit Wein,
da fiel auf den Becher vom Himmel ein Stein …
O du, um den meine Seele sich grämt,
ich stehe vor dir, den ich liebe, beschämt …«

Wieder verstanden die Wächterinnen dies Lied zu deuten, und da füllte auch ihre Herzen der Kummer. Wo war bloß der Jüngling? Das war ihre erste Sorge, und sie forschten ihm überall nach. Es dauerte aber, bis sie ihn auffanden, geraume Zeit; denn der Arme war völlig verstört in ein enges Bachbett gekrochen,

und dort saß er zusammengekauert wie ein Dieb zwischen Buchshecken, Zypressen, Weiden und Pappeln.
Den schwesterlichen Freundinnen gelang es, ihn abermals mit dem Schicksal zu versöhnen, und zum drittenmal brachten sie ihn und das Mädchen mit der Laute zusammen, sandten sie zur Rose das Rosenwasser. Und wirklich! Als sich die Liebenden gegenseitig entdeckten, war dies Wiedersehen für ihre Leiden das beste Heilmittel, und rasch vergaßen sie die ausgestandenen Schrecken.
Hand in Hand suchten sie für ihre Zärtlichkeit das geeignete Nest. Und war der Garten denn nicht groß? Gab es in ihm nicht heimliche Plätzchen mehr als genug? Ragte da nicht gerade vor ihnen ein Baum hoch auf und fielen nicht seine Äste ringsum wie dichte Wände bis auf den Boden herab?
In dies Laubhaus schlüpften die zwei, und nachdem sie sich aus Blättern ein Lager aufgehäuft hatten, wie kein König ein weicheres hat, sanken sie einander in die Arme, preßten Brust auf Brust und schmiegten Glied an Glied; steil schlug die Flamme empor und wollte gelöscht sein; schon setzte der Jüngling zum Sturm an auf die Festung, von der doch statt Waffen eine Strickleiter, ihm noch zu helfen, herabhing – schon hatte er darauf die Zinne beinah erklommen … da ereignete sich, was weder der Stürmer noch die Bestürmte voraussahen.
Zwischen zwei Ästen jenes Baumes hatte der Gärtner an einer Schnur eine lange Reihe von Kürbissen befestigt, und eine Feldmaus kam gerade jetzt dort vorbei und biß raubgierig diese Schnur an ihrem einen Ende durch. Und ach – was geschah?
Die Kürbisse, einer am andern, fielen wie Geschosse abwärts – wohin? Auf Holz, auf Erde, auf Fels, auf der Liebenden Glieder und Köpfe! Woher und warum dieser schreckliche Angriff? Es war ein Lärm und Getöse wie von Trommelschlägen

und zugleich einem Steinhagel – und mit einem Schrei, als sei sie von Sinnen, riß die Schöne sich los und floh, wie auch der Jüngling – ohne Schuhe und dafür mit Beulen –, die furchtbare Stätte.
Diesmal brachte Becht vor den Freundinnen lange Zeit kein Wort hervor, so sehr zitterte sie und würgte die Angst ihre Kehle; schließlich aber sang sie zum drittenmal zur Laute ein Lied:

»Ein Lieber kam zu seiner Lieben,
von Sehnsucht nach dem Glück getrieben;
Rotrose bei Zypresse lag,
es reiften die Früchte an diesem Tag!
Nach ihrem Perlschatz griff seine Hand
und nach der Tür ins Wunderland –
da brach über ihn der Sturmwind herein
und verjagte den Falter vom Flammenschein …«

So klagte die schöne Musikantin – und die Wächterinnen wußten genug! Sie eilten, den Jüngling zu suchen. Der hatte sich nicht einmal mehr versteckt, so schwach und verzweifelt hatten ihn seine Mißerfolge und die Scham darüber gemacht. Er lag irgendwo im Gras auf dem Bauch, noch immer bebend und voll Entsetzen über das Abenteuer mit den Kürbissen. Die Aufgabe der Trösterinnen war diesmal schwieriger denn je; aber mit viel Geduld und gutem Zureden befreiten sie am Ende doch den unglücklichen Liebhaber von seinen schwarzen Gedanken und Stimmungen.
»Versuch es noch einmal«, rieten sie ihm, »und sei noch umsichtiger und darauf noch zärtlicher als bisher! Wir müssen euch ein Nest finden, in das kein Übel Eingang findet, und dann wollen wir zwei in der Nähe Wache halten.«

Nachdem sich der Jüngling ein wenig umgesehen hatte, fand er hinter einem Wäldchen in einer Ecke der Parkmauer den geeigneten Zufluchtsort. Ein blühender Jasminstrauch schloß den Winkel wie eine große weiße Fahne nach außen hin ab, und am Fuß der Mauer führte eine Höhle tief in die Erde. Schon hatten auch die Wächterinnen die rosengesichtige Schöne an das verschwiegene Plätzchen gebracht, und als sie der Jüngling erblickte, war dies Balsam für seine Seele, und mit einemmal fiel die Kummerlast von ihm ab. Er zog die Geliebte auf das weiche Bett von Jasminblüten beim Eingang der Höhle. Wieder raubte ihm die Gegenwart des Mädchens alle Geduld und fast die Besinnung, und im Fieber der Liebeslust verbrannte die Scham.

Er öffnete eilig das Brustband der Zarten und dann auch das andere Band um ihr seidenes Beinkleid und drückte den Rosenstrauß an die pochende Brust. Nein – dachte er –, nichts könnte ihm jetzt diese Herrlichkeit nochmals entreißen …

Der Unglückliche! Er wußte ja nicht, was sich in seinem Rükken, im Innern der Höhle, inzwischen abgespielt hatte. Dort nämlich wohnte eine Fuchsfamilie, und ihr Feind, der Wolf, war in dieser Nacht durch einen anderen Zugang in den Bau eingebrochen. Das war für die Füchslein ein schreckliches Unheil. Als sie den Räuber erkannten, packte sie Todesangst, und sie begannen alle miteinander um ihr Leben zu rennen. Es blieb ihnen nur der Ausgang in den Garten des Jünglings übrig, und während dieser nichts ahnend seinen Juwelenschatz in den Armen hielt und soeben – wie sagen wir's nur? –, soeben also seinen Stift in ihr Salbenbüchschen eintauchen wollte, kamen Hals über Kopf die Füchse gerast und hinter ihnen der Wolf.

Wohl sahen die Rotpelze das neue Hindernis, das sich da unerwartet auftürmte vor ihrem Loch; aber weil sie keine andere Wahl mehr hatten und nicht gefressen werden wollten, spran-

gen sie todesmutig dagegen an, und – tapp, tapp, tapp – einer dicht hinter dem andern: kletterten, hüpften und stolperten sie in wilder Jagd über das Liebespaar hinweg ins Freie; ganz zuletzt kam auch noch der Wolf.
Aber da waren die beiden auch schon auseinandergestoben; so wie sie waren: halbnackt, zerkratzt und mit Staub und Erde bedeckt, ergriffen sie die Flucht vor dieser neuesten und schrecklichsten Heimsuchung. Sie hatten ja keine Ahnung von dem, was sich wirklich zugetragen hatte! Ihnen war, als hätte man die Hölle mit all ihren Teufeln auf sie losgelassen, und denen wollten sie – mehr tot als lebendig – entkommen. Während aber der Jüngling erfolglos über die hohe Mauer aus seinem eigenen Garten zu fliehen versuchte, lief das Mädchen auf geradem Weg den beiden Wächterinnen in die Arme.
Sie fingen die Verstörte auf, und da sie jetzt überzeugt davon waren, die schöne Becht sei selbst irgendwie an allen diesen Zwischenfällen und an all dem Ungemach schuld, hielten sie ihre Gefangene von rechts und links wie eine Perle zwischen zwei Krokodilrachen fest und schrien sie an:
»Sag – was eigentlich soll das? Hast du den Satan im Leib? Oder warum sonst quälst du so unmenschlich diesen Jüngling und hassest ihn, der dich liebt? Schämst du dich denn gar nicht, mit ihm, unserm Gastgeber und Gast zugleich, so grausam zu spielen?«
Vergeblich beteuerte und beschwor die Arme ihre Unschuld – die zwei Wächterinnen glaubten ihr nicht, schalten immer weiter und begannen sie zu verprügeln.
Gerade rechtzeitig erschien da der Jüngling. Er war unterdessen zur Besinnung gelangt; sein Verstand war zurückgekehrt, und er hatte erkannt, daß die Quelle all der Verirrungen und Verwirrungen in ihm selbst liegen müßte. Nun suchte er die Geliebte und kam also eben dazu, wie die Vorwürfe, die Schlä-

ge und Püffe auf die Schuldlose niederprasselten. Sofort trat er dazwischen.

»Hört auf, peinigt nicht noch die Gepeinigte!« rief er voll Scham. »Sie ist rein durch und durch, und der einzig Schuldige hier bin ich selbst. Ich, ihr unwürdiger Sklave! Denn wißt: Alle diese Zwischenfälle waren in Wirklichkeit Zeichen des Himmels, für die ich dankbar sein muß; denn sie hielten mich davon ab, Schlechtes zu tun. Wen der Dämon seinem Wunsch nicht unterwerfen kann, der wird im Innern gut; wen aber sein Herz zu bösen Taten verführt, der wird vergiftet davon … Seht dieses Mädchen! Wer muß ein solches Feengesicht nicht lieben? Aber diese Liebe muß rein sein und schuldlos wie die Geliebte; denn ist sie das nicht, so wird sie zum Fluch, und dann verdorrt von ihrem Bösen Blick auch der schönste Fruchtbaum, so daß keiner von ihm mehr essen mag. In uns selbst lauern die Raubtiere und sind die Fallen verborgen – nicht außerhalb! Es ist nicht mein Verdienst, daß ich ihnen diesmal entging, und ich will jetzt auch nicht weiter davon reden. Genug: Ich bereute und ich gelobte vor Gott, meine Schuld wiedergutzumachen, wenn er mir die nötige Zeit hiefür gewährt und wenn mich diese Schöne, deren Gefangener mein Herz ist, annehmen will als ihren rechtmäßigen Gatten …«

Nachdem das die Wächterinnen gehört hatten, ehrten sie in seinen Worten das Walten des Allmächtigen – sie verbeugten sich vor ihm und sprachen:

»Preis sei einem so reinen Glauben, der dich zum Guten führt und vor dem Bösen bewahrt! So manches Ereignis scheint uns Menschen eine Qual zu sein, während es in Wahrheit doch zu unserm Besten geschieht; in so manchem Schmerz erkennen wir erst später den Segen!«

Als dann am Horizont die Sonne emporgestiegen war und in ihrem leuchtenden Spinnennetz das Böse und Dunkle gefangen lag – da eilte der Herr unseres Gartens, von seiner Liebe beflügelt, zurück in die Stadt. Dort bereitete er alles zur Hochzeit vor, und nachdem mit den Freunden und mit tausend Freuden das Fest gefeiert worden war, blieben endlich die Liebenden allein mit der Nacht.

Sie umarmten einander, und siehe da: Das Haus stürzte nicht zusammen, kein Kater ging auf Vogeljagd, nirgends fielen Kürbisse von einer Schnur, und die Wölfe ließen die Füchse in Frieden! Liebe war die Welt, von den Vögeln des Himmels bis hinunter zu den Fischen im Wasser – und eine Liebe fand in jener Stunde auch der Jüngling, die war licht wie der Sonnenquell, rein wie Jasmin und weiß wie Silber.

Aus Weiße besteht des Tages Leuchten, und weiß ist auch der welterhellende Mond. Erzwungen ist jede andere Farbe und Weiß allein ganz unvermischt. Darum tragen wir Zarathustrier beim Beten auch weiße Gewänder.

Aus Persien

Das Märchen von der jungen Gräfin

Man singt und sagt: Es war einmal ein Graf, reich wie das Meer und glücklich, denn er hatte ein Schwesterlein, das war so schön, daß es gar nicht zu sagen ist, und sie war jung an Jahren. Er liebte sie so sehr und wünschte, daß kein Mensch sie sähe und niemand sie kenne, darum hielt er sie fest im Palast eingeschlossen. Dort plagte sie die Langeweile; beobachtet und eingesperrt wie ein Hund, vermochte sie es nicht mehr auszuhalten. An den Palast des Grafen stieß aber das Schloß des Königs, und als es Nacht war, bohrte die junge Gräfin heimlich ein Loch unter einem Bild in die Mauer. Und siehe da, der Gang endete im Gemach des Königssohnes unter einem anderen Bild, so daß niemand weder von der einen noch von der anderen Seite etwas merken konnte.

Eines Nachts nun schiebt die junge Gräfin das Bild ein wenig zur Seite und sieht neben dem Königssohn, der auf seinem Lager ausgestreckt war, einen angezündeten zierlichen Kronleuchter. Da fragt sie leise:

»Goldner Leuchter, ach sag' mir doch,
Schläft der Prinz oder wacht er noch?«

Und der Leuchter antwortet:

»Schönes Mädchen, tritt sicher ein,
Er schläft, magst ohne Fürchten sein.«

Da trat sie ein und legte sich leise zur Seite des Königssohnes nieder. Wie der erwachte, umarmte er sie und küßte sie und sprach:

»Schönes Mädchen, wer bist du, wer?
Und aus welchem Lande kommst du her?«

Da lachte sie mit ihrem silbernen Stimmchen und antwortete:

»Lieber Prinz, ach schweigt doch stille,
Und genießt der Freuden Fülle!«

Als er aufs neue erwachte und seine schöne Göttin nicht mehr fand, kleidete er sich eilends an, rief alle seine Räte zusammen und erzählte ihnen die Geschichte und fragte:

»Jetzt sagt mir, was muß ich tun, um sie zu halten?«

»Heilige Krone«, antworteten die Räte, »wenn Ihr sie umarmt, dann bindet ihre Haare an Eurem Arm fest. Will sie dann fort, so muß sie Euch ja wohl aufwecken.«

Die Nacht kommt und mit ihr die junge Gräfin. Wieder fragt sie:

»Goldner Leuchter, ach sag' mir doch,
Schläft der Prinz oder wacht er noch?«

Und der Kronleuchter antwortet:

»Schönes Mädchen, tritt sicher ein,
Er schläft, magst ohne Fürchten sein.«

Da schlüpft sie ins Gemach des Prinzen hinein und legt sich wiederum leise neben dem Schlafenden nieder. Wie er erwacht, fragt er sie:

»Schönes Mädchen, wer bist du, wer?
Und aus welchem Lande kommst du her?«

Da lacht sie heimlich und spricht:

»Lieber Prinz, ach schweigt doch stille,
Und genießt der Freuden Fülle!«

So schliefen sie ein. Vorher aber hatte der Königssohn die schönen Haare der jungen Gräfin um seinen Arm gewickelt. Da nimmt die Gräfin eine Schere, schneidet das Goldhaar durch und entflieht. Als der Königssohn erwacht, findet er sich wieder allein und ruft seine Räte: »Hört! Meine Göttin hat mir die Haare zurückgelassen, sie selbst ist aber verschwunden. Was soll ich tun?«

Die Räte sprachen: »Heilige Krone, bindet ein Ende der Goldkette, die sie am Halse trägt, um Euren Hals, so kann sie Euch nicht mehr entfliehen.«

In der nächsten Nacht stellte die junge Gräfin dem Kronleuchter wieder die gleiche Frage und erhielt die gleiche Antwort. Und als sie der Königssohn in seinen Armen hielt, wollte er wiederum wissen, wer sie sei, und wiederum bekam er die gleiche Antwort:

»Lieber Prinz, ach schweigt doch stille,
Und genießt der Freuden Fülle!«

Da wand sich der Königssohn ihre Kette um den Hals und schlief ein. Sie aber schneidet die Kette mittendurch und entflieht aufs neue. Ganz verzweifelt ruft er am anderen Morgen die Räte zusammen und erzählt ihnen, wie auch dieses Mittel fehlgeschlagen sei. Da sprach der Weiseste unter ihnen: »Heilige Krone, stellt ein Becken mit Safranwasser unter das Bett, so wird sie mit der Schleppe ihres Kleides hineintauchen und muß, wenn sie fortgeht, eine Spur am Boden zurücklassen. Der folgt ihr dann!«

Der Königssohn bereitete das Becken mit Safranwasser und legte sich nieder. Um Mitternacht lauschte die junge Gräfin herein und rief leise:

»Goldner Leuchter, ach sag' mir doch,
Schläft der Prinz oder wacht er noch?«

Und als sie der Leuchter beruhigt hatte, schlüpft sie wieder ins Gemach des Prinzen und legt sich leise neben ihm nieder. Er erwacht, fragt sie wieder nach ihrem Kommen, und sie antwortet wie immer.

Als der Königssohn entschlummert war, erhebt sie sich leise und will entfliehen. Da taucht ihre Schleppe in das Becken mit Safranwasser. Sie merkt es aber sogleich, windet die Schleppe säuberlich aus und entflieht, ohne eine Spur zu hinterlassen.

Und nach dieser Nacht kam die junge Gräfin nicht wieder. Vergebens erwartete der Prinz sie Nacht für Nacht, sie war verschwunden. Viele Monde gingen hin, da erwacht er eines Morgens und findet neben sich ein rosiges Kindlein liegen. Eilends kleidet er sich an und ruft seine Räte zusammen. Diese kommen sogleich, er zeigt ihnen das Kind und sagt: »Das ist mein Kind! Woran erkenne ich jetzt aber die Mutter?«

Der Rat antwortete: »Heilige Krone, laßt verkünden, das Kindlein sei gestorben. Laßt es dann in der Mitte des Domes aufbahren und verordnet, alle Frauen der Stadt sollen kommen, es zu beweinen. Dann seht wohl. Diejenige, welche am meisten weint, ist seine Mutter.«

So geschah es. Alle Frauen der Stadt kamen, sagten und klagten etwas und gingen wieder, wie sie gekommen waren. Endlich kommt auch die junge Gräfin, und als sie das Kind sieht, fängt sie heftig zu weinen an, zerrauft sich das Haar und ruft in einem fort:

»Mein Kind, o, mein Kind!
Weil, ach, gar zu schön ich war,
Schnitt ich durch mein goldnes Haar.
Weil ich meint', die Schönst' zu sein,
Riß mein Kettchen ich entzwei.
Weil zu schön ich mich gedeucht,
Ward mein Saum von Safran feucht.«

Als der Königssohn und die Räte dies hörten, fingen sie an zu rufen: »Dies ist die Mutter! Diese und keine andere!« Da tritt der Bruder der jungen Gräfin mit gezücktem Schwert hervor und will die Schwester töten, aber der Königssohn springt dazwischen und ruft:

»Wo ist hier Schmach? Zurück den Stahl!
Schwester des Grafen und Königs Gemahl!«

Und so wurde die junge Gräfin die Frau des Prinzen.
So lebten jene zufrieden im Glück, wir aber bleiben leer zurück.

Aus Italien

Der Wahrsager

Es waren einmal eine Frau und ein Mann. Die hatten es recht gut. Sie besaßen auch eine Tochter, aber die hatte vor Männern Angst. Wenn ein Mann in ihr Haus kam und sie ihn sah, lief sie in den Wald und blieb dort solange, wie er bei ihren Eltern war.

Darüber ärgerten sich ihre Eltern sehr; denn sie waren alt und wollten sie gern verheiratet haben.

Nun kam da eines Tages ein Krämer in ihr Haus, und er redete mit ihnen und fragte, ob sie nicht etwas Schönes haben wollten.

Ja, sie hätten wohl eine Tochter, meinten sie, und würden ihr ganz gern etwas Schönes kaufen, aber sie hätten eigentlich gar keine Freude daran; denn sie hätte Angst vor Männern, und während er nun hier sei, wäre sie wieder in den Wald gelaufen.

Da sagte er: »Wenn ich euch beerben kann und das Mädchen bekomme, werde ich es schon so hinkriegen, daß es keine Angst mehr vor Männern hat.«

Ja, das könne sehr gut sein, meinten sie, und es wäre ihnen schon lieb, wenn er einen Rat wüßte.

»Könnt ihr mir ein Fäßchen guten Biers in den Wald legen«, sagte er, »und einen Tisch dort hinaussetzen, mit gutem Essen und Wein dazu, und ihr müßt mir dort auch ein Bett aufstellen.«

Ja, das taten sie alles; denn sie hatten ja genug.

Nun ging er selbst in den Wald, und als er sie sieht, duckt sie sich schnell und will sich nicht sehen lassen. Er tut dasselbe und stellt sich so an, als wenn er auch Angst hätte. Da dachte sie so bei sich: ›Hat der auch Angst, dann wird er mir wohl nichts Böses tun.‹

Langsam näherte sie sich ihm also. Und schließlich sind sie so dicht beieinander, daß sie zu sprechen beginnen.
Da fragt er sie: »Was suchst du hier in diesem Wald?«
»Ja, ich habe Angst vor Männern.«
Da sagte er, daß er auch Angst vor Frauen habe und hier draußen herumwandere, weil er nicht wage, nach Hause zu gehen.
Da beginnt sie zu klagen, daß sie Hunger habe; denn nun sei sie schon viele Tage hier im Wald herumgewandert. Ja, er klagte auch, daß er Hunger habe, weil er dort so lange herumspaziert sei.
Da klettert er auf einen großen Baum, um nach einem Dorf Ausschau zu halten, wo es vielleicht etwas zu essen gäbe. Als er vom Baum herunterspringt, reißt ihm die Hose im Schritt entzwei, und sie bekommt zu sehen, was da hängt.
Da fragt sie ihn, was das sei.
»Ja, das ist ein Wahrsager«, erklärt er.
»Was kann der wahrsagen?«
»Ja, der kann vieles voraussagen«, erwidert er.
»Dann wollen wir doch mal hören, was er wahrsagen kann.«
»Der kann wahrsagen, daß hier draußen ein guter Tisch steht, auf dem herrliches Essen ist.«
»Das wäre ja wunderbar«, sagt sie.
Sie fangen nun an zu suchen und finden auch den Tisch und essen alles, was sie nur können.
Nun sitzt sie da und sagt: »Dieser Wahrsager, den du da hast, kann der auch sagen, wo gutes Bier ist. Ich habe nämlich so einen Durst!«
Ja, das kann er sicher, und sie finden nun auch das Bier und den Wein.
Nun sagt sie schließlich: »Ach, ich bin ja so schläfrig und müde und möchte gern in einem Bett liegen.«

»Da werde ich mal gleich sehen, ob er uns nicht sagen kann, wo ein gutes Bett steht.«
Das konnte gar nicht besser sein; denn sie hatte Ruhe und Schlaf bitter nötig. Sie finden also das Bett und legen sich beide hinein; denn er war ja auch hundemüde.
Als es nun langsam Tag wird, kommt ein Kuckuck, setzt sich auf den Baum, unter dem sie liegen und ruft kuckuck, kukkuck, kuckuck.
»Was ist das?« fragt sie.
»Das ist der Kuckuck.«
»Was will er?«
»Ja, er will mir meinen Wahrsager wegnehmen«, erwidert er.
»Das kommt gar nicht in Frage«, sagt sie, »kann man ihn denn nirgends verstecken? Wir können ihn doch nicht missen!«
»Doch, das könnte man schon«, sagt er, »wenn du mich ein bißchen suchen läßt, finde ich bestimmt eine sichere Stelle.«
»Das darfst du gern«, erwidert sie.
Nun können wir uns wohl ganz gut denken, wo er ihn versteckte. Und das gefiel ihr sehr gut. Nun mußte er ihn dann noch so oft verstecken, daß er danach kaum noch wahrsagen konnte. Zu guter Letzt aber waren sie beide mit ihrem Wahrsager sehr zufrieden. Und dann machten sie sich auf den Heimweg.
Und nun herrschte große Freude bei den Eltern, weil er mit ihrer Tochter zurückkam.
So wurde sie mit dem Krämer verheiratet und bekam sowohl seine Tasche als auch seinen Kram. Und jetzt konnte sie Staat machen und hatte keine Angst mehr vor Männern.

Aus Dänemark

Der lahme Büffel

Es war einmal ein Mann, der hatte eine Tochter und einen Sohn. Als seine Frau starb, heiratete er ein zweites Mal. Die Stiefmutter aber haßte die Kinder derart, daß ihr schon ihr Anblick zuwider war. Die Kinder taten zwar alles, was die Stiefmutter ihnen auftrug, aber ihr Herz konnten sie dennoch nicht gewinnen. Die Stiefmutter schickte sie immer die gefährlichsten Wege.

Wenn sie die Schweine hinaustrieb, trieb sie diese weit fort, auf die andere Seite des Flusses. Oder sie trieb die Rinder in den Wald und in die Berge. Abends schickte sie die Kinder aus, um sie im Waldesdickicht zu suchen. In solch eine Gefahr brachte die Stiefmutter die Kinder.

Aber zum Glück für die Kinder besaß der Mann einen lahmen Büffel und einen trächtigen Hund. Wenn die Frau abends den Kindern befahl, das Vieh zu suchen, und sie weinend hinausgingen, folgten den Kindern der Büffel und der Hund und schützten sie vor wilden Tieren. Der Büffel nahm die Kinder auf seinen Rücken und half ihnen beim Suchen. Die Stiefmutter trieb das Vieh nur deshalb so weit fort und entfernte seine Spur, damit die Kinder beim Suchen im Wald von wilden Tieren aufgefressen würden. Doch der lahme Büffel und der trächtige Hund paßten gut auf.

Wenn die Frau die Kinder schlug, dann stieß der Büffel so kräftig gegen das Haus, daß die Frau dachte: ›Das Haus muß jeden Augenblick einstürzen!‹ Die Nachbarn, die das sahen, sagten: »Die Seele der Mutter dieser Kinder ist auf den Büffel übergegangen. Wenn dieser Büffel nicht wäre, hätten entweder die wilden Tiere die Kinder gefressen oder die Stiefmutter sie umgebracht.«

Der Stiefmutter gelang ihr Vorhaben nicht, denn der Büffel war ihr dabei im Wege. Aber schließlich dachte sie sich eine List aus. Als der Mann eines Tages von der Arbeit heimkehrte, fand er die Frau schwerkrank. »Was ist mit dir?« fragte der Mann. »Ich bin krank. Ich habe die Weissagerin kommen lassen, und sie hat mir gesagt: ›Wenn du nicht die Innereien deines Büffels ißt, mußt du sterben.‹«

Den Mann durchfuhr ein Schreck. Er schlug die Hände über dem Kopf zusammen. Wie konnte er den Büffel schlachten? Er erhielt doch die ganze Familie, hatte seine Kinder genährt und beschützt! Wie konnte er das zulassen! Wenn der Büffel nicht mehr sein würde, müßte die Familie zugrunde gehen.

Er weigerte sich, den Büffel zu schlachten, und wollte nach einem Ausweg suchen. »Es gibt keinen Ausweg, ich muß sterben! Du bestehst auf meinem Tod«, sagte die Frau zu dem Mann.

Sie ließ die Weissagerin zu sich kommen und trug ihr auf: »Sage meinem Mann, daß ich sterben muß, wenn er mir nicht Herz und Leber des Büffels zu essen gibt.«

Da ging die Weissagerin zu dem Mann und sprach: »Was bist du für ein Mann. Eine Frau ist dir schon gestorben, weil du dich nicht um sie gekümmert hast. Willst du die zweite auch durch deine Nachlässigkeit umbringen? Wie ist es möglich, daß du einen Büffel nicht opfern willst, um die Frau zu retten! Sie wird dir sterben, wenn du ihr nicht Herz und Leber des Büffels zu essen gibst!«

Der Mann überlegte. Wenn er den Büffel schlachtete, bedeutete das ein großes Unglück für seine Familie. Aber was blieb ihm anderes übrig, wenn seine Frau sonst sterben mußte! Er rang sich durch, den Büffel zu schlachten.

Eines abends rief er den Nachbarn: »Hilf mir, ich muß den Büffel schlachten!«

Der Nachbar wunderte sich: »Mann, was ist los mit dir? Weshalb willst du das nützliche Tier töten?« »Was soll ich denn machen? Ich weiß ja selbst, daß das unser Untergang ist, aber meine Frau liegt im Sterben. Und die Wahrsagerin meint, daß ihr nichts anderes helfen kann als die Innereien des Büffels.« »Gut, morgen früh will ich dir helfen«, erklärte der Nachbar.
Der Mann holte ein großes Messer und wetzte es an einem Stein. Dort ließ er es über Nacht liegen, um am Morgen den Büffel zu schlachten.
Nachts schliefen alle. Die Kinder wußten nicht, daß der Büffel geschlachtet werden sollte. Sie waren in tiefem Schlaf, als sie durch eine Stimme geweckt wurden. Sie standen auf und liefen hinaus. Da rief dieselbe Stimme den Kindern zu: »Setzt euch auf den Büffel, nehmt das Messer und den Hund mit und reitet dorthin, wo der Büffel euch hinführt.«
Die Kinder kletterten auf den Büffel, und der setzte sich in Trab. Der Hund folgte ihnen. Als es Morgen wurde, hatten sie schon zwei Gebirgsketten überquert.
Am nächsten Tag lief der Büffel bis zum Abend ohne Unterbrechung.
Am Abend machten sie in einem Wald Rast. Der Büffel legte sich nieder, und der Hund legte sich zu ihm. Da rief die Stimme den Kindern zu: »Schneidet dem Büffel die Kehle durch, häutet ihn ab und schneidet ihn in Stücke. Legt das Fleisch um die Wiese aus, setzt euch in die Mitte und hüllt euch in das Büffelfell!« Als die Kinder das hörten, fingen sie an zu weinen. In dieser menschenleeren Gegend war der Büffel ihre einzige Hoffnung. Sie umarmten das Tier und vergossen bittere Tränen, denn sie wußten, daß sie ohne den Büffel nicht leben konnten. Doch da streckte sich der Büffel der Länge lang aus, und aus seinem Bauch sprach es: »Schneidet ihm schnell die Kehle durch, sonst fressen euch die wilden Tiere!«

Da nahm der Junge das Messer, stieß es dem Büffel in den Hals und schnitt ihm den Kopf ab. Er zog das Fell ab und schnitt das Fleisch in Streifen, dann legten sie es aus, setzten sich in die Mitte der Wiese, deckten sich mit dem Fell zu und schliefen ein.
Als es Morgen wurde, stand ein befestigtes Schloß da, wie es nicht prächtiger sein konnte. Die Kinder schliefen in kostbaren Betten. Um den Hof spannte sich ein steinerner Wehrgang, durch den eine schwer zu öffnende steinerne Tür führte. Im Haus fanden sie unermeßlichen Reichtum. Die Geschwister verloren fast den Verstand, als sie das alles sahen. Sie freuten sich, daß sie so reich geworden waren. Mehr noch aber freuten sie sich, daß sie sich nicht mehr vor der Stiefmutter fürchten mußten.
Sie lebten gemeinsam in dem Schloß. Das Mädchen wuchs heran und wurde eine Frau. Aus dem Jungen wurde ein Mann. Er fertigte sich Pfeil und Bogen. Die Hündin, die sie mitgebracht hatten, hatte vier Junge geworfen, die zu treuen, klugen Hunden herangewachsen waren. Die Hunde schützten die Geschwister vor allen Gefahren. Der junge Mann erlegte Wild und brachte es nach Hause. Seine Schwester und seine Hunde liebte er über alle Maßen.
Jeden Tag begab sich der junge Mann auf die Jagd. Das Mädchen blieb allein im Haus. Sie bekam Langeweile, und wie sie eines Tages im Hof umherlief, dachte sie: ›Ich will einmal die Tür öffnen und einen Blick nach draußen werfen!‹
Sie öffnete die Tür und ging hinaus. Da sah sie, daß ringsum dichter Wald stand. Sie schaute nach der anderen Seite, dort stand ein junger Waldgeist, sah sie immerzu an und lachte ihr zu. Schon lange hatte sie außer ihrem Bruder keine Menschenseele mehr gesehen. Jetzt wunderte sie sich, als sie diesen Mann sah. Dabei fühlte sie eine seltsame Angst. Sie stürzte durch das Tor in den Hof zurück und schloß die Tür.

Am folgenden Tag ging sie wieder im Hof auf und ab und dachte: ›Wenn ich doch wüßte, wer dieser Mann war, den ich gestern gesehen habe. Vielleicht ist er heute wieder da!‹ Sie lief hinaus und sah den Mann abermals. Diesmal hatte sie keine Furcht mehr. Der Mann kam zu ihr und nahm ihre Hand. Sie wehrte sich nicht, sondern führte ihn in den Hof. Beide verliebten sich ineinander, und sie vergnügten sich miteinander bis zum Abend. Abends öffnete die Schwester das Tor und ließ den Waldgeist hinaus, damit ihr Bruder, der bald zurückkommen mußte, ihn nicht tötete.

Der Waldgeist hatte große Furcht vor dem Bruder. Auf das Mädchen hatte er es schon lange abgesehen, doch der Bruder war ihm im Weg gewesen. Als der Bruder am Abend mit den Hunden von der Jagd zurückkehrte, fand er seine Schwester etwas blaß. Sie begrüßte ihn auch nicht wie sonst. Er lief zu ihr hin und küßte sie. »Was ist mit dir, Schwester, du bist doch nicht etwa krank?« Die Schwester antwortete: »Nichts weiter, mir schmerzt nur der Kopf ein wenig, weil ich solange auf dich warten mußte.«

Am nächsten Tag zog der junge Mann wie stets mit seinen Hunden auf die Jagd. Sofort stand die Schwester auf, öffnete dem Waldgeist die Tür, ließ ihn ein, und sie begannen abermals ihr Liebesspiel. »Wenn ich mich nicht vor deinem Bruder fürchtete«, sagte der Mann, »möchte ich immer bei dir sein.« Und die junge Frau antwortete: »Wenn ich nicht vor meinem Bruder und seinen Hunden Angst hätte, würdest du jeden Tag bei mir sein können.« Da riet ihr der Mann: »Denk dir etwas aus und schicke deinen Bruder weit fort, daß er eine Woche lang nicht zurückkommt.« Das Mädchen war einverstanden.

Als es Abend wurde, schloß sie das Tor auf und ließ den Waldgeist hinaus in den Wald. Sie selbst zog sich aus und legte sich ins Bett.

Am Abend kam der Bruder mit seinen Hunden und der Jagdbeute zurück. Als er die Schwester im Bett fand, rief er bestürzt: »Schwester, was ist dir zugestoßen? Bist du krank?«
Die Schwester gab jammernd zur Antwort: »Mir geht es ganz elend, Bruder, vielleicht muß ich sterben.« Erschrocken rief der junge Mann: »Was soll ich tun! Wenn ich nur wüßte, was dir helfen kann!«
Da sagte die Schwester: »Ich kenne ein Heilmittel, Bruder, aber man muß es von sehr weit her holen, und ich kann dich doch nicht hinschicken, es mir zu bringen.«
»Schwester«, bat der junge Mann, »sag nur, was dir helfen kann. Ich und meine Hunde werden überall hingehen, selbst in die Unterwelt oder in die Lüfte.«
Da sprach die Schwester: »Zwischen dem Schwarzen und dem Weißen Berg leben ein Bär und eine Bärin. Wenn ich Herz und Leber des Bären esse, kann ich wieder gesund werden, wenn nicht, gibt es keine Heilung für mich.«
Der Mann rief seine Hunde, hängte sich Pfeil und Bogen um und machte sich auf den Weg. Kaum hatte er den Hof verlassen, stand die Schwester auf und öffnete das Tor. Dort wartete bereits der Waldgeist. Sie nahm ihn ins Haus, und eine Woche lang vergnügten sie sich miteinander. Und das Mädchen meinte: »Wenn doch mein Bruder gar nicht mehr wiederkäme!«
Traurig zog der Bruder seines Wegs. Die Tränen standen ihm in den Augen, und er fürchtete, sich mit dem Heilmittel zu verspäten.
Während er so seinen Gedanken nachhing, hörte er es pfeifen. Er blickte auf und sah auf einem Hügel ein schönes junges Mädchen stehen. Als er zu ihr hinsah, winkte sie ihm. Da ging er zu ihr. Aber sie war so schön, daß er ihr nicht in die Augen sehen konnte. Er war verlegen und wollte ihr ein liebes Wort sagen. Sie bemerkte dies und kam ihm zuvor. »Wo gehst du

hin?« fragte sie. Der junge Mann erzählte ihr, was ihn bewegte. Da sprach das Mädchen: »Deine Schwester lügt. Sie ist nicht krank. Sie liebt einen Waldgeist, der sich jetzt bei ihr die Zeit vertreibt. Dich haben sie weggeschickt, damit du gegen die Bären kämpfst. Das hat sich deine Schwester ausgedacht, um dich loszuwerden. Kehre augenblicklich um und töte deine Schwester und den Waldgeist. Beide haben dich hintergangen.«
Sie gab ihm einen Dolch in die Hand, aber der junge Mann fuhr zornig auf: »Wem wagst du es, Verrat vorzuwerfen! Du selber lügst! Wer bist du, daß du so sprechen kannst! Meine Schwester würde mir so etwas nie antun. Sie ist krank und hat mich nach einem Heilmittel geschickt. Das werde ich ihr auch bringen.«
Das Mädchen versuchte ihn zu überzeugen, aber er glaubte ihm nicht und setzte seinen Weg fort. Dem Mädchen tat der junge Mann sehr leid. Sie rief ihm nach: »Komm zurück, ich muß dir noch etwas sagen, wenn du dich nicht von deinem Vorhaben abbringen läßt. Nimm diesen Dolch und meine Hunde mit, damit deine Hunde stärker sein werden.«
Als der junge Mann das hörte, ging er zurück und nahm den Dolch und die Hunde mit.
Das Mädchen wußte, daß er unweigerlich zwischen dem Schwarzen und Weißen Berg umkommen mußte, wenn es ihm für den Kampf mit den Bären nicht den Dolch und ihre Hunde mitgab.
Der junge Mann setzte seinen Weg fort. Nach drei Tagen kam er zu der Bärenhöhle und begann mit den Bären zu kämpfen. Obwohl es ein schwerer Kampf wurde, gelang es ihm dennoch dank seiner Hundemeute und seiner Tapferkeit, die Bären zu töten. Er schnitt den Bären auf, nahm Herz und Leber heraus und machte sich blutüberströmt auf den Heimweg.

Unterwegs begegnete er abermals dem schönen Mädchen. Sie lud ihn in ihr Haus ein, aber er folgte ihr nicht. Er gab ihr den Dolch und die Hunde zurück, dankte ihr für die Hilfe und ging.

Als er nach Hause kam, fand er seine Schwester noch immer bettlägerig. Er brachte ihr das Herz und die Leber des Bären, und sie aß diese. Eine Woche lang wich er seiner Schwester nicht von der Seite. Ständig war sie niedergeschlagen. Sonst war ihr nichts anzumerken.

In der zweiten Woche ging der Bruder wieder auf die Jagd. Wieder kam der Waldgeist zu dem Mädchen. Nach den Liebkosungen begannen sie zu beraten, wie sie den Bruder loswerden könnten. Der Waldgeist sagte: »Ich bringe dir einen Knäuel Seidenfaden, und du erprobst damit seine Kraft.« »Gut«, sagte die Schwester, »bring das Knäuel her!« Da brachte der Waldgeist einen Knäuel Seidenfaden und sagte ihr, was sie tun sollte.

Als der junge Mann seine Schwester wieder betrübt vorfand, fragte er abermals: »Was ist los? Bist du etwa krank?«

»Ich bin nicht krank, aber ich bin sehr traurig, ich habe viel über dich nachgedacht.«

»Warum, Schwester?«

»Weil du durch die Wälder streifst. Wer weiß, was für wilde Tiere dir begegnen können. Ich weiß nicht einmal, wieviel Kraft du besitzt. Ein wildes Tier könnte dich zerreißen! Deshalb will ich deine Kraft erproben.«

Sie brachte ihm den Seidenfaden, umwickelte ihn damit und sagte: »Recke und dehne dich! Wenn du ihn zerreißen kannst, dann bin ich überzeugt, daß du sehr viel Kraft besitzt und werde beruhigt sein.« Der junge Mann bewegte Schultern und Arme, aber es gelang ihm nicht, auch nur einen Faden zu zerreißen. Er strengte sich an, aber der Faden schnürte ihn ein

und fesselte ihn. Statt freizukommen, verstrickte er sich nur noch mehr.
In diesem Augenblick kam aus einem Winkel der Waldgeist hervor, der sich dort verborgen gehalten hatte. Als er den jungen Mann wehrlos sah, griff er nach dessen Hals, um ihn zu erwürgen. Doch da stürzten die Hunde zur Tür herein, fielen über den Waldgeist her und setzten ihm derart zu, daß er nur mit Mühe entrinnen konnte.
Weinend kam die Schwester herein und rief: »Was ist mit dir, Bruder?« Und sie befreite ihn aus dem Gewirr der Fäden.
Die Hunde legten sich zu Füßen des jungen Mannes nieder.
»Das ist ja alles ganz schön«, meinte der Bruder, »aber wer war der Mann, der mich überfiel, als ich gefesselt war?«
»Wie soll ich das wissen, mein Lieber«, antwortete die Schwester, »ich habe dir doch gesagt, daß im Wald viele Gefahren lauern.«
Dem jungen Mann kam ein Verdacht. Er erinnerte sich daran, was jenes Mädchen ihm gesagt hatte. Aber diese Gedanken zerstoben rasch wieder, und er blieb von der Treue seiner Schwester fest überzeugt.
Drei Monate lang ließ sich der Waldgeist nicht mehr sehen. Dann ging er eines Tages zu dem Mädchen und sprach: »Wir müssen etwas gegen die Hunde unternehmen. Ich habe einen solchen Zorn auf deinen Bruder, daß ich ihn mit den Zähnen zerreißen und fressen könnte, wenn er die Hunde nicht hätte.« Und er riet ihr, wie sie sich verhalten sollte: »Du mußt dich krank stellen. Fragt dich dein Bruder nach der Ursache, dann erzähle ihm, daß du krank bist. Er wird wie gewöhnlich ein Heilmittel suchen wollen. Dann schicke ihn fort.« Und er sagte ihr, wohin sie ihn schicken sollte.
Als der Bruder eines schönen Tages von der Jagd heimkam, fand er die Schwester krank. »Was hast du, mein Liebling, was ist

dir zugestoßen, welches Mittel kann dir Heilung bringen?« »Ach, Bruder«, seufzte die Schwester, »ich muß sterben, es gibt keine andere Wahl.« »Was kann dir Heilung bringen?« fragte der Bruder.

Das Mädchen antwortete: »Was mich heilen kann, gibt es nur sehr weit von hier. Wenn ich es dir sagte, würdest du dorthin gehen wollen, ich möchte aber nicht, daß du fortgehst. Wer weiß, was dir zustoßen kann.«

Als der Bruder nicht nachgab, erzählte sie: »Im Süden erhebt sich ein großer Berg. Dieser Berg dreht sich. Er öffnet und schließt sich alle zwei Stunden. Wenn er sich öffnet, wirst du einen herrlichen Garten sehen. Dort hängt eine grüne Weintraube. Nur diese Weintraube kann mir helfen und sonst nichts.«

Da meinte der Bruder: »Was mir auch zustoßen mag, ich muß dir diese Weintraube bringen.« Er zog davon und nahm seine vier Hunde mit. Nach langem Suchen fand er den Berg, der sich jede zweite Stunde öffnete und schloß. Darinnen erblickte er einen schönen üppigen Weingarten. Er wartete, bis der Berg sich gedreht hatte und öffnete, sprang blitzschnell hinein, pflückte eine Traube und hastete wieder hinaus, bevor der Berg sich schloß. Er selbst kam zwar heraus, aber seine Hunde blieben drinnen. Und obwohl er das Kläffen und Winseln der Hunde hörte, eilte er nach Hause, denn er glaubte, seine Schwester sei wirklich schwer erkrankt.

Als der junge Mann nach Hause kam, feierten der Waldgeist und seine Schwester gerade. Sie hatten den Tisch gedeckt, sich umarmt und tranken und aßen. Da sahen sie den jungen Mann eilig herankommen und merkten, daß er seine Hunde nicht bei sich hatte. Diesmal verbarg sich der Waldgeist nicht.

Als der junge Mann zur Tür hereintrat, ging ihm der Waldgeist lachend entgegen: »Was hast du jetzt vor, Bursche?«

Der junge Mann stand wie erstarrt und hielt die Weintraube in der Hand. Er wollte sich zum Kampf rüsten, doch durch den Verrat seiner Schwester war er so entkräftet, daß er den Arm nicht mehr heben konnte. Er setzte sich unter einen Baum im Hof und bat: »Gebt mir zehn Minuten Zeit, damit ich ausruhen kann. Dann bin ich zum Kampf bereit.«

Der Waldgeist und die Schwester lachten und sagten: »Bleib nur sitzen! Nicht nur zehn Minuten, sondern eine ganze Stunde sollst du haben, wir fürchten uns nicht vor dir!«

Der junge Mann verschränkte die Arme vor der Brust und begann zu weinen. Währenddessen liefen der Waldgeist und die Schwester vor ihm auf und ab und küßten sich immerzu.

Dem jungen Mann brach das Herz, als er das sah. Aber was sollte er tun? Jetzt war ihm alles klar.

Während sich dies im Hof des jungen Mannes zutrug, erfuhr jenes Mädchen, das ihm schon einmal geholfen hatte, von seiner Not. Im gleichen Augenblick ging sie zu dem Berg, in dem die Hunde verblieben waren, und schlug mit einem Stock auf den Berg, so daß der sich öffnete und die Hunde bellend und winselnd herausstürzten. Das Mädchen schickte auch ihre beiden eigenen Hunde zum Haus des jungen Mannes.

Wie der junge Mann noch weinte und sich für den Kampf vorbereiten wollte, blickte er auf und sah, daß sechs Hunde heranjagten, so, als wollten sie die Erde abschleifen.

Die Hunde kamen herangesprungen und legten sich dem jungen Mann zu Füßen. Er küßte jeden Hund einzeln und freute sich sehr. Er dankte dem Himmel und der Erde, und sein Herz erwärmte sich in Liebe zu dem Mädchen, das ihn errettet hatte.

Inzwischen kam der Waldgeist zu ihm heraus und fragte: »Nun, wie stehst du zu deinem Wort?« »Das ist meine Antwort«, rief der junge Mann und spannte den Bogen. Sein Pfeil traf den

Waldgeist mitten ins Herz. Der brüllte fürchterlich auf und kam auf den jungen Mann zu, um ihn zu zerreißen.
Doch da stürzten sich die Hunde auf ihn und richteten ihn so zu, daß sein Fleisch in Stücken auf der Wiese herumlag. Der junge Mann schnitt dem Waldgeist mit dem Dolch, den er von dem Mädchen geschenkt bekommen hatte, die Kehle durch.
Dann trat er zu seiner Schwester und sprach: »Für den da hast du mich hintergangen, Schwester? Von jetzt an bin ich für dich tot. Ich könnte dir wie diesem Waldgeist die Kehle durchschneiden, aber ich will dein Blut nicht vergießen. Es mag genügen, daß du dich selbst quälst.«
Er rief die Hunde, wandte sich um und ging. Bald fand er das Mädchen, das ihm geholfen hatte, und wurde von ihm freudig begrüßt. »Jetzt bist du frei«, sprach das Mädchen, »laß uns zusammen leben, ich liebe dich sehr. Komm mit zu mir. Niemand wird dich betrüben oder verraten.«
Zuerst wollte der junge Mann ihr nicht glauben, hatte ihn doch sogar die eigene Schwester hintergangen. Aber er war von der Treue dieses Mädchens so bezaubert, daß er seinen Worten Glauben schenkte. Er umarmte und küßte sie. Arm in Arm gingen sie zur Wohnung des Mädchens. Sie öffnete ein schweres Eisentor, und sie traten ein. Im Hof waren ein großer Garten und Wasserbecken.
Im Haus aber gab es großen Reichtum. Die Räume waren voller kostbarer Perlen und Edelsteine. Das Haus besaß zwölf Räume, und alle waren prächtig ausgestattet. Das Mädchen öffnete ihm alle Zimmer und zeigte ihm, was sich darin befand. Nur ein einziges Zimmer öffnete sie nicht. Da meinte der junge Mann: »Du hast mir alle Räume aufgeschlossen und gezeigt. Warum zeigst du mir diesen nicht?« Das Mädchen erwiderte: »Nein, mein Lieber, bitte mich nicht, diesen Raum zu öffnen.«

Der junge Mann entgegnete nichts, aber er war gekränkt. Wie, wenn er wieder betrogen wurde? Er sagte zwar kein Wort, aber er war argwöhnisch geworden: ›Weshalb hat sie mir das Geheimnis nicht verraten, was mochte wohl in dem Zimmer sein?‹ Beide gingen gemeinsam auf die Jagd und lebten sehr glücklich. Drei Jahre vergingen so, aber kein einziges Mal schloß das Mädchen die Tür zu jenem Zimmer auf. Der Argwohn des jungen Mannes nahm zu. Obwohl er das Mädchen immer an seiner Seite hatte, schöpfte er doch Verdacht, es könnte einen anderen in dem Zimmer verborgen halten.

Eines Tages konnte er diesen Gedanken nicht länger ertragen und fragte: »Warum bist du nicht aufrichtig zu mir. Warum verrätst du mir nicht das Geheimnis dieses Zimmers, was ist darin?«

Das Mädchen warf sich ihm weinend an die Brust. »Bitte mich nicht, diesen Raum zu öffnen, sonst bin ich für dich verloren.«

Der junge Mann gab sich scheinbar mit dieser Antwort zufrieden, doch sein Argwohn blieb. Da stellte er sich eines Tages krank und ließ das Mädchen allein auf die Jagd ziehen. Er selbst stand auf, fand den Schlüssel zu jenem Zimmer und öffnete es. Er trat ein und konnte nichts darin finden außer einem Tisch, der in einer Ecke stand. Auf dem Tisch stand ein kleines Kästchen. Er ging hin, öffnete es und fand darin ein Bild des Mädchens, weiter nichts. Aber kaum hatte er das Kästchen geöffnet, schwebte das Bild heraus und flog davon. Der junge Mann stürzte schreiend und mit den Händen gestikulierend hinterher, doch das Bild flog in die Ferne.

Was sollte der junge Mann machen? Er war sehr betrübt, doch was half das schon!

Als das Mädchen die Geschichte erfuhr, schlug es die Hände an den Kopf. Sie weinte und klagte, weshalb er das getan habe. Nun habe er sie verloren.

Jetzt war der junge Mann zwar von der Treue des Mädchens überzeugt, aber das Bild des Mädchens war davongeflogen. Verzweifelt wartete er, was geschehen würde. Sechs Monate lang geschah nichts. Sie lebten so glücklich wie zuvor.

Als sie eines Abends hinausschauten, sahen sie eine bucklige Alte an der Tür sitzen. Da fragten sie: »Was willst du, wer bist du?« Die Frau antwortete: »Ich bin eine arme Bettlerin und gehe von Dorf zu Dorf. Nun bin ich in diese menschenleere Gegend gekommen und habe sehr großen Hunger. Ich habe nicht einmal ein Dach über dem Kopf. Gebt mir diese Nacht ein Obdach, meine Lieben, Gott wird euch dafür segnen!«

Weil die Frau ihnen leid tat, ließen sie sie ins Haus ein, wiesen ihr einen Platz zu und gaben ihr zu essen. Am nächsten Tag stellte sich die Alte krank und stand nicht auf. Das Mädchen wollte die alte Frau den Tag über nicht allein lassen und ging nicht mit auf die Jagd. Sie ließ den jungen Mann fortgehen, sie selbst aber blieb zu Hause.

Als die Alte das Mädchen allein wußte, sprang sie aus dem Bett und nahm die Gestalt eines Mannes an. Sie packte das Mädchen bei den Haaren und schleifte es zur Tür hinaus. Dort pfiff sie, und sofort kam ein schwarzer Mann aus dem Wald, der brachte einen großen Kessel, in den steckten sie das Mädchen und banden ihn oben zu. Die Alte nahm den Kessel auf eine Schulter und ging damit fort.

In einem Land lebte ein König, der war alt geworden, ohne geheiratet zu haben. Man brachte ihm Mädchenbilder von überallher, aber keines wollte ihm gefallen.

Eines Tages fanden Viehtreiber im Wald das Bild jenes Mädchens. Sie hoben es auf und brachten es dem König. So ein schönes Mädchen hatte der König einmal im Traum gesehen, und gerade dieses war es, das er solange schon suchte. Kaum hatte er einen Blick auf das Bild geworfen, erkannte er sie

sofort wieder und befahl: »Ich will den mit Gold beschenken, der mir dieses Mädchen bringt.«
Die Goldgierigen stellten das ganze Land auf den Kopf, sie konnten aber kein Mädchen finden, das diesem Bild ähnelte.
In jenem Land lebte auch eine listige Frau, eine Zauberin. Kaum hatte sie das Bild erblickt, sagte sie: »Ich werde das Mädchen herbringen.« Sie zog davon und brachte dem König in einem Kessel das Mädchen. Als man das Mädchen herausholte, erkannte der König es sofort wieder und feierte mit ihm eine prächtige Hochzeit.
Den jungen Mann hatte der Verlust des Mädchens so hart getroffen, daß er einem Toten glich. Mehrmals wollte er sich das Leben nehmen, aber die Hoffnung, sie doch noch wiederzusehen, hielt ihn davon ab.
Er verließ die Gegend, zog durch die Wälder und jagte. Seine Kleider zerrissen, er lief barfuß umher und alterte zusehends.
Eines Tages starb der König, und seine Frau sagte: »Jetzt bin ich Königin in diesem Land. Ich will meinen ersten Mann suchen, ihn heiraten und zum König machen.« Sie gab den Befehl, nach ihm zu suchen und ihn herzubringen. Die Kundschafter zogen aus. Ein Jahr lang waren sie unterwegs, ohne ihn finden zu können. Da befahl die Königin ihren Dienern: »Errichtet einen Pfahl an einer großen Straße und heftet mein Bild daran. Wenn jemand fragen sollte: ›Wo ist diese Frau‹ oder sagen sollte: ›Das ist meine Frau‹, den sollt ihr festnehmen und herbringen!«
Der Befehl wurde augenblicklich ausgeführt. Man stellte am Wegrand das Bild auf. Die Wächter standen bereit, und die Vorübergehenden betrachteten das Bild. »Das ist eine schöne Frau«, sagten sie nur, mehr nicht.
Eines Tages kam ein Bettler daher. Er war ganz zerlumpt. Nur Fetzen hingen an seinem Leib. Er trat zu dem Bild, und kaum

hatte er einen Blick darauf geworfen, als er fürchterlich aufschrie, sich an den Pfosten klammerte und das Bild herunterreißen wollte. Aber man hinderte ihn daran. Da begann er zu schreien und zu weinen: »Das ist mein Bild, und die Frau gehört mir. Zeigt mir, wo sie ist, gebt mir mein Bild!«

»Wer soll dir denn das Bild geben, du Bettler«, erwiderten die Wächter. »Das ist das Bild der Königin.«

Doch der Mann gab nicht nach. Er wollte sich umbringen. Sie prügelten ihn und verfolgten ihn, aber sie konnten ihn nicht fernhalten. Da nahmen sie ihn gefangen, brachten ihn ins Schloß der Königin und sagten: »Dieser Mann läßt nicht von Eurem Bild ab.«

Als der Mann die Königin sah, schrie er auf. Aber die Königin erkannte ihn nicht, sie dachte nur: ›Vielleicht hat er sich, nachdem er mich verloren hat, so verändert.‹ Sie blickte ihm in die Augen, und da erkannte sie ihn wieder. »Wie mager du geworden bist, du Armer, wie bist du heruntergekommen«, sprach die Frau.

Der Mann antwortete: »Was sollte mir denn Gutes widerfahren sein, seit ich dich verloren habe?«

Die Frau umgab ihn sofort mit Dienern und ließ ihn baden. Sie ließ ihn ruhen und in kostbare Gewänder kleiden. Sechs Monate später feierten sie Hochzeit. Schließlich setzte sie ihn als König ein. Er erwies sich als sachkundiger und tüchtiger Herrscher. Das ganze Land liebte ihn. Beide lebten wieder zusammen, und bis an ihr Lebensende begegnete ihnen kein Ungemach mehr.

Aus Georgien

Die zweigeteilte Braut

Es war einmal ein König, der hatte keine Kinder. Als er eines Tages einmal den Spiegel zur Hand nahm und sich darin betrachtete, begann er zu weinen. Der Wesir fragte ihn, warum er denn weine, und er antwortete: »Wie soll ich denn nicht weinen, wo doch schon fünfzig Jahre meines Lebens verstrichen sind, aber Gott mir noch immer kein Kind geschenkt hat!« In diesem Moment kam eben ein Derwisch vorbei, der fragte: »Möge es Euch wohlergehen, o Mittelpunkt der Welt! Warum weint denn der König?« Die Wesire erklärten ihm: »Weil er keine Kinder hat!« Da erwiderte der Derwisch: »Das ist doch weiter nicht schlimm. Ich werde dem König etwas geben, daß er ein Kind bekommen wird. Aber ich verlange dafür von ihm ein Schriftstück. Darin soll stehen: Wenn das Kind ein Mädchen wird, soll er es mir ganz überlassen; und wenn es ein Junge ist, soll er ihn mir im Alter von vierzehn Jahren für ein Jahr überlassen.« Der König entgegnete: »Das ist ja ganz gut. Aber wenn es jetzt ein Mädchen ist – wie kann ich denn meine Tochter einem Derwisch überlassen?« – »Möge es Euch wohlergehen, o Mittelpunkt der Welt«, beruhigten ihn die Wesire. »Bis jetzt ist es ja noch kein Mädchen geworden. Gebt ihm ruhig das Schreiben. Wenn es dann ein Mädchen wird, werden wir es nicht zulassen, daß es mit diesem Derwisch als Bettler umherzieht. Wir werden ihm entweder Geld geben und ihn zu einem Kaufmann machen, oder wir überlassen ihm ein Amt und machen ihn zu einem Beamten Eures Staates. Laßt nur zu, daß Ihr durch diesen Derwisch ein Kind bekommt, dann werden wir schon weiter sehen!«

Der König war einverstanden und gab ihm ein Schreiben mit dem Inhalt: »Wenn Gott mir eine Tochter schenkt, soll sie dir ganz gehören; wenn er mir einen Sohn schenkt, soll er ein Jahr lang dein sein.« Darauf griff der Derwisch mit seiner Hand in die Tasche und holte einen Apfel hervor. Diesen besprach er mit einem Gebet und übergab ihn dem König mit den Worten: »Heute nacht teile diesen Apfel mit derjenigen unter deinen Frauen, die du am liebsten hast. Iß du selbst eine Hälfte davon, und gib die andere Hälfte der Frau.«

So nahm der König den Apfel und teilte ihn. Eine Hälfte gab er seiner Frau, die andere Hälfte aß er selbst. Die Frau wurde schwanger und gebar nach neun Monaten, neun Tagen, neun Stunden und neun Minuten einen Sohn. Sogleich berichtete man dem König: »Deine Lieblingsfrau hat einen Sohn geboren!« Zur gleichen Zeit kam auch der Derwisch, der ja einen Anspruch hatte, und sprach: »Möge es dem König wohlergehen! Was für ein Kind hat Gott Euch denn geschenkt?« – »Einen Sohn«, antwortete der König. – »Sehr schön«, erwiderte der Derwisch, »haltet nun Euer Versprechen. Ein Jahr wird der Junge mir gehören.« Und er fuhr fort: »Ich gehe jetzt und werde nach vierzehn Jahren wiederkommen. Wenn der Junge dann noch am Leben ist, werde ich ihn mitnehmen.«

Der König übergab seinen Sohn zuerst einer Amme. Als die Zeit der Amme vorüber war, übergab er ihn einem Erzieher, und im Alter von sieben Jahren kam er zur Schule. Sieben Jahre blieb er auf der Schule und lernte, und im Alter von vierzehn Jahren hatte er alles Wissen vollständig erlernt.

Eines Tages waren einmal alle im Thronsaal versammelt. Die Wesire und Berater waren vollständig anwesend, und der Sohn des Königs saß neben seinem Vater auf einem Stuhl. Da erschien auf einmal der Derwisch, grüßte den König und fiel vor ihm auf den Boden. Als der König den Derwisch erblickte, begannen die Haare an seinem Körper zu zittern. Ihn ergriff ein derartig starkes Zittern, daß es alle seine Staatsbeam-

ten bemerkten, und er begann sogar mit den Zähnen zu klappern. Da erhob sich sein Sohn und sprach: »Lieber Vater! Was habt Ihr denn? Was ist denn passiert? Was hat Euch ergriffen, seit dieser Derwisch gekommen ist?« – »Mein lieber Sohn«, antwortete der König. »Ich zittere aus Angst um dich. Denn wir haben eine Abmachung mit diesem Derwisch getroffen.« Und er erzählte ihm die ganze Geschichte. Da meinte der Sohn: »Nun gut. Mit Gewalt kann mich der Derwisch ja nicht mitnehmen. Ich muß schon freiwillig mit ihm gehen.« – »Das ist richtig«, erwiderte der Derwisch, »ohne dein Einverständnis kann ich dich keine zwei Schritte weit mit mir nehmen. Ich werde dich vielmehr nur unter der Bedingung mitnehmen, daß du weinend hinter mir hergehen sollst.« Da freute sich der König und sprach: »Sehr gut. Wenn der Derwisch solch eine Bedingung stellt, wird mein Sohn sicherlich nicht freiwillig mitgehen, Krone, Thron und Herrschaft im Stich lassen und mit einem Derwisch wegziehen.« Der Derwisch aber antwortete: »Möge es dem König wohlergehen! Ich werde drei Tage als Gast hierbleiben. Nach drei Tagen werde ich fortgehen. Wenn der Prinz dann mit mir kommen will, soll er mitkommen, wenn er nicht mitgehen will, dann ziehe ich alleine fort.« Hiermit war der König einverstanden.
Als es Abend wurde, bereitete man dem Derwisch ein Zimmer. Dann saß der Junge bei dem Derwisch und sprach: »Nun gut, Derwisch. Du hast ja auch ein väterliches Anrecht auf mich. So erzähle mir nun eine Geschichte.« Da begann der Derwisch zu erzählen von den Eigenschaften und der vollendeten Schönheit der Tochter des Königs von China, um deren Hand sich schon sieben Königssöhne beworben hatten. »Aber ach«, sagte er, »leider ist dieses Mädchen zur Zeit sehr krank, und niemand außer mir kann sie heilen.« – »Lieber Vater«, sprach der Prinz, »dieses Gesicht, das du beschreibst: Hast

du davon kein Bild?« – »Mein lieber Sohn«, erwiderte der Derwisch, »ich habe ein Bild davon. Aber ich fürchte, wenn ich es dir zeige, wirst du nicht mehr schlafen können und nichts mehr essen wollen.« Der Jüngling aber bedrängte ihn: »Lieber Vater, zeig es mir!« So griff der Derwisch in seinen Sack, zog daraus ein Bild hervor und zeigte es dem Prinzen. Sobald der Blick des Prinzen darauf fiel, wurde er ohnmächtig. Der Derwisch massierte ihn und benetzte sein Gesicht mit Wasser, bis er wieder zu Bewußtsein kam. Dann sprach er: »Lieber Sohn, du hast jetzt nur das Bild gesehen und bist schon bewußtlos geworden. Was soll es erst geben, wenn du das Mädchen selbst siehst?« Der Prinz aber bedrängte ihn: »Lieber Vater! Du mußt mich unbedingt mit der Gestalt dieses Bildes zusammenbringen!« – »Sicher, mein lieber Sohn«, erwiderte der Derwisch. »Und um deinetwillen wird das Mädchen auch geheilt werden.« – »Was soll ich jetzt tun?« fragte der Prinz. Und der Derwisch entgegnete: »Nichts Besonderes. Morgen, wenn ich im Thronsaal zu deinem Vater gehe, dann sprich zu ihm und sage: ›Ich will mit dem Derwisch gehen!‹ Wie sehr er dich auch daran hindern will zu gehen, sag: ›Nein, ich muß unbedingt gehen. Wenn Ihr mich nicht gehen laßt, so werde ich mich selbst töten!‹« Als der Derwisch am nächsten Tag zum Thronsaal gekommen war, um sich vom König zu verabschieden, ergriff Prinz Ibrahim einen Zipfel seines Rockes und rief: »Ich schwöre bei Gott! Ich werde mich nicht von Euch trennen!« Und sosehr ihn auch der König und die Wesire bedrängten, wohin er denn gehen wolle, und wenn er mit diesem Derwisch gehe, müsse er betteln, er sprach nur: »Wenn ich mit dem Derwisch gehen kann, bin ich selbst für das Betteln noch dankbar.« Da sahen sie ein, daß es zwecklos war, und daß er sich eher selbst töten werde, als nicht zu gehen. So bat der König den Derwisch mit den Worten: »Wenn du schon meinen

Sohn jetzt mitnimmst, dann bitte achte auf ihn, daß ihm nichts zustößt.« Und der Derwisch antwortete: »Seid ganz beruhigt. Wenn Ihr selbst auch der Vater des Jungen seid, so habe ich doch auch ein väterliches Anrecht auf ihn. Und ich würde mich mehr als Ihr um ihn grämen.«

Damit ergriff er die Hand des Prinzen, sie verabschiedeten sich vom König und gingen hinaus. Der König rief noch: »Derwisch! Wenn du irgend etwas benötigst, sei es Geld, Juwelen oder Gold, dann sag es mir, damit ich es dir geben kann.« Der Derwisch antwortete: »Jetzt brauche ich nichts. Und wenn ich es nötig haben werde, dann schreibe ich Euch einen Brief. Dann könnt Ihr mir geben, was ich brauche.« Und der König war einverstanden.

So verließ der Prinz zusammen mit dem Derwisch den Palast. Sie gingen hinaus, und der Derwisch kam mit dem Prinzen auf den Markt. Dort kaufte er ihm Derwischkleidung, setzte ihm eine Kappe auf den Kopf und gab ihm eine Bettelschale in die Hand. Außerdem lehrte er ihn ein, zwei Bettelgesänge. Dann sprach er: »Jetzt steh auf! Wir wollen zuerst einmal am Eingang des Marktes in deinem eigenen Reich sehen, ob wir unseren Lebensunterhalt verdienen können oder nicht.« Der Derwisch erhob sich und begann zu singen. Als danach der Jüngling an der Reihe war, sang er seine zwei Bettelverse. Da warfen die Leute soviel Geld in seine Bettelschale, daß sie davon überfloß. Der Derwisch sprach: »Gut! Das war das Geld vom Eingang des Marktes. Jetzt wollen wir zum Ausgang des Marktes gehen.« Da der Prinz hübsch aussah und auch nette Kleidung anhatte, folgten ihnen die ganzen Leute bis an das andere Ende des Marktes. Als sie dort angekommen waren, sangen sie ebenfalls, und wiederum füllte die Bettelschale sich mit Geld. Und selbst nachdem sie sie einmal geleert hatten, füllte sie sich wieder. Am Nachmittag dann sprach der Derwisch:

»Komm, mein Sohn, gehen wir. Ich wollte ja nur sehen, ob wir unseren Lebensunterhalt verdienen können oder nicht.«
Am Abend verließen sie die Stadt und wanderten durch die Wüste. Und in jeder Stadt, zu der sie kamen, blieben sie ein, zwei Tage, zogen umher von Haus zu Haus, und reisten dann weiter. So kamen sie von einer Stadt zu einer anderen, bis in die Nähe der Stadt China. Dort sprach der Derwisch: »Mein Sohn?« – »Ja«, antwortete der Prinz. »Mein Sohn«, fuhr der Derwisch fort, »wir wollen eine Vereinbarung treffen. Wenn wir diese Stadt wieder verlassen haben, wollen wir bis zu dem Augenblick, in dem wir wieder die Stadt deines Vaters betreten, alles, was wir erlangen, teilen. Eine Hälfte davon soll dann dir gehören, die andere Hälfte mir.« Der Jüngling war einverstanden, und sie gaben sich gegenseitig einen solchen Vertrag und steckten ihn in ihren Beutel.
So betraten sie die Stadt China, und sechs Tage lang streiften sie in der Stadt auf dem Markt umher. Schließlich gelangte die Nachricht von ihnen auch dem König zu Ohren, und er befahl, sie zu ihm zu bringen. Zwei Tage lang war der Derwisch bei dem König, und während dieser zwei Tage und Nächte ging der König nicht zu seinen Frauen. Am zweiten Tag aber bat der Derwisch um die Erlaubnis, gehen zu dürfen. Der König wandte sich ihm zu und fragte: »Mein Kind, wohin willst du denn gehen? Was verdienst du denn jeden Tag?« – »Diese Bettelschale«, erwiderte der Derwisch, »muß morgens zweimal voll werden, und auch am Nachmittag muß sie zweimal voll sein.« Der König entgegnete: »Sehr gut. Ich nehme an, daß ihr beide hier Fremde seid und in einem Gasthaus wohnen müßt. Mein Palast ist doch sicher nicht schlechter als ein Gasthaus. Am Morgen, wenn ihr umhergehen wollt, geht hinaus. Kommt dann zur Mittagszeit zum Essen wieder und geht am Nachmittag nicht weiter hinaus. Nachmittags will ich euch

die Bettelschale füllen.« Der Derwisch hörte, was der König sagte und sprach: »Eine von den Bettelschalen am Nachmittag wollen wir Euch erlassen. Ihr mögt uns dann nur eine füllen.« Hiermit war der König einverstanden.
Zwei, drei Tage lang gingen der Derwisch und der Prinz am Morgen nach draußen, zum Mittagessen kamen sie dann wieder und blieben bis zum Abend. Am Abend ließen sie sich beim König nieder und sangen ihm Klagelieder vor oder erzählten Geschichten. Da der König überhaupt nicht mehr zu seinen Frauen kam, fragten sich diese am Abend: »Was ist denn los, daß der König nicht mehr zu uns kommt?« So gingen die Frauen zusammen mit der Tochter des Königs und schauten hinter einem Vorhang hervor ebenfalls zu. Da flog ein schneller Pfeil ab von der Brust des Jünglings, ließ sich nieder in der Brust des Mädchens, und sie verliebte sich – nicht mit einem, nein mit hundert Herzen in den jungen Derwisch. Dieser eine Abend ging vorbei und am nächsten Abend kamen sie wieder. Das Mädchen aber schrieb dem jungen Derwisch einen Brief: »Ich verbrenne! Ich verbrenne! Durch die Liebe zu dir ist mein Leben bald zu Ende. Ich war roh und bin jetzt reif geworden. Ich verbrenne, du junger Derwisch, erbarme dich meines Zustandes!« Diesen Brief übergab sie dem Haushofmeister mit der Bitte, ihn an den jungen Derwisch weiterzuleiten.
Zwei Monate blieben der Derwisch und der Prinz dort. Als dann aber die Rede auf ihre Abreise kam, wurde die Tochter des Königs von einer Krankheit befallen, und sie benahm sich wie verrückt. Man holte alle Ärzte der Stadt, aber sie sagten nur: »Es gibt kein Heilmittel für die Prinzessin, wir können sie nicht heilen.« Als der Derwisch am nächsten Tag im Thronsaal sah, daß der König ganz niedergeschlagen war, fragte er ihn: »Möge dem König Wohlergehen beschieden sein! Was

ist Euch denn widerfahren?« Der König erzählte ihm, was mit seiner Tochter geschehen war, worauf der Derwisch sprach: »Erlaubt mir, Eure Tochter zu sehen!« – »Ohne weiteres!« erwiderte der König und schloß die Versammlung. Dann ergriff der Derwisch die Hand des Jünglings, und zusammen betraten sie die Frauengemächer. Dort sahen sie, daß man das Mädchen mit schweren Ketten an den Füßen gefesselt hatte, ihre Hände waren gebunden, und ein Schloß lag um ihren Hals. Als der Blick des Mädchens auf den Derwisch fiel, zerrte sie so stark an den Ketten, daß sie ihre Handfesseln zerriß. Die Dienerinnen fürchteten sich schon und riefen: »Jetzt wird sie gleich den Derwisch in Stücke reißen!«, aber sie ging zu ihm hin und ergriff einen Zipfel seines Rockes. Der Derwisch fragte sie: »Was ist mit dir? Was ist deine Krankheit?« – »Meine Krankheit«, erwiderte sie, »ist euer Gehen. Wenn ihr diese Stadt verlaßt und ich diesen jungen Derwisch nur drei Tage lang nicht sehe, werde ich mich, sollte ich noch nicht gestorben sein, selbst töten.« – »Gut«, entgegnete der Derwisch, »ich gehe jetzt und werde mit deinem Vater etwas vereinbaren. Wenn er damit einverstanden ist, mußt du alles tun, was ich dir sage.« Das Mädchen willigte ein und fragte: »Wenn mein Vater deinen Vorschlag aber nicht annimmt, was sollen wir dann tun?« – »Dann«, meinte der Derwisch, »werde ich auf jeden Fall noch einmal zu dir kommen und dir sagen, wie du dich verhalten sollst.«

So ging der Derwisch zum König und sprach ihn an: »Möge Euch, o Mittelpunkt der Welt, Wohlergehen beschieden sein! Ich kann Eure Tochter heilen. Aber nur unter der Bedingung, daß Ihr sie, wenn ich sie heile, dem jungen Derwisch zur Frau gebt.« Der König erwiderte: »Von der Gestalt, dem Aussehen, der Vollendung und der Schönheit des Jünglings her gesehen, wünschte ich nichts lieber, als daß er mein Schwiegersohn werde. Aber wohin bringe ich denn meinen Namen, wenn man bis zum Jüngsten Tag sagen wird: Der König hat seine eigene Tochter an einen Derwisch verheiratet!« Als er dies sagte, errötete der Prinz und rief: »Täuscht Euch nicht, denn ich bin selbst der Sohn eines Königs! Ich habe mich nur zu einem bestimmten Zweck in dieser Gestalt verkleidet.« – »Und wenn es so sei«, erwiderte der König, »welchen Beweis soll ich dafür nehmen?« – »Das ist nicht weiter schwer«, entgegnete der Prinz. »Ich werde jetzt meinem Vater einen Brief schreiben. Dann werdet Ihr schon sehen, ob ich der Sohn von König Resa bin oder nicht.« Sogleich nahm er ein Blatt Papier und schrieb seinem Vater einen Brief: »Lieber Vater! Ich bin zur Zeit in der Stadt China. Schicke mir einen von deinen Leuten mit hundert Säcken voll Geld hierher!«

Der Jüngling blieb dort, und der Brief wurde zu seinem Vater gebracht. Als der ihn erhielt, freute er sich sehr und befahl sogleich einem seiner Wesire, sich mit hundert Säcken Geld auf den Weg zu machen. So saßen sie alle eines Tages im Thronsaal, als die Nachricht gebracht wurde, daß aus dem Lande Iran ein Wesir mit hundert Säcken voll Geld angekommen sei. Der König freute sich sehr darüber und ließ den Wesir gleich in den Thronsaal rufen. Als der Wesir eintrat, sah er den Prinzen dort in seiner Derwischkleidung sitzen. Sogleich fiel er auf den Boden und rief: »Prinz, warum seid Ihr nur in solch einer Kleidung?« Der Prinz aber antwortete: »Man muß sich bemühen, jedem Vater, den man hat, ähnlich zu sein.«

Der König freute sich sehr und sprach: »Jetzt gebe ich dir natürlich meine Tochter mit der größten Freude. Aber sie hat noch eine andere Krankheit! Bis jetzt hatten sie schon zwei Königssöhne geheiratet, aber jedesmal, wenn sie zusammensaßen und ihr Atem aufeinanderstieß, starben sie. Jetzt habe ich deswegen Sorgen um den Jüngling.« Der Derwisch erwiderte hierauf: »Laßt das nur meine Sorge sein. Darum braucht Ihr Euch nicht zu kümmern. Ich werde mich ihrer Krankheit schon annehmen.« Dann gab der Derwisch den Befehl, dem Mädchen die Ketten von den Füßen zu nehmen und ihm auch die Fesseln vom Hals abzunehmen. Darauf bat er, ein zweites Mal alleine mit dem Mädchen reden zu dürfen und sprach zu ihm: »Freue dich, denn ich habe deinen Wunsch erfüllt. Jetzt wirf diese eingebildete Verrücktheit ab von dir!« Das Mädchen erwiderte: »Derwisch! Ich bin ja nur verrückt geworden, weil ihr weggehen wolltet. Wenn dem nicht so ist, bin ich auch nicht verrückt.« – »Sehr gut«, entgegnete der Derwisch, »dann werde ich dir morgen gestatten, ins Bad zu gehen.«

Dann kam der Derwisch wieder zum König und sprach: »Ich habe Eurer Tochter ein Heilmittel gegeben, damit sie gesund wird. Morgen bringt sie ins Bad, und danach laßt die Hochzeitszeremonie vollziehen, denn wir wollen abreisen.« Sogleich ließ der König die ganze Stadt schmücken, und man schloß den Bund zwischen seiner Tochter und dem Prinzen und verheiratete die beiden miteinander. Der Derwisch aber sagte zu dem Jüngling: »Wenn du zu dem Mädchen gehst, hüte dich davor, daß dein Gesicht neben dem Gesicht der Braut liege. Auch wenn du sie sehr lieb hast und sie küssen willst, dann küsse höchstens ihre Hand. Denn wenn ihr Atem deinen Atem berührt, dann wird er dich vernichten!« – »Lieber Vater«, fragte der Prinz, »was sollen wir denn da machen?« – »Dafür gibt es auch ein Heilmittel«, erwiderte der Derwisch. »Und wenn die Zeit gekommen ist, werde ich sie auch von dieser zweiten Krankheit heilen.«

So wurden die beiden also miteinander verheiratet, und nach drei Tagen reisten sie ab. Der König gab ihnen zwei Meilen weit das Abschiedsgeleit, und der Wesir ließ dem Vater des Prinzen die Nachricht überbringen, daß sie abgereist seien. Auf halbem Wege kamen sie an einen Ort, an dem es viel Wasser und grüne, saftige Pflanzen gab. Dort gab der Derwisch die Anweisung, die Zelte aufzuschlagen, und nachdem dies geschehen war, rief er den Jüngling: »Lieber Sohn!« – »Ja«, gab der zur Antwort. Und der Derwisch zog das Schreiben hervor, das sie beide unterzeichnet hatten, in dem stand, daß sie alles, was sie erlangten, teilen wollten. Dieses legte er dem Jüngling vor, der erwiderte: »Ich bin bereit. Ich werde doch nicht von meinem Versprechen zurücktreten. Angefangen von der Bettelschale, die wir im Markt gefüllt haben, bis hin zur ganzen Mitgift des Mädchens wollen wir alles teilen. Das einzige, was zwischen uns bleiben wird, ist das Mädchen selbst.« Der Derwisch aber entgegnete: »Jetzt wollen wir das Mädchen teilen. Die Hälfte soll dir gehören, die andere Hälfte mir.« – »Lieber Vater«, rief der Jüngling, »was hat denn eine Hälfte noch für einen Nutzen, das Mädchen wird doch dabei sterben. Nein, das hat keinen Sinn. Ich werde dir die ganze Hälfte meines Besitzes schenken, schenke du mir dafür deine Hälfte des Mädchens.« – »Nein«, erwiderte der Derwisch, »das geht nicht. Wir haben vereinbart, daß wir von unserem Versprechen nicht zurücktreten wollen.« – »Dann will ich von meiner Hälfte des Mädchens ablassen«, rief der Jüngling, »damit es wenigstens nicht getötet wird.« – »Nein, das geht nicht«, sagte der Derwisch wieder, »sie muß in zwei Hälften geteilt werden.« – »Gut, und wie soll sie geteilt werden?«, gab schließlich der Jüngling nach. »Bleib du hier sitzen«, sagte der Derwisch, »und schau zu.«

Er holte ein Seil und band damit zwei junge Bäume, die nebeneinander standen, an die Füße des Mädchens. Dann hob er ein Fleischerbeil hoch in die Luft. Jetzt stand er so da, um das Mädchen zu zerteilen, dann schlug er das Hackmesser plötzlich mit Wucht auf den Boden, gerade zwischen die Beine des

Mädchens, und plötzlich kroch eine Schlange aus ihrem Mund hervor. Sogleich schlug er der Schlange mit dem Beil den Kopf ab. Dann hob er es ein zweites Mal empor und rief: »Das erste Mal hatte ich Erbarmen mit dir und habe nicht richtig zugeschlagen. Dieses Mal aber werde ich dich in zwei Hälften zerteilen!« Wieder hob er das Beil hoch und ließ es mit voller Wucht niederfahren, da krochen zwei junge Schlangen aus dem Mund des Mädchens hervor. Dann hob er es ein drittes Mal hoch und rief: »Diese zwei Mal hab ich mich wegen des Jünglings erbarmt, der dort verwundert und erstaunt sitzt. Dieses dritte Mal aber bereite dich darauf vor, daß ich dich zerteile!« Und wieder hob er mit ganzer Kraft das Hackbeil hoch und ließ es niederfahren. Da sah er, wie das Mädchen nieste, aber diesmal kam nichts mehr aus ihr heraus.

Nun ordnete er an, ein Ruhebett bereitzustellen, band die Prinzessin von den Bäumen los und legte sie zum Schlafen auf das Bett, wo sie sich drei Tage lang ausruhte. Nach drei Tagen dann rief der Derwisch den Prinzen zu sich. Das Mädchen hob er von dem Ruhelager auf, küßte ihm die Stirn und sprach: »Meine Tochter! Anstelle meiner Hälfte genügt mir dieser eine Kuß. Der Grund, weshalb ich bis heute die Erlaubnis nicht gegeben hatte, daß ihr euch küßt, war eben diese Schlange in deinem Bauch. Ihr Atem tötete jeden, mit dem er zusammentraf. Und es gab keine andere Möglichkeit, sie aus dem Bauch hervorzulocken, als diejenige, wie ich es gemacht habe. Hätte ich die Schlange vergiften wollen, dann wäre das Mädchen auch gestorben. Jetzt aber reist ab in euer Vaterland!«

Als sie dort angekommen waren, ließ der König die Stadt schmücken zur Ankunft seines Sohnes, und sie feierten sieben Tage und sieben Nächte lang Hochzeit. Man gab die Hand des Mädchens in die Hand des Jünglings, und am Morgen nach der Hochzeit kam der Derwisch zum König und sprach:

»An dem einen Jahr, welches ich deinen Sohn mitnehmen wollte, fehlen noch zwei Tage. Für diese zwei Tage werde ich nach zwei Jahren noch einmal kommen und den Jüngling dann mitnehmen.« Und mit diesen Worten verabschiedete er sich vom König und ging weg.

Aus Persien

Der Zauberbrunnen

Heute, mein lieber Freund, will ich dir eine erstaunliche Geschichte erzählen, die ich einmal hörte. Ein Prinz aus dem Jemen begab sich einmal auf die Jagd. Durch weite Wälder und ferne Steppen führte ihn sein Weg. Da begegnete ihm ein mächtiger Ziegenbock, ein prächtiges Tier. Der Prinz setzte dem Bock nach und bemerkte nicht, daß er plötzlich allein war, ohne seine Freunde und Gefährten. Da war die Steppe auch schon zu Ende, er geriet in einen dichten Wald, immer noch eilte er dem Bock hinterher, die seltene Beute schon zum Greifen nah. Doch plötzlich war das Wild seinem Blick entschwunden, und verwirrt und ratlos blieb der Jäger stehen.
Nun wollte es der Zufall, daß der Wald kein einfacher Wald, sondern ein Zauberwald war. Bei jedem Schritt begegnete einem ein Wunder! Der Prinz schaute sich um – und erblickte vor sich eine tiefe Grube. Er trat an ihren Rand und warf einen Stein hinunter.
»Wer stört uns denn da? He da, antworte!« erklang eine Stimme aus der Tiefe. »Wenn du ein Mann bist, verwandle dich in eine Frau; bist du eine Frau, so werde ein Mann!«
Und was meinst du wohl? Ehe unser Prinz es sich versah, wurde er zu einem blühenden Mädchen; weiß waren seine Hände, purpurn seine Lippen, rot sein Gewand, seine Augen waren dunkel wie die Nacht, doch dunkler seine Brauen und Wimpern.
Das Unglück wollte es nun, daß ein anderer Prinz aus dem Nachbarland in der gleichen Gegend weilte. Er war schön anzusehen, von schlanker Gestalt und großer Körperkraft. Er packte die arme Schöne, schwang sich mit ihr auf sein Pferd und entführte sie in die Fremde, in sein Haus.

Zwölf Jahre waren seitdem verstrichen. Der Prinz lebte glücklich, er war zufrieden mit seiner Frau. Doch als das dreizehnte Jahr anbrach, hielt es seine Frau nicht länger aus und sagte eines Tages zu ihm:

»Was bist du doch für ein herzloser Mensch! Dich kümmert es gar nicht, wie schwer mir das Herz ist. Zwölf Jahre ist es nun her, daß ich mein Elternhaus nicht mehr gesehen habe. Ich sehne, ich härme mich ab nach Mutter und Vater!«

Der Prinz stritt nicht lang mit seiner Frau, nach kurzen Vorbereitungen machten sie sich auf den Weg, auf die weite Reise. Erinnerst du dich, mein Freund, noch an die tiefe Grube? Ebendorthin kam der Prinz mit seiner Frau. Jeder warf einen Stein hinein. Und plötzlich ertönte aus der Tiefe eine Stimme:

»Welch ein Grobian stört uns da? He, antworte! Wenn du ein Mann bist, verwandle dich in eine Frau; bist du eine Frau, so werde ein Mann!«

Und was meinst du wohl? Sogleich wurde der Prinz aus dem Jemen wieder ein Mann, während sich der andere Prinz in eine bildschöne Frau verwandelte. Da zögerte unser Prinz nicht lange, er packte die Schöne, schwang sich mit ihr auf sein Pferd und ritt mit ihr nach Hause.

Zwölf Jahre zogen ins Land. Als nun das dreizehnte Jahr anbrach, wandte sich der Prinz an seine Frau und sprach:

»Jetzt habe ich mein Versprechen von einst gebüßt. Komm mit, ich befreie dich von dem Zauber. Möge Allah niemandem solch ein Leben bereiten!«

Er nahm seine Frau, führte sie zu der tiefen Grube und ließ sie dort allein zurück. Sie warf einen Stein in die Tiefe und verwandelte sich augenblicklich in einen Mann; und der verließ schleunigst die unheilvolle Gegend. Der jemenitische Prinz kehrte nach Hause zurück, und auch der andere Prinz kehrte alsbald in seine Heimat zurück. So leben sie seitdem,

der eine hier, der andere dort. Ein jeder ist auf seine Weise glücklich.
Möge künftig niemandem solches geschehen. Fort mit dir, Habgier, enteile, Stolz! Und mit ihnen schwinden Untugend, Laster und Fehl!

Aus Afghanistan

Wie das Mädchen zum Mann wurde

Es war einmal ein König, der hatte einen alten Wesir. Dieser konnte nicht mehr dienen und bat den König: »Ich bin so alt geworden, daß ich dir nicht mehr dienen kann. Gib mir die Erlaubnis, mein Alter daheim zu verbringen!«

Der König gestattete es ihm.

Da ging der Wesir nach Hause zu seiner Frau und den Kindern, die sich über seine Rückkehr freuten. Als der Wesir seiner Freude Genüge getan hatte, seufzte er und sprach: »Wenn doch von meinen drei Töchtern eine ein Mann wäre, dann könnte sie an meiner Stelle Dienst tun!«

Die älteste Tochter sagte: »Gib mir Männerkleidung, ich will deine Waffen nehmen, mich auf dein Pferd setzen und losreiten.«

»Du kannst das nicht. Der Dienst ist schwer«, erwiderte der Wesir.

»Ich kann es schon, ich werde gehn«, meinte das Mädchen hartnäckig.

Der Vater gab ihr Pferd, Waffen und Männerkleidung.

Die Tochter zog sich als Mann an, setzte sich aufs Pferd und ritt los.

Der Vater ritt ihr auf kürzerem Weg nach, trat ihr mit gezücktem Schwert entgegen und rief: »Halt, wer kommt da zu Pferde?!«

Das Mädchen erschrak so sehr, daß es vom Pferd gefallen wäre, wenn der Vater es nicht aufgefangen und vom Pferd gehoben hätte. Er brachte sie wieder zur Besinnung und sprach: »Fürchte dich nicht, Kind, ich bin dein Vater. Ich habe dir doch gesagt, du kannst das nicht, aber du wolltest mir nicht glauben!«

Sie ritten nach Hause zurück.

Jetzt sagte die mittlere Tochter: »Ich will gehen.«

Der Vater entgegnete: »Auch du kannst das nicht. Wer hat einem Mädchen soviel Mut gegeben, solch einen weiten Ritt zu unternehmen?«

Die Tochter ließ sich nicht beirren. Sie beharrte auf ihrem Entschluß.

»Wenn du unbedingt losziehen willst, dann nur zu!« sagte der Vater.

Das Mädchen zog Männerkleidung an, bewaffnete sich, setzte sich aufs Pferd und ritt los.

Der Vater schnitt auch ihr den Weg ab und verbarg sich im Hinterhalt. Als das Mädchen herankam, sprang er auf den Weg und rief: »Wer kommt da, halt an!«

Das Mädchen bekam einen derartigen Schreck, daß es fast vom Pferd gefallen wäre. Aber der Vater beruhigte sie: »Fürchte dich nicht, ich bin dein Vater.« Und er brachte auch sie wieder nach Hause.

Jetzt sprach die jüngste Tochter: »Ich werde gehen, ich fürchte mich nicht!«

Der Vater versuchte auch sie davon abzubringen, aber sie bestand darauf. Sie zog Männerkleidung an und versah sich mit Waffen. Dann schwang sie sich aufs Pferd und ritt davon.

Auch ihr ritt der Vater nach und wartete unterwegs. Aber das Mädchen hatte keine Furcht. Sie warf ihm ihr Pferd mit erhobenem Schwert entgegen, so daß sie ihn beinahe getötet hätte. Da bekam es der Wesir mit der Angst zu tun und bat: »Kind, töte mich nicht, ich bin dein Vater. Ich hoffe, daß du alle Pflichten gut erfüllen wirst. Wenn du in jene Stadt kommst, wo der König lebt, dann steht sein Schloß abseits. Davor liegt ein großes Feld, umgeben von einer Mauer. An dem großen Tor sind zwei Löwen als Wächter angebunden. Nimm ihnen ein Schaf mit, teile es in der Mitte und gib jedem Löwen eine Hälfte, denn wenn sie dich das erstemal sehen, lassen sie dich nicht hinein, sondern werden dich fressen wollen. Später brauchst du nichts mehr, sie gewöhnen sich an dich. Wenn du hineinreitest, kommst du auf ein großes Feld. Auf diesem Feld mußt du das Pferd bald antreiben, bald zügeln, bis du zum Haus des Königs gelangst. Der König wird dich sehen und dich selbst rufen lassen. Er wird nach deiner Herkunft fragen, dann antworte ihm: ›Ich bin das Kind Eures alten Wesirs.‹ Ich weiß, was er sagen wird: ›Hatte er denn überhaupt einen Sohn?‹ Dann antworte: ›Er hat nur gesagt, er habe keinen Sohn, damit ich nicht von klein auf dienen mußte. Jetzt bin ich herangewachsen, kann Euch dienen und bei Euch bleiben.‹«

Vater und Tochter küßten sich. Der Vater kehrte nach Hause zurück, und das Mädchen ritt weiter. Das Pferd brachte sie ganz von allein hin, denn es kannte den Weg genau. Als es in jene Stadt kam, kaufte das Mädchen ein Schaf und ein scharfes Messer. Am Tor angelangt, zerteilte sie das Schaf, gab die eine Hälfte dem einen Löwen, die andere dem anderen und trieb ihr Pferd in den Hof. Tatsächlich sah sie ein großes Feld und begann nun auf dem Pferd hin- und herzujagen. Die Fenster des Königspalastes lagen auf der Hofseite. Es war Morgen, und der König wusch gerade sein Gesicht, als er den jungen Mann sah, der ihm sofort gefiel. Er klatschte in die Hände, ein Höfling trat ein, diesem befahl er:

»Geht und bringt den jungen Mann her, damit ich ihn fragen kann, wer er ist und was er will!«

Der Höfling ging hinaus und sagte zu dem Mädchen: »Der König befiehlt dich zu sich!«

Das Mädchen sprang vom Pferd, ein Stallknecht nahm es ihr sofort ab. Sie folgte dem Höfling und kam zum König.

Der König fragte sie nach dem Grund ihres Kommens und wer sie sei.
Das Mädchen erklärte ihm alles und fügte hinzu: »Bitte gebt mir die Stelle des Vaters!«
Ihrem Vater war der König so dankbar, daß er den Wunsch nicht ausschlug und sie in seinen Dienst nahm.
Der König hatte eine Tochter im heiratsfähigen Alter. Als sie den fremden Jüngling erblickte, gefiel er ihr sehr. Der junge Mann hatte ein eigenes Zimmer erhalten. Die Tochter des Königs ging zu ihm, fand ihn schlafend und begann ihn leidenschaftlich zu küssen. Der junge Mann erwachte, erschrak beim Anblick des fremden Mädchens und fragte: »Wer bist du, wie kommst du zu dieser Zeit hier herein?«
Das Mädchen entgegnete: »Ich bin die Tochter des Königs. Am Morgen habe ich gesehen, wie du im Hof das Pferd geritten hast. Ich habe dir von meinem Zimmer aus zugesehen und bin in Liebe zu dir entbrannt. Heimlich bin ich zu dir gekommen, um dir meine Liebe mitzuteilen. Ich habe viele Freier, alles Königssöhne, aber außer dir möchte ich keinen zum Mann!«
Der junge Mann antwortete: »Als ich dich sah, habe ich mich sehr in dich verliebt, aber aus Furcht vor deinen Eltern kann ich diesem Verlangen nicht nachgeben.«
Das Mädchen wurde traurig über die ablehnende Antwort, aber es nahm sich vor, später noch einmal mit ihm zu sprechen, und verließ das Zimmer.
Am nächsten Tag sagte die Frau des Königs zu ihrem Gemahl: »In der Nacht ist unsere Tochter aufgestanden und heimlich hinausgegangen. Ich habe ihr nachgeschaut, sie ging in jenes Zimmer, in dem der Sohn des Wesirs schläft. Ich habe an der Tür gelauscht und gehört …« Und sie berichtete dem König, was sie gehört hatte, und gab ihm den Rat: »Schick

den Sohn des Wesirs mit einem Auftrag so weit fort, daß er von dort nicht mehr zurückkehren kann, sonst bringt uns unsere Tochter in Schande. So viele Königssöhne baten uns um ihre Hand, und jetzt sollen wir sie dem Sohn eines Wesirs geben?«

Am folgenden Tag gab der König vor, krank zu sein, ließ den Sohn des Wesirs rufen und sagte zu ihm: »Ich bin krank. Aber ich träumte vom Apfel der Unsterblichkeit. Wenn du mir diesen bringst, werde ich wieder gesund, wenn nicht, muß ich sterben!«

Die Tochter des Wesirs verneigte sich, ging hinaus, schwang sich auf ihr Pferd und ritt davon. Nach einiger Zeit gelangte sie auf einen hohen Berg. Sie schaute von oben hinab und erblickte Häuser von Riesen. Im Hof saß eine Riesenfrau und drehte die Spindel. Die Spindel war so groß wie der Mittelpfosten einer Scheune, der Wirtel so groß wie eine Scheune und sie selbst wie ein Berg.

Die Tochter des Wesirs ging zu ihr und rief: »Mutter, Mutter!«

Die Riesenfrau antwortete nicht.

Wieder rief sie: »Mutter!«

Abermals keine Antwort.

Sie rief zum drittenmal: »Mutter!«

Da hörte sie die Riesin. »Hättest du nicht Mutter gesagt, Kind, wärst du gerade ein Happen für mich gewesen. Ich habe keinen Sohn, und weil du Mutter zu mir sagtest, will ich dir wie eine Mutter sein. Drei Töchter habe ich, die in die Berge jagen gegangen sind. Ich will sie herbeirufen, sie werden sich ebenfalls freuen.« Sie stieg auf den Berg hinauf, von dem die Tochter des Wesirs gekommen war. Von dort aus waren drei andere Berge zu sehen. Auf jeden dieser Berge war eine Tochter gestiegen. Sie rief jede bei ihrem Namen, da kamen sie herbei, und die Mutter sagte zu ihnen: »Kinder, ich habe uns noch ein Kind verschafft. Ihr hattet noch keinen Bruder. Fügt ihm mir zuliebe kein Leid zu.«

Die Töchter schworen: »Wenn du ihn als dein Kind angenommen hast, soll er unser Bruder sein. Wir werden ihm nicht weh tun.« Sie gingen zu dem jungen Mann, und alle drei riefen: »Du bist unser Bruder, und wir sind deine Schwestern!« Sie umarmten und küßten ihn, setzten ihn neben sich, gaben ihm zu essen, und dann fragten sie: »Was hast du vor? Du bist doch nicht ohne Absicht gekommen. Sag es uns, und wir helfen dir, so gut wir können!«

Der junge Mann entgegnete: »Der König ist krank und hat mich nach dem Apfel der Unsterblichkeit geschickt. Auf der Suche nach dem Apfel habe ich euch getroffen.«

Die Mutter der Riesinnen sprach: »Es ist gut, daß du hierhergekommen bist, denn es ist schwierig, ihn zu beschaffen, und allein würdest du ihn nicht erringen. Ich werde in das Meer hineinblasen. Es wird sich aufstauen und in der Mitte teilen. Du aber geh hindurch ans andere Ufer. Dort steht ein Apfelbaum. Er trägt drei Früchte. Eine genügt dir. Pflücke den Apfel und komm rasch zurück, denn der Apfelbaum wird bewacht, und wenn die Wächter dich bemerken, werden sie dich töten. Das Meer wird sich hinter dir schließen, und wenn du in der Mitte bist, können sie dir nichts mehr anhaben. Jetzt sind die Wächter gerade Mittag essen gegangen, nutze also die Gelegenheit!«

Sie führte den jungen Mann an den Strand des Meeres und blies ins Wasser. Das Meer teilte sich in der Mitte, die eine Hälfte blieb auf der einen Seite stehen, die andere Hälfte auf der anderen Seite. Die Riesin trug ihm noch auf, wieder an dieselbe Stelle zurückzukommen. Die Tochter des Wesirs ging zwischen den Wassermassen hindurch. Als sie ans Ufer kam, erblickte sie jenen Apfelbaum, an dem wirklich drei Äpfel hingen. Die Äpfel waren so groß, daß sie kaum in die Öffnung des Tragbeutels paßten. Sie pflückte alle drei, steckte den einen auf der einen Seite in den Tragbeutel, den zweiten auf der anderen Seite, und den dritten nahm sie in die Hand. Nun setzte sie sich aufs Pferd und ritt zurück. Alsbald nahmen die Wächter die Verfolgung auf, aber sie konnten die Tochter des Wesirs nicht einholen. Sie entkam ins Meer, und hinter ihr floß das Wasser wieder zusammen. Unversehrt gelangte sie zur Mutter der Riesinnen. Sie und ihre Töchter freuten sich sehr. Einen Apfel zerteilten sie sogleich, und zwei gaben sie ihr mit nach Hause.

Die Riesenmutter warnte: »Ich weiß, daß man dich wieder irgendwohin schicken wird. Geh nicht, ohne daß ich davon weiß, sonst wirst du ums Leben kommen.«

Die Tochter des Wesirs zog davon und brachte dem König die Äpfel. Der König war sehr zufrieden. Einen Apfel schnitt er sogleich auf, und den anderen legte er auf seinen Tisch. In dieser Nacht legten sich alle schlafen, nur die Königin fand keine Ruhe.

Wieder ging die Königstochter zum vermeintlichen Sohn des Wesirs, umarmte ihn und sagte: »Ehe du zurückkamst, hatte ich immer solche Angst. Ich hielt nach deinem Weg Ausschau. Keinen anderen Mann möchte ich als dich. Gott möge mir keinen anderen geben!«

»Ich liebe dich auch sehr, aber ich fürchte mich vor deinem Vater«, entgegnete der Sohn des Wesirs.

Am nächsten Tag erzählte die Königin ihrem Gatten: »Gestern nacht ist unsere Tochter abermals zum Sohn des Wesirs gegangen. Wenn wir uns nicht noch etwas einfallen lassen, stürzt uns unsere Tochter in Schande.«

Der König ließ den Sohn des Wesirs zu sich kommen und

sagte zu ihm: »Der Apfel ist mir nicht bekommen. Du mußt mir das Wasser der Unsterblichkeit bringen!«

Der Sohn des Wesirs ließ sich silberne Krüge geben, steckte sie in den Tragbeutel, hängte diesen übers Pferd, saß auf und ritt zur Riesenmutter. Als die Mutter der Riesinnen den jungen Mann sah, freute sie sich. Sie umarmte und küßte ihn und fragte: »Ohne Grund bist du nicht hergekommen. Sag mir, was du willst!«

Das Mädchen antwortete: »Der König verlangt das Wasser der Unsterblichkeit. Ich soll es ihm bringen.«

»Das ist eine schwierige Sache. Aber hab keine Angst, es hängt von deiner Behendigkeit ab«, beruhigte sie die Riesenfrau. Sie gab ihr zu essen, ließ sie ruhen und führte sie dann ans Meer. Als sie hinkamen, blies sie ins Meer, so daß es sich aufstaute, und sagte: »Bis du zurückkommst, wird es so bleiben. Nimm diesen Weg, du wirst an dem Apfelbaum vorbeikommen und an vielen anderen Orten. Auf einer Ebene wird sich eine Stadt mit einer diamantenen Mauer erheben. In dieser Stadt, in der sich jenes Wasser befindet, herrscht eine Königin. Die Mauer hat ein diamantenes Tor. Dieses öffnet und schließt sich so schnell, daß du mit den Augen kaum folgen kannst. Schlag dein Pferd so kräftig mit der Peitsche, daß du hindurchkommst. Denn wenn das Tor dich trifft, schneidet es dich und das Pferd mittendurch!« Die Riesenmutter wünschte der Tochter des Wesirs eine gute Reise, und sie trennten sich.

Die Tochter des Wesirs ritt durch das ganze Meer und durch zehn ebenso große Länder. Endlich gelangte sie an jene diamantene Mauer. Die Sonne ging gerade auf, und die Mauer blinkte grell. Sie ritt näher und sah, daß sich das Tor tatsächlich so schnell öffnete und schloß, daß man mit dem Blick kaum folgen konnte. Sie aß etwas und fütterte das Pferd mit Gerste. Dann ruhten sich beide aus. Schließlich schwang sie sich in den Sattel, ritt ein wenig umher, um das Pferd zu erwärmen, dann schlug sie es mit der Peitsche und schoß durch das Tor. Sie schafften es, aber dem Pferd wurde der Schwanz abgeschnitten. Sofort sprang das Mädchen ab, übergoß das Pferd mit dem Wasser der Unsterblichkeit und der Schwanz heilte wieder.

Das Mädchen sah sich um. Alle Häuser waren aus Glas. Auch lebte kein Mann in dieser Stadt. Die Eltern der Königin waren im Krieg umgekommen und alle Männer gefallen. Eine Erzieherin zog das Waisenkind auf, ohne daß dies je eines Mannes Gesicht zu sehen bekam. Die Königin war sehr schön.

Die Tochter des Wesirs ging zur Quelle, nahm den Tragbeutel, ließ das Pferd weiden und legte sich selbst nieder, um zu schlafen.

Die Erzieherin sah, daß ein junger Mann gekommen war, und sagte zur Königin: »Ein junger Mann ist zu unserer Quelle gekommen und ruht sich dort aus. Er ist so schön, wie ich noch nie einen Mann gesehen habe.«

Die Königin sprach: »Ach, könnte ich ihn nur sehen, damit ich weiß, wie ein Mann aussieht!«

Als der junge Mann erwachte, ging die Erzieherin zu ihm und sagte: »Unsere Königin befiehlt dich zu sich!«

Sofort stand die Tochter des Wesirs auf und folgte der Erzieherin. Der Königin gefiel der Fremde überaus gut, sie hieß ihn neben sich setzen und berichten, weshalb er hergekommen sei. Dann sagte sie: »Reite nicht mehr fort. Regiere dieses Reich. Außer dir habe ich noch keinen Mann gesehen, und weil ich dich gesehen habe, mußt du auch mein Mann werden!«

Die Tochter des Wesirs entgegnete: »Ich bringe das Wasser der Unsterblichkeit meinem König, und dann komme ich zurück.«

Man füllte ihr die Krüge und entließ sie in Frieden.
Als sie ans Meer kam, traf sie es noch immer geteilt an. Sie ritt unbehelligt hindurch und kam zur Mutter der Riesinnen. Diese freute sich, als sie den jungen Mann sah, ließ ihn ausruhen und rief zum Abschied: »Man wird dich wieder fortschikken. Geh nicht, ohne daß ich davon weiß!«
Die Tochter des Wesirs kehrte nach Hause zurück und brachte dem König das Wasser der Unsterblichkeit. Als nachts alles schlief, ging die Königstochter abermals zu dem jungen Mann: »Bevor du zurückkamst, war ich so traurig. Ich liebe dich so sehr, aber du liebst mich nicht!«
Die Tochter des Wesirs antwortete: »Ich liebe dich auch sehr, aber ich fürchte mich vor dem König!«
Am nächsten Tag sagte die Frau zum König: »Gestern nacht war unsere Tochter wieder beim Sohn des Wesirs. Schicke ihn diesmal mit solch einem Auftrag weg, daß er nicht lebend zurückkehren wird!«
Der König befahl den Sohn des Wesirs zu sich und sprach: »Du mußt mir das Geheimnis der versteinerten Stadt ergründen!«
Abermals machte sich die Tochter des Wesirs auf und ritt zur Mutter der Riesinnen.
»Was ist los, was hast du?« fragte die Riesenfrau.
»Der König wünscht, daß ich ihm das Geheimnis der versteinerten Stadt ergründe.«
Die Riesin erwiderte: »Das ist furchtbar schwer. Ich will dich hinbringen, aber helfen kann ich dir nicht. Du mußt an jenem Apfelbaum und auch am Wasser der Unsterblichkeit vorbeireiten und wirst noch viele Berge und Täler überqueren müssen. Dort wirst du es finden.«
Sie führte die Tochter des Wesirs ans Meer, blies hinein und sagte: »Komm wieder bei mir vorbei!«

Sie trennten sich voneinander. Die Tochter des Wesirs kam an jenem Apfelbaum, der Wasserstelle und vielem anderen vorbei. Schließlich gelangte sie an ein Feld, das war voller Steine. Menschen und Tiere waren zu Stein verwandelt. Der Tischler hielt den Hobel noch in der Hand und war zu Stein geworden. Wie sie im Leben gearbeitet hatten, so befanden sie sich hier als Steine. Die Tochter des Wesirs irrte umher, konnte aber keine lebende Seele finden. Schließlich kam sie an ein Haus, aus dem hörte sie eine Stimme: »Gib mir einen Schluck Wasser!« Sie ging der Stimme nach und erblickte einen Mann, bei dem nur die untere Hälfte versteinert war. Die Tochter des Wesirs fragte: »Warum bist du versteinert?«

Der Mann entgegnete: »Wie konntest du es wagen hierherzukommen? Reite schnell wieder weg, sonst kommt das Geisterweib und verwandelt auch dich in Stein!«

»Das ist mir gleich. Wenn ich dem König nicht das Geheimnis dieser Stadt bringe, wird er mich töten«, antwortete die Tochter des Wesirs.

»Nun gut«, erzählte der Mann. »Ich war König in dieser Stadt, besaß eine Frau, Nasire und Wesire, wie dies einem Herrscher zusteht. Ich war mit allem versorgt. Ich hatte auch zwei Sturmrosse, die pfeilschnell dahinstoben, die ließ ich gut betreuen. Eines Tages führte der Stallknecht sie an die Tränke. Als er sie heimbrachte, waren sie so dürr, daß die eine Flanke die andere berührte. Ich fuhr ihn an, ob er sie nicht gefüttert habe, oder was sonst die Ursache für jene Magerkeit sei. Der Stallknecht entgegnete: ›Jede Nacht galoppieren sie hinter neun Berge, wie sollen sie da nicht mager werden!‹

Ich fragte ihn nach dem Grund, und er sagte: ›Die Königin liebt den Herrscher Arabiens, der hinter neun Bergen lebt. Kaum seid Ihr eingeschlafen, steht sie auf, und ich folge ihr. Sie setzt sich auf das eine Roß, ich auf das andere. Heute nacht will sie wieder hinreiten. Man feiert ein Fest und erwartet sie.‹

Ich sagte zu ihm: ›Leg deine Kleider an die Tür. Sobald sie nach dir klopft, ziehe ich mich an und reite an deiner Stelle.‹

Der Stallknecht gehorchte. Ich stellte mich schlafend. Die Königin stand auf, klopfte an die Tür des Stallknechts und kam wieder herein. Sie zog sich sorgfältig an. Ich schlüpfte in die Kleidung des Stallknechts und legte den Stallknecht in mein Bett. Noch konnte ich es nicht glauben, ich wollte mich mit eigenen Augen überzeugen. Ich ging hinaus, sie traf mich bereit an. Ich holte die Rosse aus dem Stall und wartete auf sie. Als sie kam, setzte sie sich auf das eine Roß, trieb mich zur Eile und stob davon. Ich folgte ihr. Wir überquerten neun Berge. Dort trafen wir alles so erleuchtet an, daß man denken konnte, es sei Tag. Sogleich wurde durcheinander gerufen: ›Die Königin kommt!‹ Man half ihr beim Absitzen, geleitete sie hinein, die Zügel warf sie mir zu. Da stand ich und hielt die Pferde am Zaum. Lange verweilte sie drinnen, fast bis zum Morgengrauen. Endlich kehrte sie zurück und brachte mir in mein Seidentuch gewickelt eine Frucht mit. Als wir uns auf die Pferde schwangen, ließ ich das Seidentuch absichtlich dort zurück. Nachdem wir eine Weile geritten waren, sagte ich: ›Ach, ich habe das Seidentuch liegengelassen.‹

›Reite zurück und hole es schnell, der König könnte danach fragen!‹

Ich ritt los und sprang durchs Fenster in den Palast. Ich schnitt dem Araber den Kopf ab und warf ihn in den Tragbeutel. Dann nahm ich das Seidentuch und ritt davon. Wir stoben wie der Sturm dahin. Als es hell wurde, kamen wir an. Den Stallknecht traf ich noch an der gleichen Stelle versteckt an. Die Frau warf mir die Frucht zu und eilte hinein. Ich gab diese dem Stallknecht, zog mich aus, hängte den Tragbeutel auf und legte mich hin. Leise kam meine Frau herein und legte sich schlafen. Als es ganz hell geworden war, sagte ich: ›Weißt du, Frau, was ich heute geträumt habe?‹

›Was denn?‹ fragte sie mich.

Ich erzählte ihr: ›Mir träumte, ein arabischer Herrscher hinter neun Bergen liebte dich, und ich begleitete dich als Stallknecht, sprang durch sein Fenster, schnitt ihm den Kopf ab und warf diesen in den Tragbeutel. Schau doch nach, ob es wahr ist.‹

Sofort nahm sie den Tragbeutel herunter, stülpte ihn um, und der Kopf rollte heraus. Wutentbrannt verwandelte sie mich halb zu Stein, und die anderen Bewohner meines Reiches versteinerte sie ganz. Diesen Zauber hat sie in Arabien gelernt. Wenn ich sie um Wasser bitte, gießt sie mir stinkendes Brackwasser ein: das sei ich wert. Wenn ich um Essen bitte, bringt sie mir Schlamm: ›Da, iß!‹ Wäre doch auch ich ganz zu Stein geworden!«

Die Tochter des Wesirs fragte: »Wo ist deine Frau jetzt?«

»Sie ist weggegangen, läuft umher, um ihr Leid zu lindern. Bald wird sie zurückkommen.«

Während sie so redeten, erklangen in der Ferne Schritte. Das Mädchen verbarg sich hinter der Tür. Die Frau kam herein, und der König sagte zu ihr: »Bist du denn kein Christ? Entweder töte mich ganz oder erlöse mich von dieser Qual!«

Die Frau entgegnete: »Das ist noch zuwenig für dich!«

Als sie so redeten, schlich sich die Tochter des Wesirs heran und schlang sich das Haar der Frau um den Arm. Das geschah so plötzlich, daß die Frau sich nicht wehren konnte. Das Mädchen warf sie zu Boden und stellte seinen Fuß auf sie: »Schnell, verwandle den König in seine frühere Gestalt und gib auch der Stadt ihr früheres Aussehen zurück, sonst töte ich dich auf der Stelle!«

Was blieb der Frau anderes übrig. Sie zauberte alles in seine alte Gestalt zurück. Das Mädchen sprach: »Mich auch!«

»Was soll ich aus dir denn zaubern? Wenn du ein Mann bist, sollst du ein Mädchen werden. Bist du ein Mädchen, sollst du zum Mann werden.«

Das Mädchen verwandelte sich tatsächlich in einen Mann und hieb die Königin sofort in Stücke. Der König und die ganze Stadt segneten den jungen Mann.

Der Jüngling machte sich auf den Rückweg. Er kam zu dem Mädchen in der gläsernen Stadt und sagte: »Halte dich bereit, ich werde kommen und dich zu meinen Eltern führen!« Dann ritt er zur Mutter der Riesinnen und erzählte ihr das Geheimnis der versteinerten Stadt. Endlich begab er sich zum König und berichtete ihm. Als alle sich zur Ruhe legten, kam die Königstochter abermals heimlich zu ihm: »Bevor du kamst, bin ich vor Angst um dich fast umgekommen!«

»Ich liebe dich auch sehr«, sagte der junge Mann und nahm sich, was sie ihm gab.

Die Furcht vor dem König, die er früher vorgegeben hatte, besaß er nun nicht mehr. Am nächsten Tag stand er auf und bat den König: »Erlaubt mir, nach Hause zu gehen und meinen alten Vater zu sehen!«

Da freute sich der König, daß er ihn loswurde, und gab sein Einverständnis. Der junge Mann zog zur Riesin und gestand ihr, daß er das Mädchen aus der gläsernen Stadt liebte. Die Riesin kam mit ans Meer, blies hinein und ließ ihn hindurchreiten. Er ging zu dem Mädchen, nahm die diamantene Mauer, die Quelle der Unsterblichkeit und alle Frauen, die dort lebten, mit sich. Sie kamen zur Riesin, waren lustig und freuten sich und reisten weiter zum Vater des jungen Mannes. Das Heer der Frauen eilte voraus, und die Frauen sagten: »Der Sohn des Wesirs kommt mit seiner Frau!«

Da wunderte sich der Wesir: »Wer hat mir denn einen Sohn gegeben, es war doch ein Mädchen!«
Als der junge Mann heimkam, berichtete er den Eltern von seinen Erlebnissen. Sie freuten sich sehr, richteten die Hochzeit und lebten im Glück.

Aus Georgien

Meine Frau, die Sirene

Es war einmal eine schöne junge Frau, die einen Seemann geheiratet hatte. Dieser Seemann ging auf große Fahrt und war jahrelang in der Ferne, und während er fort war, verliebte sich ein König jenes Landes in die schöne Frau und überredete sie dazu, mit ihm fortzugehen. Als der Seemann heimkehrte, fand er das Haus leer. Nach einer Weile hatte der König genug von der Frau und jagte sie fort. Reumütig kehrte sie zu ihrem Mann zurück und bat ihn auf Knien um Vergebung.

Obwohl er sie immer noch liebte, war der Seemann jedoch durch ihre Treulosigkeit so verletzt, daß er ihr den Rücken kehrte und sagte: »Nein, ich vergebe dir nicht und werde dir nie vergeben. Du bekommst die Strafe, die du verdienst. Bereite dich darauf vor, zu sterben.«

Sie raufte sich die Haare und bat und flehte, aber es half nichts, der Seemann ließ seine treulose Frau wie einen Sack auf sein Schiff laden, setzte die Segel und legte ab.

Als sie auf hoher See waren, sagte er zu ihr: »Jetzt ist dein Stündlein gekommen«, packte sie an den Haaren, hob sie empor und warf sie ins Meer. »Nun bin ich gerächt«, sagte er, machte kehrt und fuhr zurück in den Hafen.

Die Frau sank tiefer und tiefer bis hinab auf den Grund des Meeres, und es war genau die Stelle, wo die Sirenen ihre Versammlungen abhielten.

»Schaut, was für eine schöne junge Frau sie ins Meer geworfen haben«, riefen die Sirenen. »Eine so schöne Frau darf nicht als Fischfutter enden! Retten wir sie! Nehmen wir sie zu uns auf!«

Sie nahmen die Frau bei der Hand und führten sie in ihren Palast auf dem Meeresgrund, der taghell erleuchtet war. Eine

Sirene kämmte ihr schwarzes Haar, eine andere salbte ihr die Arme und die Brust, eine dritte legte ihr eine Korallenkette um den Hals, eine vierte steckte ihr Smaragdringe an die Finger. Die Frau wußte überhaupt nicht mehr, wie ihr geschah. »Schaumkrone! Komm mit uns, Schaumkrone!« hörte sie rufen und begriff, daß Schaumkrone ihr Name bei den Sirenen war. Sie trat in den Saal des Palastes und fand ihn voll tanzender Paare, und da fing auch sie an zu tanzen.
Bei solcher Pracht und solchen Festen verbrachte sie ihre Tage fröhlich, doch oft überfiel sie die Erinnerung an ihren Mann und warf einen Schatten auf ihr Gesicht.
»Bist du nicht glücklich bei uns, Schaumkrone?« fragten die Sirenen. »Warum schaust du so traurig drein? Bedrückt dich etwas, daß du so schweigsam bist?«
»Nein, nichts, ich habe nichts«, antwortete sie, aber es gelang ihr nicht, dabei zu lächeln.
»Komm, wir lehren dich singen!« Und die Sirenen brachten ihr ihre Lieder bei, jene Sirenengesänge, bei denen die Seeleute sich kopfüber ins Meer stürzen, wenn sie sie hören. So trat Schaumkrone dem Chor der Sirenen bei, der in Vollmondnächten aus den Wellen auftaucht, um zu singen.
Eines Nachts sahen sie ein Schiff mit vollen Segeln daherkommen. »Rasch, Schaumkrone, komm mit uns singen!« riefen die Sirenen und begannen ihren Gesang:

Dies singen wir in des Vollmonds Schein,
Wenn Luna erstrahlt als hellste der Hellen:
O Seemann, willst bei den Sirenen du sein,
Komm und stürz dich hinab in die Wellen.

Da erschien ein Mann auf dem Schiff, der sich weiter und weiter über die Reling beugte, verzaubert von der Musik, und plötz-

lich stürzte er sich in die Wellen. Im Mondlicht hatte Schaumkrone ihn erkannt: Es war ihr Mann.
»Den verwandeln wir in eine Koralle!« riefen die anderen Sirenen.
»Oder in einen weißen Kristall! Oder in eine Muschel!«
»Wartet, wartet, ich bitte euch!« rief Schaumkrone. »Laßt ihn am Leben! Wartet noch mit eurem Zauber!«
»Was liegt dir denn soviel an ihm?« fragten ihre Gefährtinnen.
»Ich weiß nicht ... Ich möchte gern selbst einen Zauber an ihm probieren ... Auf meine Weise, ihr werdet schon sehen ... Bitte, laßt ihn noch einen Tag leben ...«
Die Sirenen, die Schaumkrone immer so traurig dreinschauen sahen, wagten nicht, ihr den Wunsch abzuschlagen, und so brachten sie den Seemann in einen weißen Palast auf dem Grund des Meeres. Es wurde Tag, und die Sirenen gingen schlafen. Schaumkrone aber näherte sich dem weißen Palast und begann ein Lied zu singen, und das ging so:

Dies singe ich in des Vollmonds Schein:
Ich hab' dich gekannt und war dir nicht treu.
Zur Strafe muß ich nun eine Sirene sein,
Doch will ich dich retten, und alles wird neu.

Der Seemann spitzte die Ohren und begriff, daß die Sängerin keine andere als seine Frau sein konnte. Er horchte hoffnungsvoll, und dabei fühlte er, daß er ihr im Innersten längst vergeben hatte und daß es ihn reute, sie ertränkt zu haben.
Die Sirenen schliefen bei Tage und zogen bei Nacht durchs Meer, um die Seeleute zu betören. Schaumkrone wartete, bis es dunkel wurde, dann schloß sie den weißen Palast auf und fand ihren Mann wieder. »Still!« sagte sie. »Die Sirenen sind

eben erst fortgeschwommen, sie könnten dich noch hören! Halte dich an mir fest und laß dich tragen.« So schwamm sie Stunden um Stunden mit ihm, bis ein großes Schiff in Sicht kam.
»Ruf die Matrosen zu Hilfe!« sagte Schaumkrone.
»He, ihr da oben! Hilfe! Hilfe!«
Ein Boot wurde vom Schiff heruntergelassen. Die Matrosen ruderten zu dem Schiffbrüchigen und zogen ihn an Bord.
»Die Sirene! ...« sagte er. »Die Sirene ... Meine Frau, die Sirene ...«
»Er hat den Verstand verloren«, sagten die Matrosen. »He, Mann, beruhige dich, du bist gerettet. Hier ist weit und breit keine Sirene.«
Der Seemann konnte in seine Heimat zurückkehren, aber er dachte immer nur an seine Frau, die Sirene, und war sehr unglücklich. »Ich habe sie ertränkt, und sie hat mir das Leben gerettet«, sagte er sich wieder und wieder. »Ich will die Meere befahren, bis ich sie wiederfinde! Ich will sie retten oder selber zugrunde gehen!«
Mit solchen Gedanken begab er sich in einen tiefen Wald, bis er zu einem Nußbaum kam, von dem es hieß, daß die Feen sich unter ihm trafen.
»Schöner Jüngling, warum bist du so traurig?« sagte auf einmal neben ihm eine Stimme. Er drehte sich um und sah eine alte Frau.
»Ich bin traurig, weil meine Frau eine Sirene geworden ist und ich nicht weiß, was ich tun soll, um sie wiederzubekommen.«
»Du scheinst mir ein braver Junge zu sein«, sagte die Alte. »Ich will dir helfen, deine Frau wiederzubekommen. Aber unter einer Bedingung. Bist du einverstanden?«
»Ich tue alles, was Ihr wollt.«
»Es gibt eine Blume, die nur in den Palästen der Sirenen wächst

und die man ›die Schönste‹ nennt. Diese Blume mußt du holen und bei Nacht herbringen und hier unter diesen Nußbaum legen. Dann wirst du deine Frau wiederbekommen.«

»Aber wie soll ich das machen, eine Blume vom Grund des Meeres holen?«

»Wenn du deine Frau wiederhaben willst, mußt du einen Weg finden.«

»Ich will's versuchen«, sagte der Seemann. Er eilte zum Hafen, ging auf sein Schiff und setzte die Segel. Als er auf hoher See war, begann er laut den Namen seiner Frau zu rufen. Da hörte er ein Plantschen im Wasser und sah sie im Kielwasser seines Schiffes schwimmen. »Liebste Frau«, sagte er, »ich will dich retten, aber um dich zu retten, mußt du mir eine Blume besorgen, die nur in den Palästen der Sirenen wächst und die man ›die Schönste‹ nennt.«

»Das ist unmöglich«, sagte seine Frau, die Sirene. »Die Blume gibt es, und sie verströmt einen paradiesischen Duft, aber die Sirenen haben sie den Feen geraubt, und am selben Tage, da die Blume zu den Feen zurückkehren würde, müßten die Sirenen alle sterben. Auch ich bin eine Sirene und müßte mit ihnen sterben.«

»Du wirst nicht sterben«, sagte der Seemann, »weil die Feen dich retten werden.«

»Komm morgen wieder hierher, dann werde ich dir die Antwort geben.«

Am nächsten Tag war der Seemann wieder zur Stelle. Seine Frau, die Sirene, tauchte ebenfalls wieder auf. »Nun?« fragte er sie.

Ihre Antwort lautete: »Damit ich dir die Blume, die man ›die Schönste‹ nennt, bringen kann, mußt du deinen ganzen Besitz verkaufen und mit dem Ertrag die schönsten Juwelen erstehen, die es in den Truhen der besten Juweliere des Reiches gibt. Durch den Anblick der Juwelen werden sich die Sirenen von ihrem Palast fortlocken lassen, und dann kann ich die Blume pflücken.«

Der Seemann verkaufte in wenigen Tagen seine gesamte Habe und erstand die prächtigsten Juwelen des Reiches. Er belud sein ganzes Schiff mit Juwelen, so daß sie in Trauben von allen Rahen hingen und in der Sonne funkelten, und so stach er in See.

Die Sirenen, die auf Juwelen begieriger als auf alles andere waren, kamen von allen Seiten herbeigeschwommen, um dem Schiff zu folgen und zu singen:

Dies singen wir bei strahlender Sonne:
Dein Schiff, es quillt von Juwelen schon über.
O Seemann, was wäre es für eine Wonne,
Würfest du was von dem Glitzerzeug rüber!

Doch der Seemann setzte seinen Kurs unbeirrt fort, und die Sirenen folgten ihm und ließen sich immer weiter von ihrem Palast fortlocken.

Auf einmal ertönte ein dumpfes Donnern aus der Tiefe des Meeres, das Wasser erhob sich zu einer nie gesehenen Welle, und alle Sirenen sanken tot auf den Grund. Aus der Welle aber stieg ein Adler zum Himmel empor, und auf dem Rücken des Adlers saßen die alte Fee und die Seemannsfrau und flogen auf und davon.

Als der Seemann nach Hause kam, wartete seine Frau schon auf ihn.

Aus Apulien, Italien

Sina

Es lebten einmal ein Mann und eine Frau, die hießen Tafitofau und Ongafau. Sie hatten zwei Kinder, zwei Knaben, welche Tulifauiawe und Tulau'ena genannt wurden. Sie wuchsen heran und waren sehr schön. Nun lebte auch um die Zeit ein Mädchen, das hieß Sina; und überall, weit und breit redete man von der überirdischen Schönheit dieser Jungfrau. Viele junge Leute bewarben sich um ihre Hand. Und so rüsteten sich eines Tages die beiden Brüder ebenfalls zur Brautfahrt. Sie brieten ein Schwein, zerschnitten es, aßen jedoch nichts davon, sondern überließen alles den Eltern; sie nahmen nur einen kleinen Knöchel mit. Als sie nach dem Hause kamen, wo Sina wohnte, war dies voll von vornehmen jungen Leuten, die alle Söhne von Häuptlingen waren. Jeder wollte das schöne Mädchen heimführen, und um sein Herz zu gewinnen, hatte jeder ein Geschenk mitgebracht. »Ich schenke dir ein Schwein«, sagte der eine. »Ich schenke dir ein Huhn«, sagte ein anderer, und so wurden viele, viele schöne Sachen ins Haus gebracht. Da sprach Tulau'ena: »Hier, ich habe dir ein Schweinsknöchelchen mitgebracht.« Das Mädchen antwortete: »Das ist aber schön. Komm her, setze dich neben mich, und wir beide wollen dein tauga [Speise] verzehren.« Jetzt ärgerten sich die übrigen sehr, weil das Mädchen den lumpigen Knöchel all den anderen Geschenken vorzog und sie einfach unbeachtet ließ.

Als es Abend geworden war und die Schlafenszeit herankam, die Zeit, wo man die Schlafmatten verteilt, brachte Sina jedem der Jünglinge eine Matte, dem einen diese, dem andern jene; ihre eigene Matte breitete sie aber für sich und Tulau'ena aus. Und als alle fest schliefen, erhoben sich leise Sina und Tulau'e-

na, schlüpften aus dem Hause und liefen davon, um fortan miteinander zu leben.
Sie lebten zusammen und gründeten eine Familie. Doch der ältere Bruder Tulifauiawe neidete seinem Bruder die schöne Frau und sann schließlich auf eine List, wie er den Tulau'ena wohl töten könnte.
Eines Tages sprach Tulifauiawe zu Tulau'ena: »Komm mit. Laß uns Bonitos fangen und für die Familie Essen holen.« Sein Bruder willigte ein, doch bevor er aus dem Hause ging, sagte er zu seiner Frau: »Sina, komm her, es ahnt mir, als ob ich sterben müßte. Wenn du siehst, daß sich die Brandung blutrot bricht, dann bin ich tot. Dann verlasse dein Haus, wandere, wandere und suche nach mir, bis du mich gefunden hast. Wenn aber die Brandung wie gewöhnlich weiß bricht, dann lebe ich.«
Darauf sagte er seiner Frau Lebewohl, und die beiden Brüder gingen auf den Bonitofang. Sina folgte ihnen nach einer Weile und setzte sich an den Strand, um die Brandung im Meer zu betrachten, denn die Unterhaltung mit ihrem Mann hatte sie ängstlich gemacht und ihr das Herz mit Sorge erfüllt. Das Boot fuhr sehr weit ins Meer hinaus. Es sprach der Jüngling Tulau'ena: »Warum fährt unser Boot denn so weit, hier ist ja eine Unzahl Bonitos?« Aber sein Bruder antwortete: »Rudere nur weiter, wir wollen dahin, wo die einäugigen Bonitos sind.« Schließlich gelangten sie an die Stelle, weit, weit, auf hoher See, und fingen eine solche Menge Bonitos, daß das Boot beinahe untersank. Darauf fuhren sie wieder nach Hause, und als sie nahe am Riff waren, begann Tulifauiawe die Fische in Stücke zu schneiden. Er warf sie dem Tulau'ena zu und rief: »Hier, paß auf! Fang!« Da fing Tulau'ena die Stücke auf. Doch einmal warf sein Bruder absichtlich schlecht und das Stück fiel vorbei, ins Meer hinein. Da rief er ihm zu: »Heda, rasch! Spring

nach und hol das Stück Bonito wieder.« Tulau'ena antwortete: »Ach was, laß es fahren; es ist ja genug im Boot.« Tulifauiawe ließ jedoch nicht locker, und alsbald sprang Tulau'ena hinter dem Stück Bonito her. Er erwischte es und brachte es auch nach oben. Als aber sein Rücken aus dem Wasser herausschimmerte, nahm Tulifauiawe seinen Speer und durchbohrte ihn. So starb Tulau'ena. Tulifauiawe fuhr jedoch unbekümmert an Land und freute sich, daß er Sina nun zur Frau nehmen konnte.

Als Sina sah, daß die Brandung sich rot färbte, da dachte sie sogleich, daß Tulau'ena tot war. Sie stand auf und wanderte fort, um ihn zu suchen, wie er es gewünscht hatte. Überall suchte sie ihn, doch war er nirgends zu finden. Da traf sie endlich eine Taube und klagte:

»Le lupe, 'o le manu a ali'i,
Fa' amolemole a fo'u fesili,
Pe na'ua fau nel lo'u fili?«

»Taube, du herrlicher Vogel, du sollst es mir sagen,
Bitte, erhöre doch meine Fragen,
Kam hier mein Liebster, mein Mann vorbei?«

Die Taube antwortete höhnisch: »Das Schwein ging weg, nachdem es mit mir hier gesprochen hatte.« Sina sprach: »Weil du so schlecht von meinem Mann sprichst, will ich dich bestrafen; sieh diesen Stein hier, den Mattenbeschwerer, den sollst du nun immer auf der Nase tragen.« Daher stammt die Anschwellung auf der Nase der Taube.

Sina ging weiter und begegnete dem Purpurhuhn. Sie klagte wie vorher. Da antwortete das Huhn: »Sina, komm nur her, gerade ist dein Mann hier fortgegangen.« – »Weil du so freundlich gegen mich bist«, sagte Sina, »will ich dir Federn von meiner Matte schenken und sie dir auf die Nase setzen.« Sie tat es.

Dann ging sie weiter und traf eine kleine weißeTaube. Sie klagte wie vorher. Da antwortete die kleine weiße Taube: »Ja, er ist schon vorübergegangen.« – »Komm Freund«, sagte Sina, »weil du so gut gegen mich bist, will ich dir meine weiße Matte schenken, und du kannst sie auf deiner Brust tragen.« Und sie tat es.
Sina wanderte weiter und kam zur großen Taube. Sie klagte:

»Du große Taube, du sollst es mir sagen,
Bitte, erhöre doch meine Fragen,
Kam hier mein Liebster, mein Mann vorbei?«

Die Taube antwortete: »Soeben ist er weggegangen.« Da sagte Sina: »Freund! Weil du mit mir so freundlich bist, schenke ich dir hier mein Bündel roter Federn, meine rote Matte für deine Nase und meine weiße Matte für deine Brust.« Und sie tat es.
Dann ging Sina weiter und kam zum Papagei. Sie klagte:

»Papagei, du Schöner, du sollst es mir sagen,
Bitte, erhöre doch meine Fragen,
Kam hier mein Liebster, mein Mann vorbei?«

Da sagte der Papagei: »Komm, Mädchen, und ziehe weiter, bis du die Frau Matamolali triffst. Halte sie fest und schlage ihr mit einem Kokoswedel ins Gesicht.« Sina antwortete: »Du bist so freundlich mit mir, dafür schenke ich dir ein Bündel roter Federn für deine Brust, ein Walzahnhalsband für deinen Schnabel und eine braune Matte für deinen Schwanz. Zur Belohnung darfst du von den Nüssen der Kokospalme und den süßen Früchten im Walde essen.«
Sina wanderte nun weiter und kam zur Frau Matamolali. Sina hielt sie fest und schlug ihr mit einem Kokoswedel ins Gesicht. Da schrie die Frau: »Wer ist diese ungezogene Person in Samoa, die mich ins Gesicht schlägt?« Sina antwortete: »Ich möchte dich gern fragen, ob du weißt, wo mein Geliebter ist?« Die Frau erwiderte: »Was heißt das, dein Geliebter?« Sina

sprach: »Nun, mein Mann, der gestorben ist.« Da sagte die Frau: »Geh nur ins Haus; ich will mich aufmachen und ihn suchen.«

Matamolali ging fort und öffnete das Lebenswasser, während sie das Todeswasser absperrte. Da kam ein Strom von vornehmen schönen Jünglingen und Mädchen herunter und am Schluß ging der junge Tulau'ena. Matamolali ging auf ihn zu und sagte: »Gib mir deine Halskette.« Da näherte sich ihr Tulau'ena, und die Frau griff nach ihm, um ihn festzuhalten. Sie schlug ihn und tauchte den Jüngling darauf im Lebenswasser unter. Tulau'ena jammerte und schrie: »Laß mich leben!« Die Frau antwortete:

»Du willst leben?
Und wohin gehen die anderen?
Nach Westen!
Und wohin gehen die anderen?
Nach Osten!
Und wohin gehen die anderen?
Ans Land!
Und wohin gehen die anderen?
Ans Meer!
Und wohin gehen die anderen?
Nach oben!
Und wohin gehen die anderen?
Nach unten!
Komm, laß uns gehen!«

Darauf kehrten sie zum Haus von Matamolali zurück.

Als Sina sie nahen hörte, sprang sie auf und versteckte sich. Und Matamolali sagte: »Mädchen, bring eine neue Kleidmatte für den Häuptling. Er soll sie anlegen, denn seine ist ganz naß geworden.« Da griff Sina nach ihrer Matte und warf sie der Frau hin. Als Tulau'ena sie besah, schnalzte er mit der Zunge.

Und die Frau sagte zu ihm: »Was soll das bedeuten? Warum schnalzt du mit der Zunge?« Tulau'ena antwortete: »Ich liebe die Matte; sie schaut aus wie die von meiner Frau Sina.« Matamolali erwiderte: »Stimmt das auch? Ist die wirklich so? Dies ist jedenfalls meine Matte.« Dann sagte die Frau zu Sina: »Bring mir den Kamm, damit ich das Haar des Häuptlings kämmen kann.« Tulau'ena betrachtete den Kamm und schnalzte mit der Zunge. Und wieder sagte die Frau zu ihm: »Was soll das nur bedeuten? Warum schnalzt du mit der Zunge?« Tulau'ena antwortete: »Der Kamm schaut so aus wie der von meiner Frau Sina.« Matamolali antwortete: »Stimmt das auch? Sieht der Kamm wirklich so aus? Dies ist jedenfalls mein Kamm.«

Da schwieg Tulau'ena und redete nicht mehr; er war sehr betrübt, weil alles, was er sah, so ganz den Sachen von Sina glich.

Nun rief Matamolali: »Sina, komm hervor, zeige dich dem Mann, der fast vor Liebe krank wird.« Da sprang Sina aus ihrem Versteck hervor und umschlang seinen Leib. Sie weinten und herzten sich. Und fortan wohnten sie bei der Frau Matamolali. Sina bekam viele Kinder, und Matamolali behandelte sie alle, als ob sie ihre eigenen Kinder wären. So gut war sie gegen Sina, Tulau'ena und ihre Kinder.

Das ist die Geschichte von Sina.

Aus Tahiti

Quellenverzeichnis

Die kluge Königin
Aus: Dänische Märchen. Herausgegeben und übersetzt von Heinz Barüske. © Insel Verlag Frankfurt am Main und Leipzig 1993.

Die Hirtin, die Zarin wurde
Aus: Bulgarische Märchen. Herausgegeben von Elena Ognjanowa. Aus dem Bulgarischen übertragen von Elena Kramer. © Insel Verlag Frankfurt am Main 1992.

Die kluge Braut
Aus: Bulgarische Märchen. Herausgegeben von Elena Ognjanowa. Aus dem Bulgarischen übertragen von Elena Kramer. © Insel Verlag Frankfurt am Main 1992.

Der Brunnen der Liebe
Aus: Arabische Märchen aus Syrien. Herausgegeben und aus dem Arabischen übersetzt von Uwe Kuhr. © Insel Verlag Frankfurt am Main und Leipzig 1993.

Caterina die Kluge
Aus: Die Braut, die von Luft lebte und andere italienische Märchen. Gesammelt und nacherzählt von Italo Calvino. Deutsch von Burkhart Kroeber. © der deutschsprachigen Ausgabe: 1993 Carl Hanser Verlag, München, Wien.

Die Schöne und das Tier, von Jeanne-Marie Le Prince de Beaumont (1711-1780)
Aus: Jeanne-Marie Le Prince de Beaumont, Die Schöne und das Tier. Aus dem Französischen von Maria Dessauer. © Insel Verlag Frankfurt am Main 1977.

Der Wasserschneckensohn
Aus: Japanische Märchen. Herausgegeben und übersetzt von Yasuko Asaoka. © Insel Verlag Frankfurt am Main und Leipzig 1991.

Jorinde und Joringel, von Jacob (1785-1863) und Wilhelm Grimm (1786-1859)
Aus: Kinder- und Hausmärchen gesammelt durch die Brüder Grimm. In drei Bänden. © Insel Verlag Frankfurt am Main 1974.

Das Märchen von Hyazinth und Rosenblütchen, von Novalis (1772-1801)
Aus: Novalis, Die Lehrlinge von Saïs. In: Märchen der Romantik. Herausgegeben von Maria Dessauer. © Insel Verlag Frankfurt am Main 1977.

Rapunzel, von Jacob (1785-1863) und Wilhelm Grimm (1786-1859)
Aus: Kinder- und Hausmärchen gesammelt durch die Brüder Grimm. In drei Bänden. © Insel Verlag Frankfurt am Main 1974.

Línus, der Königssohn
Aus: Isländische Märchen. Herausgegeben und übersetzt von Heinz Barüske. © Insel Verlag Frankfurt am Main und Leipzig 1994.

Filo d'Oro und Filomena
Aus: Die Braut, die von Luft lebte und andere italienische Märchen. Gesammelt und nacherzählt von Italo Calvino. Deutsch von Burkhart Kroeber. © der deutschsprachigen Ausgabe: 1993 Carl Hanser Verlag, München, Wien.

Amor und Psyche, von Apuleius (124-180 n. Chr.)
Aus: Apuleius, Der goldene Esel. Aus dem Lateinischen von August Rode. © Insel Verlag Frankfurt am Main und Leipzig 1975.

Die Geschichte von Zunnār ibn Zunnār und der Tochter des Königs von Irak
Aus: Erotische Geschichten aus den Tausendundein Nächten. Aus dem Arabischen Urtext der Wortley-Montague-Handschrift übertragen und herausgegeben von Felix Tauer. © Insel Verlag Frankfurt am Main und Leipzig 1966.

Die Geschichte von den Heimsuchungen der Liebenden, von Nizami (ca. 1141-1209)
Aus: Nizami, Die sieben Geschichten der sieben Prinzessinnen. Aus dem Persischen übertragen von Rudolf Gelpke. © 1959, Manesse Verlag, Zürich, in der Verlagsgruppe Random House GmbH.

Das Märchen von der jungen Gräfin
Aus: Woldemar Kaden, *Unter den Olivenbäumen. Süditalienische Volksmärchen*, Brockhaus, Leipzig 1880.

Der Wahrsager
Aus: Dänische Märchen. Herausgegeben und übersetzt von Heinz Barüske. © Insel Verlag Frankfurt am Main und Leipzig 1993.

Der lahme Büffel
Aus: Georgische Märchen. Übersetzt und herausgegeben von Heinz Fähnrich. Kommentiert unter Mitarbeit von Heinz Mode. © Insel-Verlag Anton Kippenberg Leipzig 1980.

Die zweigeteilte Braut
Aus: Persische Märchen-Miniaturen. Erzählt von Maschdi Galin Chanom. Niedergeschrieben von Laurence Paul Elwell-Sutton. Herausgegeben und übersetzt von Ulrich Marzolph. 1985, Diederichs Verlag, München, in der Verlagsgruppe Random House GmbH. © Ulrich Marzolph. Abdruck mit freundlicher Genehmigung.

Der Zauberbrunnen
Aus: Afghanische Märchen. Übertragen von Helmut T. Heinrich. Herausgegeben von Manfred Lorenz. Insel Verlag Frankfurt am Main 1990. © Aufbau Verlag GmbH & Co.KG, Berlin 1985, 2008 (für die Übersetzung) (Diese Übersetzung erschien erstmals 1985 im Gustav Kiepenheuer Verlag; Gustav Kiepenheuer ist eine Marke der Aufbau Verlag GmbH & Co. KG).

Wie das Mädchen zum Mann wurde
Aus: Georgische Märchen. Übersetzt und herausgegeben von Heinz Fähnrich. Kommentiert unter Mitarbeit von Heinz Mode. © Insel-Verlag Anton Kippenberg Leipzig 1980.

Meine Frau, die Sirene
Aus: Die Braut, die von Luft lebte und andere italienische Märchen. Gesammelt und nacherzählt von Italo Calvino. Deutsch von Burkhart Kroeber. © der deutschsprachigen Ausgabe: 1993 Carl Hanser Verlag, München, Wien.

Sina

Aus: Südseemärchen. Aus Australien, Neu-Guinea, Fidji, Karolinen, Samoa, Tonga, Hawaii, Neu-Seeland u. a. Gesammelt und herausgegeben von Paul Hambruch. o. Ü. Eugen Diederichs Verlag, Jena 1916.

Geschichten,
die Glücksgefühle auslösen

Was macht uns glücklich? Glücklich macht, wenn wir der schlechten Laune ein Schnippchen schlagen, dem Trübsinn die lange Nase zeigen oder ein Unglück abwenden konnten. Wenn wir plötzlich der Liebe begegnen – und die Liebe bleibt. Wenn Freunde Freunde sind, wenn man sie am nötigsten hat. Wenn Wildfremde einem lächelnd helfen. Wenn man für Augenblicke in seine Kindheit und Jugend zurückkehren kann. Wenn auf einmal so ein Tag ist, an dem man die ganze Welt umarmen könnte. Wenn das Wunder dann doch passiert ...

Genau hiervon – von den schönsten Momenten des Glücks – erzählen in diesen Geschichten: Isabel Allende, Elizabeth von Arnim, Jurek Becker, Peter Bichsel, Lily Brett, Eva Demski, Max Frisch, Robert Gernhardt, Hermann Hesse, Alexander Kluge, Cees Nooteboom, Amos Oz, Daniel Picouly und viele andere.

Geschichten, die glücklich machen. Ausgewählt von Clara Paul. insel taschenbuch 4296. 255 Seiten

NF 230/1/09.14